企业融资实战手册

杨柳 吴志萍 吴格格 编著

民主与建设出版社
·北京·

© 民主与建设出版社，2023

图书在版编目（CIP）数据

企业融资实战手册 / 杨柳，吴志萍，吴格格编著. -- 北京：民主与建设出版社，2023.11
ISBN 978-7-5139-4403-8

Ⅰ.①企… Ⅱ.①杨… ②吴… ③吴… Ⅲ.①企业融资—手册 Ⅳ.① F275.1-62

中国国家版本馆 CIP 数据核字（2023）第 203111 号

企业融资实战手册
QIYE RONGZI SHIZHAN SHOUCE

编　　著	杨　柳　吴志萍　吴格格
责任编辑	唐　睿
封面设计	焱　玖
出版发行	民主与建设出版社有限责任公司
电　　话	（010）59417747　59419778
社　　址	北京市海淀区西三环中路 10 号望海楼 E 座 7 层
邮　　编	100142
印　　刷	天宇万达印刷有限公司
版　　次	2023 年 11 月第 1 版
印　　次	2023 年 12 月第 1 次印刷
开　　本	670mm×950mm　1/16
印　　张	16
字　　数	247 千字
书　　号	ISBN 978-7-5139-4403-8
定　　价	68.00 元

注：如有印、装质量问题，请与出版社联系。

前言 Preface

当前，新兴市场国家和发展中国家快速发展，世界向多极化加速发展。在当今的大发展、大变革、大调整时期，我们要具备战略眼光，树立全球视野，既要有风险忧患意识，又要有历史机遇意识，努力把握机遇，加速发展。

对于我国市场经济的主体——企业来说，做好企业经营和融资管理不仅关乎企业自身，更是关乎国家大局。

资金是企业的血液。企业融资是企业根据其对资金的需求，通过融资渠道，运用融资方法，筹措企业生存和发展所需资金的行为。加强资金筹集管理，合理选择融资方式，对企业规范管理、防范风险、优化资本结构、降低资金成本具有重大意义。

近年来，如何最大限度解决中小企业融资难问题，如何妥善处理好经济与金融的关系，如何统筹金融发展与金融安全，如何有效防范和化解金融风险等难题日益凸显。国家高度重视企业融资问题，并陆续出台了各项针对以上问题的政策，包括但不限于：国务院办公厅于 2014 年 8 月 5 日印发《关于多措并举着力缓解企业融资成本高问题的指导意见》；国务院国有资产监督管理委员会于 2021 年 10 月 9 日发布《关于加强中央企业融资担保管理工作的通知》；工业和信息化部、中国人民银行、国家金融监督管理总局、中国证监会、财政部五部门于 2023 年 7 月 22 日联合发布《关于开展"一链一策一批"中小微企业融资促进行动的通知》；等等。这些举措充分说明国家对于企业融资的重视。

本书系统、深入地介绍了企业融资方面的理论知识、实操技巧和管理重点。本书共十五章，主要包括企业融资理论、企业融资方式和企业融资管理三大部分，具体内容包括融资基础理论、货币时间价值与企业估值、项目财务评价和投资决策、权益融资、债务融资、融资租赁、项目融资、并购融资、私募股权融资和新三板融资、IPO融资、天使投资、融资结构、融前预测和准备、融中控制以及融后管理。

本书不仅详细介绍了企业融资所涉及的重要基础理论知识、各种传统和新型的融资方式，还创造性、系统性地将融资管理按融资前、融资中、融资后三部分进行细致分析，有助于读者全方面了解和掌握企业融资理论、企业融资实战操作技巧，有助于提升读者的企业融资管理水平。

目录 Contents

上篇　企业融资理论

第1章　融资：企业发展绕不过的坎

1.1 企业融资基础知识　002
  1.1.1 金融市场　002
  1.1.2 资本市场　004
  1.1.3 企业融资　012
1.2 企业融资环境　018
  1.2.1 外部环境　018
  1.2.2 内部环境　018

第2章　价值决定价格：货币的时间价值与企业估值

2.1 货币的时间价值　020
  2.1.1 货币的时间价值的含义　020
  2.1.2 货币的时间价值计量　021
  2.1.3 货币的时间价值在企业融资活动中的作用　034
2.2 企业价值评估方法　035
  2.2.1 企业价值评估概述　035
  2.2.2 企业价值评估方法　039

第3章 财务报表和财务评价：信息决定成败

3.1 财务报表及财务信息 　　045
3.1.1 财务报表及财务信息 　　045
3.1.2 财务报表与企业财务管理活动的关系 　　057

3.2 项目财务评价 　　059
3.2.1 项目财务评价的定义及方法 　　059
3.2.2 财务分析和评价在企业融资活动中的作用 　　064

中篇　企业融资方式

第4章 股权融资：用所有者的权益来交换企业所需资金的融资方式

4.1 股权融资的概念 　　068
4.1.1 什么是股权融资 　　068
4.1.2 股权融资的优劣势 　　068
4.1.3 股权融资的方式 　　069

4.2 吸收直接投资 　　070
4.2.1 吸收直接投资的种类 　　070
4.2.2 直接投资的出资方式 　　071
4.2.3 吸收直接投资的程序 　　072
4.2.4 吸收直接投资的优缺点 　　073

4.3 发行股票融资 　　074
4.3.1 股票发行的目的 　　074
4.3.2 股票发行的条件 　　076
4.3.3 股票发行的程序 　　078
4.3.4 发行优先股融资 　　079

4.4 留存收益融资 　　081

4.4.1	留存收益融资的概念	081
4.4.2	留存收益融资的优缺点	082
【案例】瑞幸咖啡的权益融资之路	083

第5章 债务融资：用债权人的权益来交换企业所需资金的融资方式

5.1	国内金融机构贷款融资	085
5.1.1	短期借款	085
5.1.2	长期借款	088
5.2	国际信贷融资	090
5.2.1	国际商业银行贷款	090
5.2.2	出口信贷	097
5.2.3	我国对国际商业贷款的管理	100
5.3	债券市场融资	100
5.3.1	债券的含义及分类	100
5.3.2	债券的发行	102
5.3.3	债券融资的优缺点	105
5.4	债务融资的其他方式——个人委托贷款	106
5.4.1	个人委托贷款的概念	106
5.4.2	个人委托贷款的特点	107

第6章 融资租赁：集融资与融物于一体的融资模式

6.1	融资租赁概述	109
6.1.1	融资租赁的概念和特点	109
6.1.2	融资租赁的产生与发展	109
6.1.3	融资租赁的分类	110
6.1.4	融资租赁的优缺点	112
6.2	融资租赁与经营租赁的区别	112

6.2.1	经营租赁	112
6.2.2	融资租赁与经营租赁的区别	113
6.3	融资租赁操作流程	113

第7章 项目融资：为大型项目运作筹集资金的融资方式

7.1	项目融资概述	116
7.1.1	项目融资的概念	116
7.1.2	项目融资的发展	116
7.1.3	项目融资的特征	117
7.2	项目融资的组织	119
7.2.1	项目融资的参与者	119
7.2.2	项目融资的组织形式	120
7.2.3	BOT项目融资	121
【案例】某电力总公司利用BOT项目融资建设新电厂		124
7.3	项目融资的优缺点	125
7.3.1	项目融资的优点	125
7.3.2	项目融资的缺点	126

第8章 并购融资：可以壮大企业规模、优化资源配置的融资方式

8.1	并购	127
8.1.1	并购标的的选择	127
8.1.2	并购资金需要量	128
8.1.3	并购支付方式	129
8.1.4	并购的基本流程	131
8.2	并购融资方式	131
8.2.1	权益融资	132
8.2.2	债权融资	133

IV

	8.2.3	混合型融资	134
	8.2.4	特殊融资方式	135
	8.2.5	融资方式的选择	136
【案例】雀巢收购徐福记			137

第9章 私募股权融资（PE）和风险融资（VC）

9.1	私募股权融资和风险融资概述	139
9.2	私募股权融资	140
	9.2.1 私募股权融资（PE）的特点	140
	9.2.2 私募股权融资（PE）的运作流程	141
9.3	风险投资	142
	9.3.1 风险投资（VC）的特点	142
	9.3.2 风险投资（VC）的功能和作用	143
9.4	私募股权投资（PE）和风险投资（VC）的区别与联系	143

第10章 新三板融资：服务于中小企业的主战场

10.1	新三板融资概述	145
	10.1.1 新三板发展历程	145
	10.1.2 新三板市场的特征	146
10.2	新三板交易制度	148
	10.2.1 协议转让制度	148
	10.2.2 做市商制度	149
	10.2.3 竞价交易	150
10.3	新三板挂牌企业的主要融资途径	150
	10.3.1 定向发行股票	150
	10.3.2 发行优先股	151
	10.3.3 股权质押融资	151
【案例】百合网并购世纪佳缘		151

第11章 IPO融资：注册制推动企业上市融资常态化

11.1 IPO融资三大方式　　155
11.1.1 境内上市　　155
11.1.2 直接境外上市　　161
11.1.3 间接境外上市　　165
【案例】中信泰富香港买壳上市　　167
11.2 IPO融资的基本流程　　168
11.3 IPO红线　　174
11.3.1 IPO被否原因分析　　174
11.3.2 IPO的红线　　180

第12章 天使投资：高科技企业快速获取大额资金的融资方式

12.1 天使投资概述　　184
12.1.1 天使投资的定义　　184
12.1.2 天使投资人　　184
12.1.3 区分天使投资、风险投资和私募股权投资　　185
12.1.4 天使投资的主要流程　　187
12.2 2022年十大天使投资机构　　188
12.2.1 真格基金　　188
12.2.2 创新工场　　188
12.2.3 险峰长青K2VC　　189
12.2.4 联想之星　　189
12.2.5 梅花创投　　189
12.2.6 阿米巴资本　　189
12.2.7 洪泰基金　　189
12.2.8 英诺天使基金　　190

12.2.9	德迅投资	190
12.2.10	隆领投资	190

12.3 如何找到天使投资人　　190

　　12.3.1　利用一切人脉资源，首选找"五同"　　190

　　12.3.2　积极参加活动，努力进入创投圈，搜集潜在天使投资人　191

　　12.3.3　选择与专业平台合作，委托其帮助寻找天使投资　　191

　　12.3.4　有策略地接触天使，减少无用功，提升成功率　　192

【案例】咸鱼游戏获过亿风险资本，华谊兄弟等纷纷持股　　193

下篇　企业融资管理

第13章　融前预测和准备：未雨绸缪，做好预测和准备工作

13.1 企业融资预测　　196

　　13.1.1　企业融资决策流程　　196

　　13.1.2　企业资本结构理论　　197

　　13.1.3　企业资金需要量预测　　201

13.2 撰写商业计划书：让投资者快速知悉融资内容　　205

　　13.2.1　项目介绍　　205

　　13.2.2　投资人权利和利益分配　　209

13.3 做好融资准备工作　　211

　　13.3.1　心理准备　　211

　　13.3.2　法律准备　　215

　　13.3.3　股权准备　　218

　　13.3.4　财务准备　　219

第14章 融中控制：加强内部控制和风险控制，降低融资成本和风险

14.1 加强企业融资内部控制，有效控制融资全过程　223
- 14.1.1 岗位分工控制　224
- 14.1.2 授权审批控制　224
- 14.1.3 融资决策控制　226
- 14.1.4 融资决策的执行与控制　227
- 14.1.5 融资偿付控制　229
- 14.1.6 融资记录控制　230

14.2 注重企业融资风险管理，规避融资风险　231
- 14.2.1 企业融资风险的概念　231
- 14.2.2 企业融资风险的成因　231
- 14.2.3 企业融资风险的分类　233
- 14.2.4 企业融资风险的防范和控制　236

第15章 融后管理：精细化投资管理引领企业长赢

15.1 投资预算管理　239
- 15.1.1 采用动态监控，统筹规划投资预算管理　239
- 15.1.2 重视预算考评，提升全面预算管理效率　240
- 15.1.3 进行全过程管理，规范固定资产管理流程　240

15.2 投资过程管理　240
- 15.2.1 加强投资管理人员的培训，提升投资管理人员的综合素质和能力　240
- 15.2.2 综合分析市场环境，强化投资风险分析评价　241
- 15.2.3 完善投资管理制度　241

15.3 投资者关系管理　242
- 15.3.1 多渠道、多平台、多方式开展投资者关系管理工作　242
- 15.3.2 积极履行信息披露义务，保障投资人权益　242

参考文献　243

上篇

企业融资理论

第1章 融资：企业发展绕不过的坎

企业的生命周期理论决定了企业在发展过程中不可能是一成不变的，面对变化的经济形势和行业状态，企业对资金的需求也在不断发生变化，融资是企业发展过程中绕不过的坎，成功的企业懂得如何迈过融资这个"坎"，也只有迈过了这个坎，才能保持企业可持续发展。

1.1 企业融资基础知识

1.1.1 金融市场

（1）金融市场的定义

金融市场是指资金供求双方以金融工具进行交易而融通资金的市场，包括货币资金交易、黄金买卖、外汇买卖及金融机构之间的同业拆借等交易市场。早期的金融市场一般都有固定的地点和工作设施，也就是有形的金融市场。但随着金融活动本身的发展与现代信息技术的进步，金融市场已经突破了固定场所的限制，向有形市场和无形市场两个方向同时发展。

以上是狭义的金融市场的定义。一般而言，广义的金融市场泛指资金供求双方运用各种金融工具，通过各种途径进行的全部金融性交易活动，包括金融机构与客户之间、各金融机构之间、资金供求双方之间，主要以货币资金为交易对象的金融交易场所。

（2）金融市场的类别

金融市场有多种划分方式，常见的有以下几种。

①按照交易工具的期限划分，金融市场可以划分为货币市场和资本市场。货币市场是指期限为一年或一年以内的金融资产的交易市场，也称短期资金市场。货币市场的功能主要是满足交易者的临时资金需求，因而保持较高的

流动性。资本市场即长期资金市场，主要是指期限为一年以上的金融资产交易市场，该市场的主要功能是满足参与者的资金保值增值等需求。

②按照对收益的要求权的不同，金融市场可以划分为债券市场和权益市场。在债券市场上交易的金融资产对未来某一固定收益额具有要求权。例如国债，其未来的现金流在发行之初便确定下来，投资者购买国债，就获得了未来一系列确定的现金流入的要求权。权益市场则是对残值要求权的交易市场。所谓残值，是指在支付了债券等固定现金流后的残余价值。例如股票，就是投资者对企业总体价值中扣除债务后的部分具有要求权的代表。优先股给予其投资者固定数额的股利支付权利，从而也具有债券市场工具的特征。所以，交易债务工具和优先股的市场一般又被称为固定收益市场，不包含优先股的股票市场则被称为普通股市场。

③按照交易的金融工具所代表的标的物不同，可区分为票据市场、证券市场、外汇市场、黄金市场等。

④按照交易成交后是否立即交割，可分为现货市场和期货市场。

⑤按照政府对金融市场的管制程度，可分为官方管制的金融市场、自由金融市场和黑市。

⑥按照交易对象所属的地理范围，可分为地方性金融市场、全国性金融市场、区域性金融市场和国际性金融市场。

（3）金融市场的功能

金融市场具有三种最基本的功能。

①金融市场为金融资产提供了流动性。这是指金融资产能够能迅速变现并且不会产生很大损失。金融市场上聚集了希望购买和出售金融资产的投资者，金融市场的流动性机制使得金融资产对各种类型的投资者都产生吸引力，让他们在希望变现时能够迅速变现。

②金融市场上买方和卖方的相互作用决定了金融资产交易的价格，从而也就确定了金融资产要求的回报率。金融市场的这一功能被称为价格发现过程，引导资金在不同的资产间进行配置。

③金融市场减少了交易的搜寻成本和信息成本。搜寻成本是指投资者为了寻找交易对方或符合自己要求的投资对象而引发的各项成本，包括显性成

本和隐性成本。显性成本如广告费用等，隐性成本主要是指寻找的时间成本和机会成本。信息成本是指投资者为获得投资对象的投资价值而付出的相关成本。在一个有效的市场中，价格就反映了市场参与者收集到的所有信息。

在现代社会，金融市场的核心功能就是信息功能，这种信息功能体现在两个方面。一方面，证券市场本身要解决投资者和筹资者（证券发行者）之间的信息不对称问题，即证券的价格要及时、准确地反映所有信息。简言之，证券的价格能及时、正确地反映企业的内在价值。另一方面，证券市场要为经济体系的决策提供重要的信息。证券市场的信息对于企业治理机制及企业投融资决策都具有重要的意义。例如，企业的股票价格为考核企业的业绩提供了重要的参考信息，对于企业治理中激励机制和约束机制发挥作用至关重要。

（4）金融市场对企业融资和投资的作用

金融市场对企业融资和投资的作用主要体现在以下三个方面。

①金融市场是企业融资和投资活动的主要场所。资金供求双方通过金融市场上的交易实现资金的融通。

②企业通过金融市场使得长短期资金互相转化。比如企业持有的股票和债券可以在金融市场随时转手变现，转化为短期资金；短期资金可以通过在金融市场购买股票、债券，转化成长期资金。

③金融市场为企业融资提供有意义的消息。比如，金融市场的利率变动反映资金的供求状况，证券价格反映投资者对企业经营状况和盈利水平的评价。

1.1.2 资本市场

（1）资本市场的定义

资本市场是发行和交易期限为一年以上的金融工具交易、融通的场所，这些金融工具主要有股票、债券及其衍生品三大类。其中，股票、债券类融资性工具由企业、政府机构发行；衍生品类工具，则由市场组织者或中介机构设计。

资本市场的金融工具的发行市场，也称一级市场，有公募和私募之分。资本市场的金融工具发行后，若持有人之间进行转让和交易，就形成二级市场。从欧美国家成熟的资本市场的发展历史看，资本市场发端于场外市场，场外市场与交易所相互促进、融合，逐渐形成了复杂的资本市场结构，即各种金融工具发行与交易的多个交易场所组成的市场体系。

（2）资本市场的构成

资本市场是金融市场的一部分，是指中长期资金融通或中长期金融证券买卖的市场。经过多年的发展，我国已经初步建立了多层次的资本市场，见表1-1。

表1-1　我国的多层次资本市场情况

多层次资本市场体系	细分板块		目标企业
场内交易市场	上交所主板、深交所主板		大型、特大型企业
	上交所科创板、深交所创业板		科技型、创业型中小企业
	北交所		专精特新中小企业
	新三板	创新层	创新型、创业型、成长型中小企业
		基础层	
场外交易市场	区域性股权交易市场		其他中小微企业

①主板市场和中小板市场。主板市场也称为一板市场，也就是指传统意义上的证券市场，是一个国家或地区证券发行、上市及交易的主要场所。我国证券市场的主板市场包括上海证券交易所、深圳证券交易所、中小板块。上海证券交易所，简称"上交所"，位于上海市浦东新区，于1990年11月26日成立，其主要指数为上证指数。深圳证券交易所，简称"深交所"，位于广东省深圳市，于1990年12月1日成立，其主要指数为深证成指。中小板市场是深圳证券交易所为了鼓励自主创新而专门设置的中小型公司聚集板块。表1-2中是企业在主板和中小板上市所要求的财务条件和股本条件。

表1-2　企业在主板和中小板上市所要求的财务条件和股本条件

财务条件和股本条件	具体要求
净利润	最近3个会计年度净利润均为正数且累计超过人民币3 000万元
经营活动现金流/营业收入	最近3个会计年度经营活动产出的现金流量净额累计超过人民币5 000万元，或最近3个会计年度营业收入累计超过人民币3亿元
无形资产	最近一期末无形资产占净资产的比例不高于20%
股本规模	发行前股本总额不少于人民币3 000万元

②科创板市场。科创板市场是独立于现有主板市场的新设板块，面向世界科技前沿、面向经济主战场、面向国家重大需求，主要服务于符合国家战略、突破关键核心技术、市场认可度高的科技创新企业。重点支持新一代信息技术、高端装备、新材料、新能源、节能环保以及生物医药等高新技术产业和战略性新兴产业，推动互联网、大数据、云计算、人工智能和制造业深度融合，引领中高端消费，推动质量变革、效率变革、动力变革。企业在科创板上市标准见表1-3。

表1-3　企业在科创板上市标准

项目	上市标准（须同时符合下列4项）
财务条件	最近三年累计研发投入占营业收入比例5%以上，或者最近三年研发投入金额累计在6 000万元以上
其他	研发人员占当年员工总数的比例不低于10%
	应用于公司主营业务收入的发明专利5项以上
	最近三年营业收入复合增长率达到20%，或者最近一年营业收入金额达到3亿元

资料来源：《上海证券交易所科创板企业发行上市申报及推荐暂行规定（2022年12月修订）》。

③创业板市场。2009年10月，经中国证监会批准，深圳证券交易所正式启动创业板市场，设立宗旨主要面向成长型创业企业，重点支持自主创新企业，特别是支持生物制药、新能源、新材料等战略性新兴产业的发展。与主板市场相比，企业在创业板发行上市对股本规模、营业收入和盈利水平等方面的要求相对较低，企业申请在创业板上市，成功的机会相对更大。表1-4是企业在创业板上市标准。

表1-4　企业在创业板上市标准（市值及财务指标）

企业类型	上市标准（市值及财务指标）
一般企业 （至少符合一项）	（一）最近两年净利润均为正，且累计净利润不低于人民币5 000万元； （二）预计市值不低于人民币10亿元，最近一年净利润为正且营业收入不低于人民币1亿元； （三）预计市值不低于人民币50亿元，且最近一年营业收入不低于人民币3亿元

（续表）

企业类型	上市标准（市值及财务指标）
红筹企业[①] （至少符合一项）	（一）预计市值不低于人民币 100 亿元； （二）预计市值不低于人民币 50 亿元，且最近一年营业收入不低于 5 亿元
特殊股权结构企业[②] （至少符合一项）	（一）预计市值不低于人民币 100 亿元； （二）预计市值不低于人民币 50 亿元，且最近一年营业收入不低于人民币 5 亿元

资料来源：整理自深交所官网于 2023 年 2 月 17 日发布的《深圳证券交易所创业板股票上市规则》。

④北京证券交易所。2021 年 9 月 2 日，习近平总书记在中国国际服务贸易交易会全球服务贸易峰会上致辞时宣布，将继续支持中小企业创新发展，深化新三板改革，设立北京证券交易所，打造服务创新型中小企业主阵地。2021 年 9 月 3 日，北京证券交易所注册成立，简称"北交所"。它是经国务院批准设立的中国第一家公司制证券交易所，受中国证监会监督管理。经营范围为依法为证券集中交易提供场所和设施、组织和监督证券交易以及证券市场管理服务等业务。

北京证券交易所的交易规则见表 1-5。

表 1-5　北京证券交易所的交易规则

交易规则	
交易方式	竞价交易、大宗交易、盘后固定价格交易、中国证监会批准的其他交易方式
竞价交易单笔申报数量	单笔申报数量应不低于 100 股，股票竞价交易单笔申报最大数量不超过 100 万股
涨跌幅限制比例	前一日收盘价的 ±30%；上市首日不设涨跌幅限制

---

① 根据《国务院办公厅转发证监会关于开展创新企业境内发行股票或存托凭证试点若干意见的通知》（国办发〔2018〕21 号）中的定义，红筹企业是指注册地在境外、主要经营活动在境内的企业。

② 特指存在表决权差异安排的发行人申请股票或者存托凭证首次公开发行并在创业板上市的企业。

(续表)

交易规则	
大宗交易	单笔申报数量不低于10万股，或交易金额不低于100万元人民币
交易公开信息（龙虎榜）	当日收盘价涨跌幅达到±20%的各前5只股票
	当日价格振幅达到30%的前5只股票
	当日换手率达到20%的前5只股票
异常波动	最近3个有成交的交易日以内收盘价涨跌幅偏离值累计达到±40%

资料来源：整理自北京证券交易所于2021年11月2日发布的《北京证券交易所交易规则（试行）》，该规则自2021年11月15日起施行。

北京证券交易所股票上市规则见表1-6。

表1-6　北京证券交易所股票上市规则

上市规则	
申请公开发行并上市的条件	在全国股转系统连续挂牌满12个月的创新层挂牌公司
	符合中国证券监督管理委员会规定的发行条件
	最近一年期末净资产不低于5 000万元
	向不特定合格投资者公开发行的股份不少于100万股，发行对象不少于100人
	公开发行后，公司股本总额不少于3 000万元
	公开发行后，公司股东人数不少于200人，公众股东持股比例不低于公司股本总额的25%；公司股本总额超过4亿元的，公众股东持股比例不低于公司股本总额的10%
市值及财务指标（至少符合一项）	预计市值不低于2亿元，最近两年净利润均不低于1500万元且加权平均净资产收益率平均不低于8%，或者最近一年净利润不低于2 500万元且加权平均净资产收益率不低于8%
	预计市值不低于4亿元，最近两年营业收入平均不低于1亿元，且最近一年营业收入增长率不低于30%，最近一年经营活动产生的现金流量净额为正
	预计市值不低于8亿元，最近一年营业收入不低于2亿元，最近两年研发投入合计占最近两年营业收入合计比例不低于8%
	预计市值不低于15亿元，最近两年研发投入合计不低于5 000万元

（续表）

上市规则	
限售管理	控股股东、实际控制人及其亲属，以及上市前直接持有10%以上股份的股东或虽未直接持有但可实际支配10%以上股份表决权的相关主体，自公开发行并上市之日起12个月内不得转让或委托他人代为管理
	董事、监事、高级管理人员所持本公司股份，自上市之日起12个月内不得转让，在任职期间每年转让的股份不超过其所持本公司股份总数的25%，离职后6个月内不得转让
表决权差异安排	上市前不具有表决权差异安排的公司，不得在上市后以任何方式设置此类安排
	上市公司应当保证普通表决权比例不低于10%
强制退市类型	和沪深交易所基本一致，有交易类强制退市、财务类强制退市、规范类强制退市和重大违法类强制退市等四类情形
退市风险警示*ST	最近一个会计年度经审计的净利润为负值且营业收入低于5 000万元（或追溯重述后）
	最近一个会计年度经审计的期末净资产为负值（或追溯重述后）
	最近一个会计年度的财务会计报告被出具无法表示意见或否定意见的审计报告
	最近一个会计年度经审计的年度报告存在虚假记载、误导性陈述或者重大遗漏，导致该年度相关财务指标实际已触及第一、二项情形的
	北交所认定的其他情形
财务类强制退市	因为出现净利润为负值且营业收入低于5 000万元（或追溯重述后），或净资产为负值，或因被出具无法表示意见或否定意见的财报审计报告等原因被*ST后，接下来的首个会计年度继续出现此类情形
交易类强制退市	连续60个交易日股票每日收盘价均低于每股面值
	连续60个交易日股东人数均少于200人
	按照北交所股票上市规则（试行）第2.1.3条第一款第四项规定上市的公司，连续60个交易日股票交易市值均低于3亿元
	北交所认定的其他情形

资料来源：整理自北京证券交易所于2021年10月30日发布的《北京证券交易所股票上市规则（试行）》，该规则自2021年11月15日起施行。

第1章 融资：企业发展绕不过的坎 009

⑤新三板市场。"新三板"是全国中小企业股份转让系统的俗称,于2013年1月16日正式揭牌运营,是我国第一家公司制运营的证券交易场所。2013年12月,国务院发布《关于全国中小企业股份转让系统有关问题的决定》,对新三板的市场性质、定位及市场建设等六个方面进行了规定,进一步巩固了新三板作为全国性公开证券市场的法制基础,明确新三板的服务对象为创新型、创业型、成长型中小微企业。中小企业满足依法设立且存续满两年、具有持续经营能力、合法规范经营、股权明晰的条件,就可以与主办券商联系,由其履行尽职调查和推荐程序后申请在新三板挂牌。同时要求证监会"比照证券法关于市场主体法律责任的相关规定"进行监管执法,明确了新三板监管的法律适用。中小企业挂牌后可以公开转让股份,可以发行股票、发行债券、进行并购和重大资产重组。新三板在挂牌准入方面的特点是,不设财务门槛和股权分散度要求,只从规范性角度设置底线标准,包括依法设立、业务明确、公司治理机制健全、股票发行和转让行为合法合规等要求。

目前,新三板市场设置创新层和基础层,全国中小企业股份转让系统有限责任公司对挂牌公司实行分层管理。挂牌公司的分层管理包括:公司申请挂牌的同时进入创新层,基础层挂牌公司进入创新层,以及创新层挂牌公司调整至基础层。全国中小企业股份转让系统有限责任公司于2022年3月4日发布的《全国中小企业股份转让系统分层管理办法》中有以下规定。

第十一条 申请挂牌同时进入创新层的公司,应当符合下列条件之一:

(一)最近两年净利润均不低于1 000万元,最近两年加权平均净资产收益率平均不低于6%,股本总额不少于2 000万元;

(二)最近两年营业收入平均不低于8 000万元,且持续增长,年均复合增长率不低于30%,股本总额不少于2 000万元;

(三)最近两年研发投入不低于2 500万元,完成挂牌同时定向发行普通股后,融资金额不低于4 000万元(不含以非现金资产认购的部分),且公司股票市值不低于3亿元;

(四)在挂牌时即采取做市交易方式,完成挂牌同时定向发行普通股后，公司股票市值不低于3亿元，股本总额不少于5 000万元，做市商家数不少于4家，且做市商做市库存股均通过本次定向发行取得。

前款所称市值是指以申请挂牌公司挂牌同时定向发行普通股价格计算的股票市值。

第十二条 申请挂牌同时进入创新层的公司，同时还应当符合下列条件：

（一）符合本办法第八条第一项和第二项的规定；

（二）不存在本办法第十条第一项至第五项、第七项规定的情形；

（三）中国证监会和全国股转公司规定的其他条件。

⑥区域性股权市场。区域性股权市场是为特定区域内的企业提供股权、债券的转让和融资服务的私募市场，是我国多层次资本市场的重要组成部分。2008年以来，为破解中小企业融资难的问题，在各地方政府的主导下陆续成立一批区域性股权市场。2012年以来，区域性股权市场发展速度加快，地方政府日趋重视，从资金、人员、政策等方面给予了较大支持。证券公司通过参与推荐企业、持有市场运营管理机构股权等方式深度参与市场建设，中小微企业在各方的推动下申请挂牌的积极性很高。

《区域性股权市场监督管理试行办法》规定，企业在区域性股权市场发行股票，应当符合下列条件：有符合《中华人民共和国公司法》规定的治理结构；最近一个会计年度的财务会计报告无虚假记载；没有处于持续状态的重大违法行为；法律、行政法规和中国证监会规定的其他条件。

（3）资本市场的资金来源和流向

资金主要从三个渠道进入资本市场。

①储蓄存款。资金以储蓄存款的形式进入商业银行或信贷类基金，然后通过中长期信贷渠道流向资本市场。

②股权投资。资金以股本投资的形式直接进入资本市场，这些资金通过直接股权投资、股票投资、带有换股条件的可换股债券或可换股票据（股权投资）投资流向资本市场。

③互联网金融平台融资。互联网金融是指传统金融机构与互联网企业利用互联网技术和信息通信技术实现资金融通、支付、投资和信息中介服务的

新型金融业务模式。互联网金融平台融资主要有 P2P 模式的网络借贷平台和众筹模式的网络投资平台。

但是，互联网金融平台的监管较弱、风险大。因此互联网金融平台仅仅适合小微企业投融资，不是资本市场主流资金的资金来源和流向所在，甚至可以说它只是中短期的高风险小型借贷市场。

资本市场的资金来源和流向如图 1-1 所示。

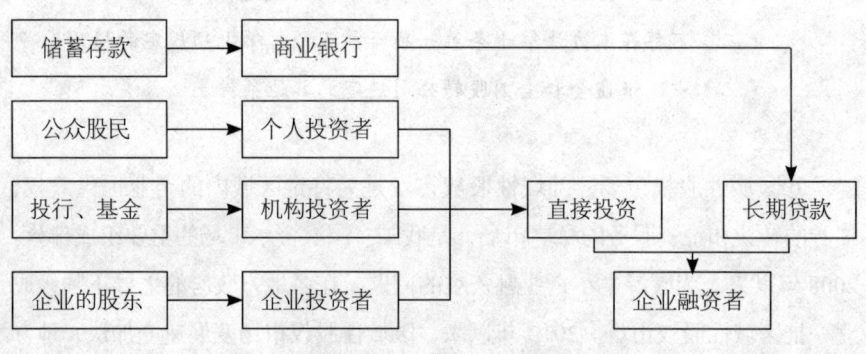

图 1-1 资本市场的资金来源和流向示意图

1.1.3 企业融资

（1）企业融资的定义

融资表示资金融通，指货币资金的融通，即资金需求方在金融市场上通过直接或者间接的方式筹集资金，同时资金出借方在金融市场上融出自己的资金的行为。直接融资指资金借贷双方在金融市场上直接进行资金借贷，而不通过第三方进行资金融通的融资方式，如股票市场、债券市场上的融资行为。间接融资则指资金融出方将多余的资金存放到金融中介机构并获取一定收益，资金融入方从金融中介机构融入资金的融资方式，如企业通过银行贷款，银行在该过程作为金融中介机构，从存款人手中获得放贷资金，存款人获得一定的利息。

企业融资是社会融资的基本组成部分，是指企业作为资金需求者通过直接融资或者间接融资的方式获得企业发展所需资金的行为。广义的企业融资是指资金在持有者之间流动，是一种以余补缺的经济行为。这是资金双向互动——资金的融入和融出的过程，既包括资金的来源，又包括资金的运用。狭义的企业融资主要是指资金的融入，也就是资金的来源。它既包括不同资金持有者之间的资金融通,也包括某一经济主体通过一定方式在自身内部进行的资金融通,即企业自我组织、自我调剂资金的活动,也就是通常所说的企业筹资。

有些学者认为企业融资和企业筹资是不同的概念。他们认为企业融资是指企业通过某种方式运用金融工具,从潜在投资者手中获得所需资金的过程;而企业筹资不仅包括利用金融工具筹集资金,还包括通过自身积累实现聚集资金的目的。实质上,企业融资和企业筹资性质相同,本书认为二者属于同一经济行为。

(2)企业融资与投资的关系

前文已述,融资是指资金需求方在金融市场上通过直接或者间接的方式筹集资金,同时资金出借方在金融市场上融出自己的资金的行为。

而投资是指特定经济主体为了在未来可预见的时期内获得收益或是资金增值,在一定时期内向一定领域投放足够数额的资金或实物的货币等价物的经济行为。投资可分为实物投资、资本投资和证券投资等。资本投资是以货币投入企业,通过生产经营活动取得一定利润;证券投资是以货币购买企业发行的股票和公司债券,间接参与企业的利润分配。

企业融资与投资之间的关系就是企业投资所需资金来源于企业的自有资金和企业融资。融资与投资是共存的,也是相对应的,企业的融资就是投资方的投资,企业融资的目的是投资,融资与投资的操作程序与方法是完全对应的。企业作为资金需求方,相对应的资金出借方就是投资者,也可以说投资方。一定程度上可以说,资金流的两头,一头是资金出借方作为投资主体进行投资,另一头是资金需求方作为融资主体筹集资金。

(3)企业融资方式

随着金融市场迅猛发展,企业融资的方式和渠道越来越多。按照不同的分类标准,企业融资主要有以下分类方式。

①按照资金是否来源于企业内部分类

按照资金是否来源于企业内部,企业融资可分为内源融资和外源融资。

内源融资,是指企业依靠其内部积累进行的融资,具体包括三种形式:资本金、折旧基金转化为重置投资和留存收益转化为新增投资。

外源融资,是指企业通过一定方式从外部融入资金用于投资,是企业吸收其他经济主体的储蓄，使之转化为自己的投资的过程。外源融资主要包括债务融资与股权融资两大类，如图 1-2 所示。债务融资包括银行贷款、民间借贷、债券融资、信托融资、项目融资中的债务融资、商业信用融资与租赁融资等；股权融资是通过扩大股权规模从而获得更多的投资经营资金。

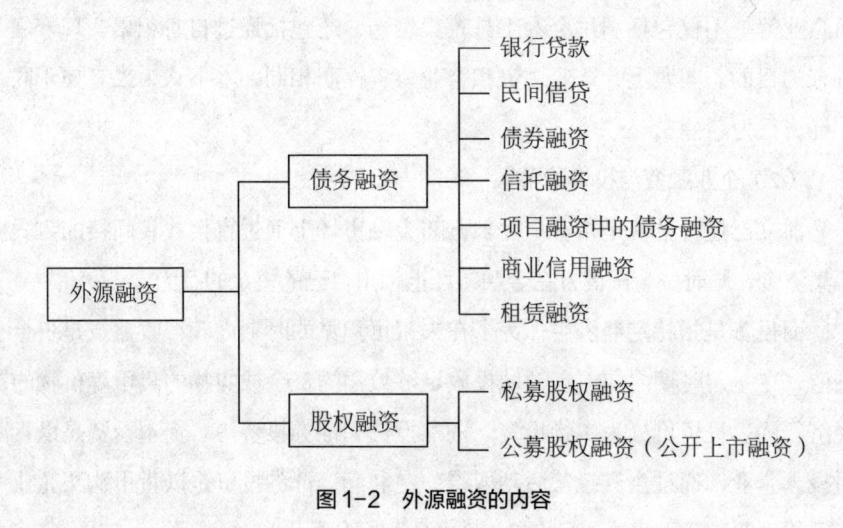

```
                        ┌── 银行贷款
                        ├── 民间借贷
                        ├── 债券融资
          ┌── 债务融资 ──┼── 信托融资
          │             ├── 项目融资中的债务融资
          │             ├── 商业信用融资
外源融资──┤             └── 租赁融资
          │
          │             ┌── 私募股权融资
          └── 股权融资 ──┤
                        └── 公募股权融资（公开上市融资）
```

图 1-2　外源融资的内容

②按照资金的使用及归还年限分类

按照资金的使用及归还年限，企业融资可以划分为短期融资与长期融资。

短期融资，一般是指融入资金的使用或归还年限在一年以内，主要用于满足企业对流动资金的需求。短期融资方式主要包括商业信用、银行短期贷款、票据贴现、应收账款融资、经营租赁等。

长期融资，一般是指融入资金的使用或归还年限在一年以上，它主要满足企业购建固定资产、开展长期投资等活动对资金的需求。长期融资方式主要有发行股票、发行债券、银行长期贷款、融资租赁等。

③按照企业融入资金后是否需要归还分类

按照企业融入资金后是否需要归还，企业融资可以划分为股权融资与债权融资。

股权融资，是指企业所融入的资金可供企业长期拥有、自主调配使用，无须归还，如企业发行股票所筹集的资金。

债权融资，是指企业所融入的资金是企业按约定代价和用途取得的，必须按期偿还，如企业通过银行贷款取得的资金。

④按照企业融资时是否借助于金融中介机构的交易活动分类

按照企业融资时是否借助于金融中介机构的交易活动，企业融资可以划分为直接融资和间接融资。

直接融资是指企业不经过金融中介机构的交易活动，直接与资金供给者协商以借款或发行股票、债券等方式融入资金。另外，政府拨款、占用其他企业资金、民间借贷和内部集资等都属于直接融资范畴。在直接融资中，资金供求双方通过金融市场实现资金的直接转移，融资企业通过公开财务报表等信息的方式接受投资者的监督，融资透明度较高。

间接融资是指企业通过金融中介机构间接向资金供给者融通资金，具体的交易媒介包括货币以及银行券、存款、银行汇票等非货币间接证券，融资租赁、票据贴现等也都属于间接融资。

表1-7中是对企业融资方式的分类汇总。

表1-7 企业融资方式的分类汇总表

分类标准	具体类型	特点
按资金是否来源于企业内部	内源融资	原始性、自主性、低成本性和抗风险性
	外源融资	高效性、灵活性、大量性和集中性
按资金的使用及归还年限	短期融资	筹资速度快、筹资弹性大、筹资成本低、筹资风险高
	长期融资	筹资速度慢、筹资成本高、筹资风险低
按照企业融入资金后是否需要归还	股权融资	筹资成本高、财务风险小、易分散企业控制权
	债权融资	筹资成本低、财务风险大
按企业融资时是否借助于金融中介机构的交易活动	直接融资	流动性较高、直接性、分散性、部分不可逆性、相对较强的自主性
	间接融资	间接性、相对集中性、融资风险大、资金使用受限制、融资成本大

（4）企业融资渠道

企业融资渠道也就是企业获取资金的来源。表1-8中是我国企业融资的主要渠道。

表 1-8 我国企业融资的主要渠道

企业融资渠道	具体含义
国家财政资金	主要是指国家以财政拨款的方式投入企业的资金
银行信贷资金	也称为银行贷款，主要包括商业银行的商业贷款和政策性银行的政策性贷款
非银行金融机构资金	指的是非银行金融机构（包括信托公司、租赁公司、保险公司、证券公司等）通过一定途径或方式为企业提供部分资金或为企业融资提供服务
企业自留资金	又称为企业内部积累，主要是指企业将留用利润转化成经营资本（包括提取公积金和未分配利润、折旧基金、经常性延期支付款等）
居民闲置资金	居民通过购买股票、债券、基金等方式直接将闲置资金投资给企业
境外资金	指的是外商资本的流入，包括外国政府贷款、国际金融组织贷款以及境外民间资金

（5）企业融资的阶段

企业融资一般要经过种子期、天使期、A轮、B轮、C轮等阶段，可能大家对这些专业名词比较陌生，下面就来介绍一下这些名词是什么意思。

①种子期（Seed Round）

种子期通常是创始人（Founder）萌生了一个初步创业概念，但还未产生任何具体的实物产品或服务，也没有明确详细的商业计划或营运模式，一切基于创始人的理念。这个阶段的资金一般来自创始人的家人、朋友等投资的资金，是创始人的第一桶金，投资量级一般在10万~100万元人民币，这个阶段的投资收益率较高，可能达到几百倍，但存在相当大的投资风险。

②天使期（Angel Round）

天使期也处于早期阶段，通常企业已经能提供初步的商业计划书，亦形成了初步的营运模式。产品或服务的雏形（Prototype）也诞生，并可能积累了少量的用户。这一轮的投资者包括专门的天使投资人（Angel Investor）或孵化投资者（Incubator Investors）。他们往往不单单只投入资金，还提供一些渠道及人员的资源。投资者于这阶段入场往往是因为看中企业的潜力，并认同创业者及其管理团队的能力。投资量级一般在200万～800万元人民币，这个阶段的风险仍然较高。

种子轮和天使轮融资的目的主要是生产实体产品原型，以达到最低的商业要求，继而测试市场并完善营运模式。当资金耗尽之际，营收还没有达到A轮募资之前，很有可能需要寻求Pre-A轮融资，这个阶段的投资者大多是之前的天使轮投资者或新投资方，能引进资金，或战略性协助产品及完善商业操作。

③ A轮（Round A/Series A）

当企业需要A轮融资时说明企业已经进入了成长阶段，企业的产品或服务渐趋成熟，其商业及营运模式也获得市场某种程度的肯定，并于行业内累积了口碑和知名度。但是企业可能仍然处于亏本时期，需要充裕的资金快速扩张，从而增大市场占有率。

这个阶段的投资者多为风险投资（Venture Capital，简称"VC"），主要看好企业将来能够上市，所以投资方愿意以资金换取企业的股权，投资量级在1 000万～1亿元人民币。这时对企业的尽职调查相当严格，投资方要确保企业拥有盈利及落实大规模扩张的能力。

④ B轮（Round B / Series B）

到了B轮融资时，企业已渐渐进入了比较稳定发展的阶段，开始在市场中站稳并进一步得到市场的认同，但同时亦需要继续加速扩张业务或支持新产品的研发。

这个阶段的投资人大多是VC跟投、新的VC加入、私募股权投资（Private Equity，简称"PE"），投资量级在2亿元以上，且投资风险相对降低，成功率较高，但是与前几轮投资相比，回报率略有下降，但依然可观。

⑤ C轮（Round C / Series C）

到了C轮融资阶段，企业开始于行业内有了一定的影响力，也开始筹备上市计划，企业正式进入上市前投资轮（Pre-IPO）。这轮的主要投资者为私募股权基金（Private Equity Fund），会根据企业上市的估值去评估、考量，相比早期的投资，风险较低。

如企业需要更多的时间去准备上市或需要更多的资金来发展业务，往往会进行D轮甚至E轮融资。

⑥上市

企业达到成熟阶段时，往往会追求更大的目标——上市。

1.2 企业融资环境

融资环境是指在一定的企业制度下，影响企业融资活动的各种因素的集合。影响企业融资的因素主要有外部环境因素和内部环境因素。

1.2.1 外部环境

外部环境是指对企业融资方式的选择产生直接影响作用的各种外部环境，主要包括法律环境、金融环境和经济环境。

（1）法律环境

法律环境是指企业在选择融资方式时，必须遵守国家规定的相关政策，比如税收法规，还应当考虑税率变动对企业融资的影响。

（2）金融环境

金融环境主要是指会对企业融资的成本和风险产生影响的货币政策、汇率等方面的变化，金融环境的变化必然会对企业的融资活动产生影响。

（3）经济环境

经济环境是指企业进行理财活动的宏观经济状况。在经济快速增长时，企业需要通过负债或增发股票等方式筹集大量资金，以分享经济发展的成果。当政府的经济政策随着经济发展状况的变化做出调整时，企业的融资方式也应随着经济政策的变化而有所调整。

1.2.2 内部环境

影响企业选择融资方式的内部环境主要包括企业的盈利能力、发展前景、营运能力、行业竞争程度、资产结构、资本结构、企业规模等方面的因素。在市场机制作用下，这些因素都是不断变化的，企业的融资方式也应当随着内部融资环境的变化做出相应的调整，以适应企业在不同时期的融资需求变化。

（1）盈利能力和发展前景

企业的盈利能力越强，财务状况越好，发展前景良好，承担风险的能力就越强。当企业投资的利润率大于债务资金利息率的时候，负债越多，企业的净资产收益率越高，对企业发展及权益资本的所有者越有利。因此，当企业的盈利能力强，发展前景广阔时，债务融资是企业较为合适的选择；当企业盈利能力下降，发展前景欠佳时，企业应尽量少用债务融资方式，以规避财务风险；当企业盈利能力较强且具备股本扩张能力时，若有条件通过新发或增发股票的方式筹集资金，企业可以选择股权融资或者股权融资与债务融资两者兼而有之的融资方式筹集资金。

（2）行业竞争程度

企业所处的行业与企业融资的方式也息息相关。当企业所处的行业竞争程度较为激烈，行业进出壁垒较低，且整个行业的获利能力呈下降趋势时，企业应当考虑采用股权融资的方式；当企业所处的行业竞争程度较低，行业进出壁垒较高，且企业的销售利润率能够快速增长时，企业应当多考虑增加负债比例，获得财务杠杆效应。

（3）资产结构和资本结构

一般情况下，企业固定资产在总资产的占比较高，总资产周转速度较慢时，可以要求有更多的权益资金等长期资金做后盾；企业流动资产占总资产的比重较高，资金的周转速度较快时，可以较多地依赖流动负债筹集资金。为保持合适的资本结构，资产负债率较高的企业应当适当降低负债比例，改用股权筹资方式；资产负债率较低的企业在遇到合适的投资机会时，可适当增加负债，完善资本结构。

企业选择何种融资方式与内、外部环境关系重大，应当结合企业面临的各种内、外部环境，审时度势，为企业选择最合适的融资方式。

第 2 章 价值决定价格：货币的时间价值与企业估值

2.1 货币的时间价值

2.1.1 货币的时间价值的含义

货币的时间价值，是指在不考虑风险和通货膨胀的情况下，一定量资本或资金形态的货币在投入生产或流通领域之后，在扩大再生产的循环、周转过程中，随着时间的变化而产生的资金增值或经济效益。通俗地说，在商品经济中，有这样一种现象：一定量的资金在不同的时点具有不同的价值，可以说，现在的 1 元钱和一年后的 1 元钱其经济价值是不同的。例如，在不存在风险和通货膨胀的情况下，若银行存款年利率为 10%，将今天的 10 元钱存入银行，一年以后就会得到 11 元钱，这 10 元钱经过一年时间其价值增加了 1 元，这就是货币时间价值。货币资金被企业投入生产中，企业产出产品，产品出售后得到的货币量一般大于当初投入的货币量。随着时间的不断延续，货币经过不断的周转和循环，按几何级数增长，这使得货币具有时间价值。

通常情况下，我们将货币的时间价值分为两种具体定量表现形式：第一种是相对数形式，即时间价值率，是指扣除风险报酬和通货膨胀贴水之后的平均资金利润率或平均报酬率；第二种是绝对数形式，即时间价值额，是资金在生产经营过程中产生的绝对增值额。在实际的经济活动中，货币的时间价值通常使用相对数——价值率（也是社会平均资金利润率）来表示，即用货币增加的价值占投入货币的百分数来表示，例如前述举例中 10 元钱经过一年后，其时间价值率为 10%。需要说明的是，通常所说的贷款利率、债券利率、股利率等除了包括货币的时间价值因素外，还包括风险价值和通货膨胀因素，而在计算货币的时间价值时,后两部分是不包括在内的。即货币的时间价值是指扣除风险报酬和通货膨胀贴水之后的平均资金利润率或平均报酬率。

2.1.2 货币的时间价值计量

货币的时间价值计量包括两方面的内容:一次性收付款的终值、现值的计算以及多次收付款的终值与现值的计算。货币时间价值计量中的常用符号及其含义见表2-1。

表2-1 货币时间价值计量中的常用符号及其含义

字母	含义
P	现值(Present Value),又称本金、折现值,也称贴现值
i	每一利息期的利率(Interest Rate)
I	利息(Interest)
F	终值(Future Value),是指某一时点的一定量现金折合到未来的价值,俗称本利和
n	计算利息的期数

(1)一次性收付款的终值、现值的计算

一次性收付款指的是在某一特定时间一次性支付(或收取),经过一段时间后再相应地一次性收取(或支付)的款项。我们在日常经济生活中经常遇到这种收付款方法,如图2-1所示。

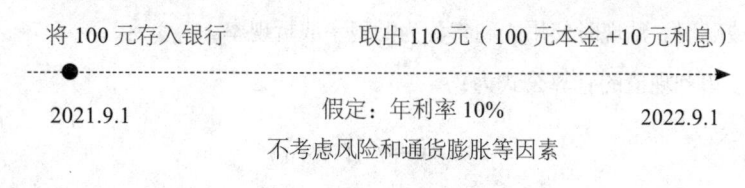

```
将100元存入银行              取出110元(100元本金+10元利息)
●─────────────────────────────────────────▶
2021.9.1        假定:年利率10%              2022.9.1
                不考虑风险和通货膨胀等因素
```

图2-1 一次性收付款图示

一次性收付款的利率计算方法包括两种,即单利计算和复利计算。在计算货币时间价值时,货币资金的现值和终值是两个非常重要的因素。例如,存入银行10 000元,复利率为10%,3年后一次性得到本利和为13 310元,这里的 10 000 元就是现值，13 310 元即是 3 年后的终值。由此可以得出，现值就是货币运用起点时的价值，也称本金；终值也称本利和，是货币运用终点时的价值，即一定量货币在未来某一时点的价值。它们分为单利的终值和现值、复利的终值和现值两部分内容。

①单利的终值和现值

单利是最简单的计算利息的方法。它只是本金在贷款期限中获得利息，不论时间多长，所生利息均不加入本金重复计算利息。这里的本金是指初始投资投入的货币额，利息是指投资者收取的超过本金部分的货币金额。

● 单利的计算

计算出终值 F 的前提是要先计算出单利的利息。

单利的利息计算公式为：

$$I=P\times i\times n$$

注意：在计算利息时，所给出的利率一般为年利率，对于不足一年的利息，以一年等于 360 天来折算。

● 单利终值的计算

单利终值的计算公式为：

$$F=P+P\times i\times n=P\times(1+i\times n)$$

● 单利现值的计算

单利现值计算同单利终值计算是互逆的，由终值计算现值的过程称为折现或贴现。贴现时使用的利率称为贴现率或折现率。

单利现值的计算公式为：

$$P=F/(1+i\times n)$$

②复利的终值和现值

货币的时间价值一般是按复利计算的。

复利是指不仅本金产生利息，而且需将本金所产生的利息在下期加入本金，再计算利息，俗称"利滚利"。复利的计算需要明确计息期。一般计息期为1年。

● 复利的终值

复利的终值是指现在的一笔资金按复利计算若干期后的本利和。复利的终值计算公式推导过程见表2-2。

表2-2 复利的终值计算公式推导过程

复利的终值计算公式推导过程	
假定条件：10 000元，年复利率为10%	
时间	第1年到第n年各年末的终值
第1年	$F=P(1+i)=10\ 000\times(1+10\%)=11\ 000$（元）
第2年	$F=P(1+i)+P(1+i)\times i$ $=P(1+i)\times(1+i)$ $=P(1+i)^2$ $=10\ 000\times(1+10\%)^2$ $=12\ 100$（元）
第3年	$F=P(1+i)^3$ $=10\ 000\times(1+10\%)^3$ $=13\ 310$（元）
……	……
第n年	$F=P(1+i)^n$

因此，复利终值的计算公式为：

$$F=P(1+i)^n$$

其中$(1+i)^n$被称为复利终值系数或1元的复利终值，一般用符号（F/P, i, n）来表示，可通过查询"复利终值系数表"来快速获取数值，该表的第一行是利率i，第一列是计息期数n，相应的$(1+i)^n$值在其行列相交处，可用于把现值转化为终值的简便计算。所以，复利终值的计算公式又可记为：

$$F=P(1+i)^n=P(F/P, i, n)$$

● 复利的现值

复利的现值是与复利的终值相对称，两者存在着紧密的联系。它是指未来一定时点的特定资金按复利计算的现在价值，或者说在未来想要取得一定的资金，现在所需投入的本金。

通过复利终值计算已知：$F=P(1+i)^n$

所以，$P=F\dfrac{1}{(1+i)^n}$

式中的$\dfrac{1}{(1+i)^n}$是把终值折算为现值的系数，被称为复利现值系数或称为1元的复利现值，记为（P/F，i，n）。它表示利率为i时，n期的复利现值系数。例如，（P/F，10%，10）表示利率为10%时10年期的复利现值系数。为了便于计算，可通过查"复利现值系数表"来得到数值，例如：（P/F，10%，10）=0.386。

● 复利息

在前文我们曾经提到了本利和，它包括现值和利息两部分，在知道了现值和终值后，利息的计算公式如下：

$$I=F-P$$

（2）多次收付款的终值和现值计算

在实际生活中，"多次收付款"主要分为多次定期等额收付款和其他不规律的多次收付款，其中多次定期等额收付款我们称为年金。

①年金的终值和现值

简单来说，年金就是定期等额的系列收支，如图2-2所示。

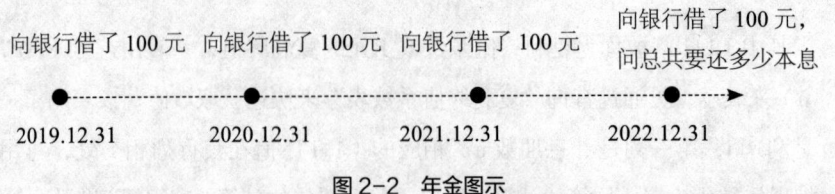

向银行借了100元	向银行借了100元	向银行借了100元	向银行借了100元，问总共要还多少本息
2019.12.31	2020.12.31	2021.12.31	2022.12.31

图2-2 年金图示

通常情况下，我们按照每次收付款发生时间的不同，将年金分为以下四类：普通年金、先付年金、递延年金和永续年金，见表2-3。

表2-3 年金的分类

年金分类	主要特征
普通年金	期末等额系列收付款项，又称后付年金
先付年金	期初等额系列收付款项，又称即付年金
递延年金	最初若干期无收付款，或第一次收付款发生在第二期或第二期以后各期的年金，又称延期年金
永续年金	无限期的定期等额收付款项

● 普通年金

普通年金，指的是在一定时期内每期期末发生的等额收付的系列款项，又称后付年金，是计算其他年金的基础。其收付形式如图2-3所示，其中横线代表时间的延续，用数字标出各期的顺序号；竖线位置表示收付的时刻，竖线下端数字表示收付的金额。

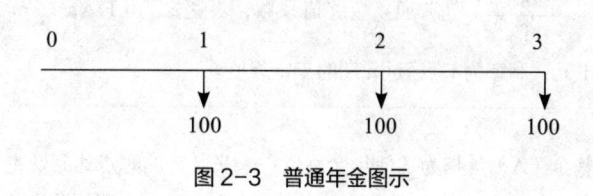

图2-3 普通年金图示

普通年金终值和现值的计算见表2-4。其中包含普通年金终值计算原理、偿债基金图示以及普通年金现值计算原理。

表 2-4 普通年金终值和现值的计算表

普通年金的终值和现值的计算

<table>
<tr>
<td rowspan="3">普通年金终值</td>
<td>

普通年金终值（F）是指一定时期内每期期末收付款项的复利终值之和。普通年金终值计算原理如下。

```
0   1   2   3   ……   n-1   n
    A   A   A        A     A
                            → A(1+i)⁰
                        → A(1+i)¹
                ……
                → A(1+i)ⁿ⁻³
                  → A(1+i)ⁿ⁻²
                    → A(1+i)ⁿ⁻¹
```

各期期末款的复利终值相加求和即可得到**普通年金终值**

式（1）：$F=A+A(1+i)+A(1+i)^2+\cdots\cdots+A(1+i)^{n-1}$

利用错位相减法，两边同乘（1+i），构造多个相同项；

式（2）：$F(1+i)=A(1+i)+A(1+i)^2+A(1+i)^3+\cdots\cdots+A(1+i)^{n-1}+A(1+i)^n$

然后相减：式（2）–式（1），可得：$F[(1+i)-1]=A[(1+i)^n-1]$

$$F=A[(1+i)^n-1]/(1+i)-1$$

因此，普通年金终值的计算公式是：

$$F=A\frac{(1+i)^n-1}{i}$$

其中，$\frac{(1+i)^n-1}{i}$ 是普通年金终值系数，表达式为（F/A, i, n），表示普通年金1元，利率为i，经过n期的年金终值。

</td>
</tr>
<tr>
<td>

偿债基金（A）是指为了使年金终值在未来既定的时点达到既定金额，每年年末应支付的年金数额（为了在约定的未来某一时点还清既定债款，计划每年年末还一部分，求每年年末需支付的年金数额，其类似于"定投基金"，所以叫偿债基金），其原理如下。

```
已知未来十年  攒A    攒A     攒A    ……   攒A      攒A万元
后要还F万元   万元    万元     万元         万元     到最后恰好攒的金额
                                                 能还完欠款F万元
         ●─────●──────●──────●────●──────●→
      2011.1.1 2011.12.31 2012.12.31 …… 2019.12.31 2020.12.31
```

</td>
</tr>
</table>

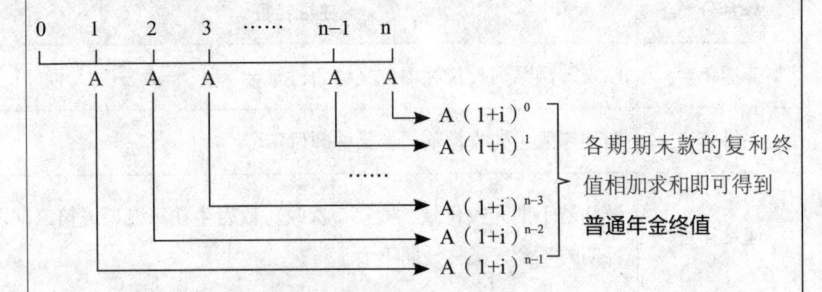

(续表1)

普通年金的终值和现值的计算	
	也就是：F=A+A（1+i）+A（1+i）²+……+A（1+i）⁹（普通年金终值的计算公式） 即： $$F=A\frac{(1+i)^n-1}{i}$$ 故，偿债基金是已知既定偿债金额F，求年金A，实际上是年金终值的逆运算（年金终值求的是终值F，偿债基金求年金A），其计算公式为： $$A=F\frac{i}{(1+i)^n-1}$$ 上式中，$\frac{i}{(1+i)^n-1}$ 是普通年金终值系数的倒数，称为偿债基金系数，记作（A/F，i，n）。它可以把年金终值折算为每年需要支付的金额。
普通年金现值	普通年金现值（P）是指为在每期期末取得相等金额的款项，现在需要投入的金额，也就是指一定时期内每期期末收付款项的复利现值之和。普通年金现值计算原理如下。 每期期末款的复利现值相加之和可得到 **普通年金现值**：A(1+i)⁻¹, A(1+i)⁻², ……, A(1+i)⁻⁽ⁿ⁻¹⁾, A(1+i)⁻ⁿ 式（1）：P=A（1+i）⁻¹+A（1+i）⁻²+……+A（1+i）⁻⁽ⁿ⁻¹⁾+A（1+i）⁻ⁿ 利用错位相减法，两边同乘（1+i），构造多个相同项，得出式（2）。 式（2）：P（1+i）=A+A（1+i）⁻¹+A（1+i）⁻²+……+A（1+i）⁻⁽ⁿ⁻¹⁾ 然后，式（2）－式（1），得： P[（1+i）−1]=A−A（1+i）⁻ⁿ P= A[1−（1+i）⁻ⁿ]/（1+i）−1 因此，普通年金现值公式为： $$P=A\frac{1-(1+i)^{-n}}{i}$$ 上式中A右侧的部分为普通年金为1元、利率为i、经过n期的年金现值系数，记作（P/A，i，n）。可查阅"年金现值系数表"得到相应值。

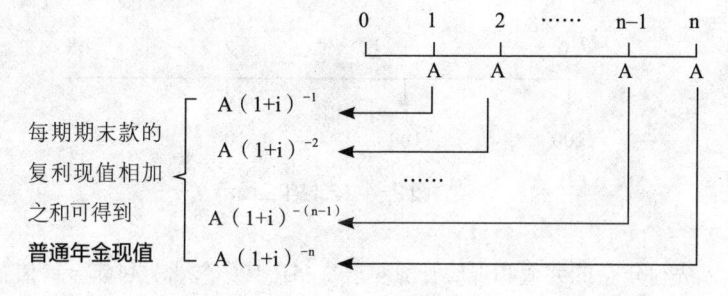

（续表2）

普通年金的终值和现值的计算
年资本回收额（A）是指为使年金现值达到既定金额，每年年末应收付的年金数额，它是年金现值（已知A求P）的逆运算（已知P，求A）。其计算公式为： $$A=P\frac{i}{1-(1+i)^{-n}}$$ 上式中的分子式被称为投资回收系数，记作（A/P，i，n），可通过计算（P/A，i，n）的倒数得出。

● 先付年金

先付年金也称即付年金，是指在一定时期内，每期期初等额的系列收付款项，它与普通年金的区别在于付款时间不同。其收付形式如图2-4所示，其中横线代表时间的延续，用数字标出各期的顺序号；竖线位置表示收付的时刻，竖线下端数字表示收付的金额。

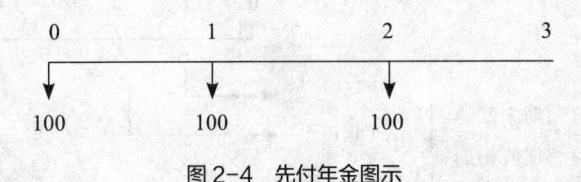

图2-4 先付年金图示

先付年金的终值和现值计算见表2-5。其中包含先付年金终值计算原理、先付年金现值计算原理。

表2-5 先付年金的终值和现值的计算表

	先付年金的终值和现值的计算
先付年金终值	先付年金终值是各期收付款项的复利终值之和。由于年金终值系数表和年金现值系数表是按常见的普通年金编制的，在利用这种普通年金系数表计算先付年金的终值和现值时，可在计算普通年金的基础上适当调整。先付年金终值计算原理如下。

(续表1)

	先付年金的终值和现值的计算
先付年金终值	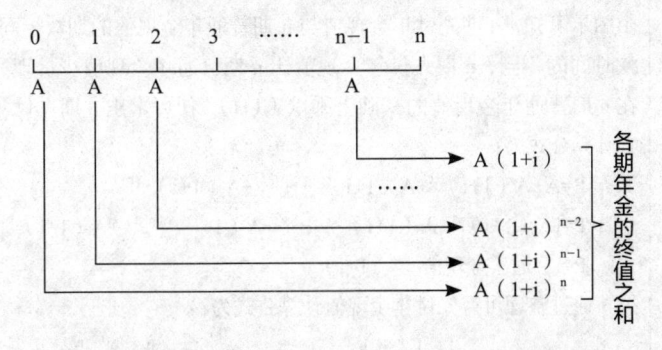 0　1　2　3　……　n-1　n A　A　A　A　　　　A 各期年金的终值之和： A(1+i) …… A(1+i)$^{n-2}$ A(1+i)$^{n-1}$ A(1+i)^n 由于付款时间不同，n期先付年金终值比n期普通年金终值多计算一期利息。因此，在n期普通年金终值的基础乘以（1+i），就是n期先付年金终值。因此，其终值计算公式为： $$F=A(1+i)+A(1+i)^2+……+A(1+i)^{n-1}+A(1+i)^n$$ 提取共同项，得：$F=[A+A(1+i)+A(1+i)^2+……+A(1+i)^{n-1}](1+i)$ 可发现：F= 普通年金终值 ×（1+i） 故，通过整理可得先付年金终值计算公式为： $$F=A\frac{(1+i)^n-1}{i}(1+i)=A[\frac{(1+i)^{n+1}-1}{i}-1]$$ 上式中方括号内的部分称作"先付年金终值系数"，记作 [（F/A, i, n+1）-1]。与n期普通年金终值系数（F/A, i, n）相比，它是"期数加1，而系数减1"所得的结果。所以，同样可通过查"年金终值系数表"来获得其数值。不过查表前要把期数先加1，得到（n+1）期的值，然后所得数值再减去1后就得出1元的先付年金终值。
先付年金现值	先付年金现值是各期收付款项的复利现值之和。先付年金现值计算原理如下。 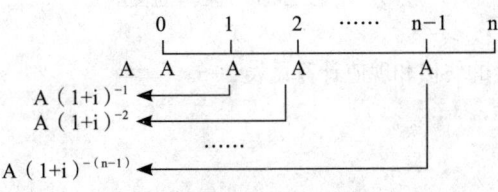 0　1　2　……　n-1　n A　A　A　　　　A A(1+i)$^{-1}$ A(1+i)$^{-2}$ …… A(1+i)$^{-(n-1)}$

第2章 价值决定价格：货币的时间价值与企业估值　　029

(续表2)

先付年金的终值和现值的计算	
先付年金现值	由图示可知，n期先付年金现值与n期普通年金现值的期数相同，但由于付款时间的不同，n期先付年金现值比n期普通年金现值少折现一期。因此，在n期普通年金现值的基础上乘以（1+i），便可求出n期先付年金的现值。其计算公式为： $P = A + A(1+i)^{-1} + A(1+i)^{-2} + \cdots + A(1+i)^{-(n-1)}$ $P = [A(1+i)^{-1} + A(1+i)^{-2} + \cdots + A(1+i)^{-(n-1)} + A(1+i)^{-n}](1+i)$ $P = $ 普通年金现值 $\times (1+i)$ 故，通过整理可得先付年金现值计算公式为： $P = A\left[\dfrac{1-(1+i)^{-n}}{i}\right](1+i) = A\left[\dfrac{1-(1+i)^{-(n-1)}}{i} + 1\right]$ 式中方括号内的内容称作"先付年金现值系数"，记作[（P/A, i, n−1）+1]。它与n期普通年金现值系数（P/A, i, n）相比是"期数减1，而系数加1"，可利用"年金现值系数表"查得其数值，具体的计算方法与先付年金终值系数的方法相同。

● 递延年金

递延年金是指第一次收付发生在第二期或第二期以后各期的年金，它是普通年金的一个特例。其收付形式如图2-5所示，其中横线代表时间的延续，用数字标出各期的顺序号；竖线位置表示收付的时刻，竖线下端数字表示收付的金额。

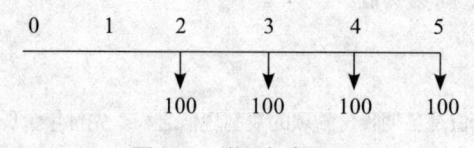

```
0    1    2    3    4    5
          ↓    ↓    ↓    ↓
         100  100  100  100
```

图2-5 递延年金图示

递延年金的终值和现值计算见表2-6。

表2-6　递延年金的终值和现值的计算表

递延年金的终值和现值计算	
递延年金终值	递延年金终值与递延期数无关，它的计算方法与普通年金的终值计算方法相同。递延年金终值计算原理如下。 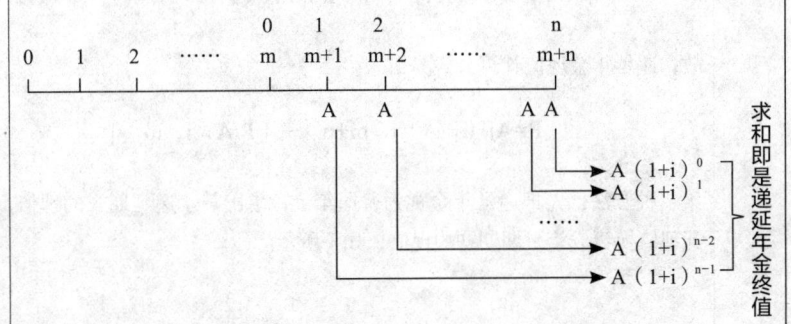 时间轴：0　1　2　……　m　m+1　m+2　……　m+n 对应递延期后：0　1　2　……　n 各期收付A，贴现为 A(1+i)⁰、A(1+i)¹、……、A(1+i)ⁿ⁻²、A(1+i)ⁿ⁻¹，求和即是递延年金终值。 故递延年金终值 $F=A+A(1+i)+A(1+i)^2+\cdots+A(1+i)^{n-1}$ $$F=A\frac{(1+i)^n-1}{i}$$ 以上即是递延年金计算公式，其中，公式中的分式是普通年金终值系数，表达式为（F/A, i, n），表示普通年金1元，利率为i，经过n期的年金终值。
递延年金现值	递延年金是指第一次收付发生在第二期或第二期以后各期的年金，因此递延年金的最初m期（递延期）没有收付款项，后面n期每期有等额的系列收付款项，则递延年金的现值为后n期年金贴现至递延期第一期期初的现值。 计算递延年金现值时，一般有三种方法。 第一种方法：假设递延期也有年金收支，先求出（m+n）期的年金现值，再减去递延期m的年金现值，如下所示。 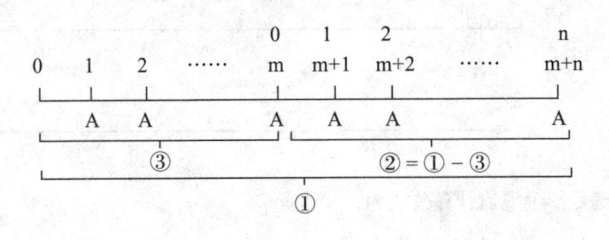 时间轴：0　1　2　……　m　m+1　m+2　……　m+n 对应递延期后：0　1　2　……　n 各期：A　A　……　A　A　A　……　A ③ 为递延期m期的年金现值 ② = ① − ③ ① 为(m+n)期的年金现值

（续表）

	递延年金的终值和现值计算
递延年金现值	在第一种方法下，递延年金现值为： $$P=A（P/A, i, m+n）-A（P/A, i, m）$$ 故，递延年金现值计算公式为： $$P=A[（P/A, i, m+n）-（P/A, i, m）]$$ 第二种方法：先把递延年金视为普通年金，求出其至递延期末的现值，再将此现值换算成第一期期初的现值，如下所示。 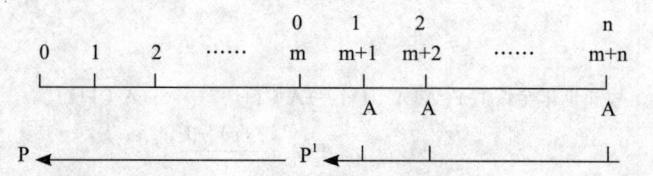 先求普通年金终值 $P^1=A（P/A, i, n）$， 再往回折 m 期，求 $P=P^1（P/F, i, m）$ 故，递延年金现值计算公式为： $$P=A（P/A, i, n）（P/F, i, m）$$ 第三种方法：先把递延年金视为普通年金，求出其终值，再将该终值换算成第一期期初的现值，如下所示。 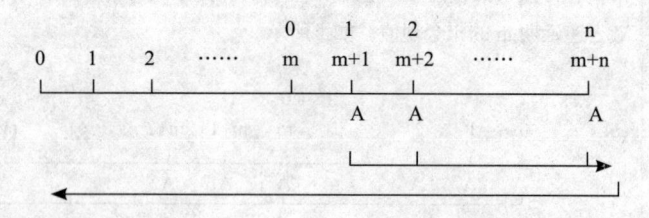 递延年金现值计算公式为： $$P=A（F/A, i, n）（P/F, i, m+n）$$

● 永续年金

永续年金是指无限期支付的年金。在实际中的存本取息、优先股股利、无到期日债券利息都属于永续年金的例子。

由于永续年金没有终止时间,因此没有终值,只能求其年金现值。其现值的计算公式可根据普通年金现值计算公式推导出来。

普通年金现值计算公式:

$$P = A \frac{1-(1+i)^{-n}}{i}$$

永续年金没有终止时间就相当于 $n \to \infty$,而当 $n \to \infty$ 时,$(1+i)^{-n}$ 趋近于 0,故永续年金现值的计算公式可写作:

$$P = \frac{A}{i}$$

② 不规则收付款的终值和现值

在经济管理中,我们经常会遇到每次收入或付出的款项不相等的情况。

由于每次收付的款项不等,因而不能直接按年金终值或现值计算,而必须分别计算每期不等额现金流入量或流出量的终值或现值之和。

但在年金和不等额现金流量混合的情况下,能用年金公式计算现值或终值的便用年金公式计算,不能用年金公式计算的部分,便用复利公式计算,然后把它们加总,得出该现金流量的现值或终值。

不规则收付款的终值计算图解见图 2-6。

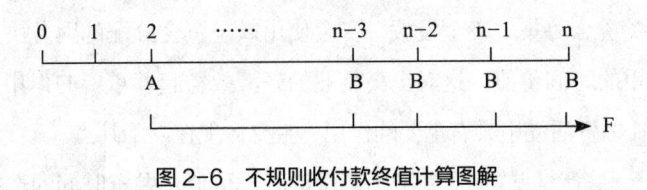

图 2-6 不规则收付款终值计算图解

由于每次收付的款项不等,故需分别计算每期不等额现金流入量或流出量的终值之和,故:

$$F=A(1+i)^{n-2}+B(1+i)^3+B(1+i)^2+B(1+i)^1+B(1+i)^0$$

$$F=A(F/P, i, n-2)+B(F/A, i, 4)$$

不规则收付款的现值计算图解见图2-7。

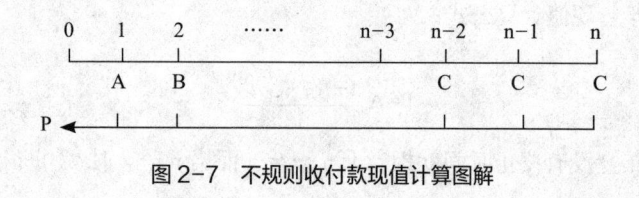

图 2-7 不规则收付款现值计算图解

在年金和不等额现金流量混合的情况下，能用年金公式计算现值的便用年金公式计算，不能用年金计算的部分，便用复利计算，然后把它们加总，得出该现金流量的现值，故：

$$P=A(1+i)^{-1}+B(1+i)^{-2}+C(1+i)^{-(n-2)}+C(1+i)^{-(n-1)}+C(1+i)^{-n}$$

即：$P=A(P/F, i, 1)+B(P/F, i, 2)+C(P/A, i, 3)(P/F, i, n-3)$

2.1.3 货币的时间价值在企业融资活动中的作用

货币的时间价值代表无风险的社会平均资金利润率，是企业资金利润率的最低限度，因而是衡量企业经济效益、考核企业经营成果的重要依据。货币的时间价值应作为一种基本观念体现在企业财务管理的各项具体财务活动中，在有关资金筹集、资金投放、资金使用以及资金分配的财务决策中，都要考虑货币的时间价值，这对提高企业的经济效益起着重要的作用。货币的时间价值在融资活动中具有重要的作用，主要体现在以下几点。

首先，融资时间的选择要考虑资金的时间价值，融资时间的选择是依据资本市场上利率的变化情况和企业的现实条件来考虑最佳融资时间。通常，融资时间与投资时间密切相关。在资金投放之前不久筹集资金，这样才能使筹集到的资金得到及时利用，防止资金闲置和浪费。但是在实际情况下，融资时间和投资时间有时并不完全一致，因此企业应该综合考虑各项因素，树立货币的时间价值观念，使得融资和投资的时间能够尽量保持一致。

其次，举债期限的选择要考虑货币的时间价值。举债期限的选择就是根据资金需求时间和有关举债的条件，确定最佳举债期限。树立货币的时间价值观念有助于正确地选择举债期限，避免由于不当选择造成资金浪费，影响企业发展。

最后，在进行资金结构决策时必须考虑货币时间价值。企业取得和使用资金必须付出代价——资金成本。由于各种筹资渠道的资金成本不同，企业为了以较少的资金成本取得所需要的资金，就必然要比较不同渠道的资金成本，并进行合理配置，最终选出对企业有利的一种或几种融资方式。企业在管理过程中需要对资金的时间价值和融资渠道两部分工作进行系统的分析研究，采用正确的方式，在保证企业资金安全的同时获取更多的利润。合理有效地利用资金的时间价值，有利于加快资金周转，提高资金使用效果。

在大多数情况下，加速资金周转的动机是由于资金短缺或考虑到货币的时间价值。在竞争压力日益增长的当下，企业只有选择正确的融资方式筹集生产经营活动中所需要的资金，才能保障企业生产经营活动正常运行，满足扩大再生产的需要。然而，企业所处的内外环境不同，所选择的融资方式也有差异。企业只有采取适合企业自身发展的筹资渠道和融资方式才能促进企业长远的发展。因此，必须重视资金的时间价值在企业融资中的作用。

2.2 企业价值评估方法

2.2.1 企业价值评估概述

（1）企业价值评估的概念

企业价值评估简称为价值估价或企业估值，指依据相关法律法规和资产评估准则，对评估基准日特定目的下企业整体价值、股东全部权益价值或者股东部分权益价值等进行分析、估算并发表专业意见的行为和过程，其作用是分析和衡量一个企业或一个经营单位的公平市场价值，并向投资者和相关交易各方提供有关信息。企业的金融决策依据是市场价值或经评估得出的内在价值，而不是账面价值，账面价值与金融决策基本无关。

（2）企业价值评估的目的

企业价值评估的目的是确定一个企业的公平市场价值，帮助投资者或买卖双方对被评估对象做出投资和融资决策。企业价值评估对于企业的管理者来说，方便对企业进行了解和量化管理；在资产运作方面，对于作价转让、贷款抵押等具有参考作用；对于投资者来说，可以基于目标企业的价值评估来决定是否参资入股、增资扩股或置换股权等。企业价值评估的具体目的可以分为以下五个方面。

①企业价值评估可用于投资分析

企业价值评估是许多投资人做出决定或分析的核心。每个投资者都有自己的投资理念，一些人可能侧重于用软件模型，一些人可能习惯用心理判断。对宏观层面较为信奉的人更愿意相信估值与数据会有某些关联度，经过一些时日，数据终究会靠近估值。通过该原理，投资者会在市场上寻找那些被低估的企业或证券，以期望获得更高的市场回报率。

②企业价值评估可用于战略分析

战略是一系列的动作组合及决定，包括有意制定的和临时做出的。增长型企业战略可能会涉及项目或企业收购，要达到这一目的，需要对标的进行估值并据此做出是否并购的决定。而稳定型企业战略，则需要对企业的重要收入来源项目进行研究，考察其能否在未来持续为企业带来稳定的收入。衰退型企业战略，则应该通过对今后的现金流进行估计，决定是否继续经营下去。可见，不论是什么类型的企业战略分析，企业估值都是必要的。

③企业价值评估可运用于目标管理

如果企业将增加投资者收益最大化设定为其发展目标，那么经营活动中产生的增值部分便是企业的价值。因此，经营人员做出的决定是否合理就要看该决定为企业带来的增值是多少。所以，要想知道一个财务相关的决定为企业带来的作用，需认识到其与企业战略的关联度。基于以上目标，为了实现既定的战略，需要制订及执行经营计划，管控企业的经营情况和确定员工的报酬福利。

④评估过程中的指标也具有重要意义

对企业进行估值不只是获得一个数字,在整个研究推理阶段还会获得很多有用的数据。比如,估值中具有哪些波动的元素,实体能够带来的营收不同对估值的作用,对管理层的领导产生的回报有哪些,营收与权益之比可以提供的效益的多少,资本成本的变化会产生的影响有多少等。即使最终获得的估值未必十分准确,但对这些在整个推理研究阶段获得的中间数值进行评判也有重要意义。所以,不能只一味地关注估值后获得的定论而不在乎整个阶段其他有用的指标。

⑤企业价值评估提供的是公平市场价值的信息

企业估值评估过程中并不完全否定市场是充分发挥作用的,同样也不认为其是完美无缺的。估值论中认为:在某些方面,外部环境是能够带来有利作用的,但市场不会总是有用。通过用估值法,找到之前没有发挥能效的项目,加大对它们的投入,以带来更多的收效。

(3) 区分几种企业价值

①现时市场价值与公平市场价值

公平市场价值是指在公平的交易中,熟悉情况的双方自愿进行资产交换或决定债务清偿的金额。资产的公平市场价值实际上就是未来现金流入的现值。

现时市场价值是指按现行市场价格计量的资产价值,它可能是公平的,也可能是不公平的。首先,作为交易对象的企业,通常没有完全有效的市场,非上市企业也没有现成的市场价格,而上市企业每天交易的只是少数股权,多数股权不参加日常交易,因此市价只是少数股东认可的价格,未必代表公平价值;其次,以企业为对象的交易双方,可能存在比较严重的信息不对称的情况,对于企业的预期差距很大,成交价格未必公平;最后,股票价格经常波动,使得人们难以判断何时何价为公平价值。

②企业实体价值与股权价值

通常,我们将企业全部资产的总体价值称为"企业实体价值"。企业实体价值与股权价值的关系可以表示为下式:

$$企业实体价值 = 股权价值 + 净债务价值$$

式中,股权价值是股权的公平市场价值,净债务价值是债务的公平市场价值。

大多数企业并购是以购买股权的形式进行的,因此,在并购融资时评估的最终目标和双方谈判的焦点是卖方的股权价值。

$$买方的实际收购成本 = 股权购买成本 + 承接的全部债务$$

(4)企业价值评估的流程

企业价值评估流程有以下五个方面。

①确定评估对象

由于评估的目的千差万别,每一个人择取的分析对象可能也大相径庭。作为外部分析人员,通常是为了进行研究分析、买卖交易、企业研究等目的,对目标企业进行研判。而对于企业内部管理层,如果只是想了解某一项目未来投资的可行性,其选择的评估对象只是一个项目;如果对评估对象未来所能够带来的经济效益进行分析,应当考虑的是企业整体将产生的价值。对于已经宣告倒闭不再经营的企业,应当评估该企业停止营运的价值。

②选择估值方法

企业估值的方法有现金流量折现法、相对估值法、经济增加值评估法和成本法。现金流量折现法因其所需要的数据来源于企业未来的运营活动产生的资金流和未来每年的发展比率,而这些数据外界人员通常难以获得,因此适用于企业内部价值评估。相对估值法,能够运用上市企业之前已经对外宣布的数值测算,并通过行业内可比企业的有关数据修正测算的数据。经济增加值评估法侧重于企业的长远成长,不提倡企业通过丧失今后长远的、大量的效益来换取当下的利益,鼓励企业的经营人员结合所属实体长远利益做出较为合适的决定。成本法是对每部分资产进行估值,最后对所有资产进行加总求和得出企业的总价值,本方法不适宜用于企业整体的估值。

③收集评估数据

不论是选择现金流量折现法、相对估值法还是经济增加值评估法,都需要对企业的财务数据进行收集整理，数据的精确程度及可靠程度对评估结论有至关重要的作用。现金流量折现法，需要对企业或项目未来每年的现金流量和每年的增长率进行评估，并选择合适的必要报酬率作为折现率。相对估值法，除了收集企业过去的财务数据外，还需要选择恰当、合理的可比企业，用来修正数据。经济增加值评估法需要对资本成本进行调整修正，对利息支出、研究开发费用进行调整，重新计算可比企业的税后经营利润。

④测算企业的估值

现金流量折现法是利用将今后所有时期所能够产生的资金流进行折现，求现值即可得到企业的估值。相对估值法进行估值，包括三个重要模型，通过股价平均法或者修正法进行测算，求得企业的估值。经济增加值评估法则通过税后经营活动所实现的盈余与全部融资所产生的成本的差异，得出企业的估值。

⑤分析测算结果

对于项目可行性研究分析或企业并购，可以利用现金流量折现法估值，如果其现金流量净现值为正，说明该项目或该项目被并购后能够为企业带来正回报，能增加投资者的回报，可以对其投资；相反，则应当放弃。

对企业整体进行估算时，可以利用相对估值法分析、对比企业实际价值与企业股价，得出其股价是超出实际价值（被高估）还是低于实际价值（被低估）的结论，并根据分析结果进行投资决策，比如买入低估企业，抑或卖出高估企业。经济增加值评估法则是，如果计算出评估对象的经济增加值为正数，那么评估对象能为投资者带来超额回报，应当进行投资。

2.2.2 企业价值评估方法

企业价值评估的功能是把预测数据转换为企业的价值，在实务中经常使用的价值评估方法主要有现金流量折现法和相对估值法、EVA 估值法，下面分别介绍。

（1）现金流量折现法

现金流量折现法是对企业未来的现金流量及其风险进行预期，然后选择合理的折现率，将未来的现金流量折合成现值。这个方法主要是基于"任何资产的价值等于其预期未来产生的全部现金流量的现值之和"这一基本原理，所以也可以说，现金流量折现法是基于预期未来产生的全部现金流量和折现率的估值方法。在一定的条件下，如果被估值的资产当前的现金流量为正，并且可以比较准确地预测未来现金流量的发生时间，同时，根据现金流量的风险特性又能够确定适当的折现率，那么就适合采用现金流量折现法。目前，现金流量折现法是对公司估值时普遍使用的、比较受欢迎的估值方法。

该方法的核心是未来现金流量和折现率，以下我们主要对这两个核心变量进行分析。

①未来现金流量的计算

对企业估值时，根据测算目的划分，未来的现金流量分为股权、债务和实体现金流量。

● 股权现金流量

股权现金流量指与股东之间进行的交易形成的现金流量，包括股份发行、股份分配和股份回购等。

$$股权现金流量 = 经营性现金流量 + 投资活动现金流入 + 筹资活动现金流入 - 资本性支出 - 偿还债务的所有支出$$

● 债务现金流量

债务现金流量是指与债权人之间交易形成的现金流，包括借入或偿还债务、支付利息和出售金融资产。

$$债务现金流量 = 利息费用 \times (1 - 所得税率) - 净负债的增加$$

● 实体现金流量

实体现金流量，指企业运营中带来的收益扣除其要上交的所得税以及运营活动的支出后，能够给予所有债务人、权益性资产的持有者的所有现金流量。其计算公式如下：

$$实体现金流量 = 税后经营净利率 + 折旧与摊销 - 经营营运资本增加 - (净经营性长期资产增加 + 折旧与摊销) = 股权现金流量 + 债务现金流量$$

②折现率的确定

因上述实体现金流量折现估值和股权现金流量折现估值使用的折现资本成本不同，前者以加权平均资本成本作为折现率，后者以股权资本成本作为折现率，接下来对它们分别进行介绍。

● 加权平均资本成本

加权平均资本成本是一种很重要的折现率，代表的是项目或企业全部的资源，包括权益性和债务类的综合成本。通过对企业拥有的全部长期性融资费用运用综合资本成本进行调整修正，可以得出企业的估值。

该模型的计算公式为：

$$加权平均资本成本 = 股权资本成本 \times \frac{股权市值}{债务市值 + 股权市值} + 债务资本成本 \times \frac{债务市值}{债务市值 + 股权市值}$$

实体现金流量折现法揭示了企业内在的营运效果，是对企业估值的最适合理论。但是这种方法使用的现金流量数据、折现率都是人为预测出来的，受主观因素影响较大。

● 股权资本成本

股权资本成本指的是投资者投资企业股权时所要求的收益率。估算股权资本成本的方法非常多，其中运用较为广泛的是资本资产定价模型。该模型指在存在不确定的因素的状况下，购买者必要的收益率就是股权本身的资本成本，它的溢价率就是期望的报酬率与不确定因素不存在时报酬率的差值。其计算公式如下：

$$R_i = R_f + \beta_i (R_m - R_f)$$

其中：

R_i——市场平均报酬率

R_f——市场风险回报率

β_i——无风险报酬率

$R_m - R_f$——某资产风险报酬率

（2）相对估值法

相对估值法又称乘数估值法，也称价格乘数法或可比交易价值法，指的是在证券市场上经常使用到的市盈率法、市净率法、市销率法等比较简单通用的比较方法。

相对估值法是利用类似企业的市场价值来确定目标企业市场价值的一种评估方法，通常假设存在一个支配企业市场价值的主要变量，且企业市场价值与该变量的比值对各企业而言是类似的、可比较的。由此，可以在市场上选择一个或几个与目标企业类似的企业，在分析比较的基础上，修正、调整目标企业的市场价值，最后确定目标企业的市场价值。实践中被用作计算企业相对价值模型的有市盈率、市净率、收入乘数等比率模型。最常用的相对估值法为市盈率法和市净率法这两种，因此此处主要介绍市盈率法和市净率法。

①市盈率法模型

● 市盈率法的含义

在相对估值法中，市盈率法最为常用。市盈率等于企业的所有股价合计数同其产生的全部盈余的比值，与同行业其他企业相比，该比值越高，则说明其股价可能已经远远超出了其代表的真实值；反之，则可能被低估。

在市盈率法模型下计算目标企业的价值的公式如下：

$$目标企业每股价值 = 目标企业每股收益 \times 可比企业平均市盈率$$
$$目标企业价值 = 目标企业每股价值 \times 目标企业普通股发股股数$$

● 市盈率法的优点

首先，市盈率法测算起来比较简便，每个指标都较易获取；其次，市盈率将比较对象反映的市价同其产生的盈余很好地关联在一起，可以更加纯粹地表现出实体投入同获得的结果之间的联系；最后，该比率具有三个重要的推动因素，其中最为主要的是成长比，比值的综合性较好。

● 市盈率法的适用性

使用市盈率法模型需要注意以下两点：第一，目标企业和可比企业的市盈率必须为正；第二，市盈率不仅会因内在事项发生变动，同时还会被外部不利元素所干扰。该方法适用于多年持续有盈余，且贝塔系数近乎为1的企业。

②市净率法模型

● 市净率法的含义

市净率等于企业股票总市值与其所有者权益合计的比值。本模型的一种重要设想是分析对象的权益性数值与所有者权益存在一定的线性关联度，相似的分析对象应当具有相近的市净率，当所有者权益合计越大，那么其价值也就越大。该模型具有四个主要推动因素，对该比率有很大的影响，其中所有者所期望的比值为核心因素。在市净率法下计算目标企业的价值的公式如下：

$$目标企业股权价值 = 目标企业净资产 \times 可比企业平均市净率$$

● 市净率法的优点

市净率法的优点包括以下三点：第一，因该比率在实际情况下基本为正数，因而能够用于绝大多企业估值的活动中；第二，所有者权益的数值相对易于获得；第三，不同于利润数值易于被人操控，所有者权益代表指标的数值更加可靠。

● 局限性

市净率法的局限性主要表现在：一是分析对象的估值较易受到其财务制度的影响，如果每个企业的制度都不一样，那么该方法获得的结论就没有比较性；二是对于以技术及服务为主要业务的分析对象，因其拥有的固定资产不多，对它的估值与所有者收益的直接关联度较小，运用本法进行比对分析作用不大；三是对于一些所有者权益不是正值的分析对象，本方法难以用作对比。因此，市净率法模式适合于所有者权益不为负数、拥有较多实体资产的企业。

（3）EVA估值法

EVA是经济增加值模型（Economic Value Added）的英文简称，EVA估值法是20世纪80年代由美国的咨询公司斯特恩·斯图尔特（Stern Stewart）提出的一种企业经营业绩评价方法，是基于剩余收益思想发展而来的新型价值模型。EVA 不仅可以用于评价企业经营管理状况和管理水平，还可以引入价值评估领域，用于评估企业价值。

EVA 的基本理念是：资本获得的收益至少要能补偿投资者承担的风险。也就是说，股东必须赚取至少等于资本市场上类似风险投资回报的收益率。如果测算对象的 EVA 值大于零，表明企业的效益在不断增加，可为股东实现更多的财富；反之，则表明企业所产生的效益不能达到股东的期望，股东的股权回报减少了；如果该数值为零，表明企业实现的盈利刚好符合股东所希望的最低股权回报。

根据 EVA 的含义，其计算公式为：

$$EVA=NOPAT-(IC \times WACC)=IC \times (ROIC-WACC)$$

公式中，NOPAT 代表税后营业利润；IC 代表股东投入的资本；ROIC 代表资本回报率；WACC 代表加权平均资本成本。

其中，税后营业利润（NOPAT）=营业利润+财务费用+投资收益－EVA 税收调整；EVA 税收调整=利润表上所得税+税率×（财务费用+营业外支出－营业外收入）。

EVA 估值法不仅可以用于企业价值评估，还可以用于企业业绩的评价。利用 EVA 估值法可以为企业创建完善的薪酬鼓励机制，把企业管理层的薪酬、投资者的收益和营业利润指标结合，可以指引企业管理人员的管理方向，使得管理人员更加注重增加企业的价值和长远的经营收益，最终实现股东财富最大化。运用 EVA 估值法评估企业价值时，需要全方位地考虑成长性比率、融资的支出与费用及项目的收益情况等因素对企业估值产生的影响。

第3章　财务报表和财务评价：信息决定成败

3.1　财务报表及财务信息

3.1.1　财务报表及财务信息

（1）财务报表

①财务报表的概念

财务报表是对企业的财务状况、经营成果和现金流量的结构性表述。财务报表是传输企业会计信息的重要工具，是根据会计账簿记录和有关资料，按规定的报表格式，总括反映一定期间企业的经济活动、财务收支及其结果的文件。一套完整的财务报表至少应当包括"四表一注"，即资产负债表（样表见表3-1）、利润表（样表见表3-2）、现金流量表（样表见表3-3）、所有者权益变动表及其附注。

表3-1　资产负债表样表

编制单位：　　　　　　　××年××月××日　　　　　　　单位：元

项目			项目		
资产	期末余额	上年年末余额	负债和所有者权益	期末余额	上年年末余额
流动资产：			流动负债：		
货币资金			短期借款		
交易性金融资产			交易性金融负债		
衍生金融资产			衍生金融负债		
应收票据			应付票据		

(续表1)

项目			项目		
资产	期末余额	上年年末余额	负债和所有者权益	期末余额	上年年末余额
应收账款			应付账款		
应收款项融资			预收款项		
预付款项			合同负债		
其他应收款			应付职工薪酬		
其中：应收利息			应交税费		
应收股利			其他应付款		
存货			其中：应付利息		
合同资产			应付股利		
持有待售资产			持有待售负债		
一年内到期的非流动资产			一年内到期的非流动负债		
其他流动资产			其他流动负债		
流动资产合计			流动负债合计		
非流动资产：			**非流动负债：**		
债权投资			长期借款		
其他债权投资			应付债券		
长期应收款			其中：优先股		
长期股权投资			永续债		
其他权益工具投资			长期应付款		
其他非流动金融资产			长期应付职工薪酬		
投资性房地产			预计负债		
固定资产			递延收益		
在建工程			递延所得税负债		
生产性生物资产			其他非流动负债		

(续表2)

项目			项目		
资产	期末余额	上年年末余额	负债和所有者权益	期末余额	上年年末余额
其他资产			非流动负债合计		
使用权资产			**负债合计**		
无形资产			**所有者权益：**		
开发支出			实收资本（或股本）		
长期待摊费用			资本公积		
递延所得税资产			盈余公积		
其他非流动资产			未分配利润		
非流动资产合计			所有者权益合计		
资产总计			**负债和所有者权益总计**		

表3-2 利润表样表

编制单位： ××年××月××日 单位：元

项目	本期金额	上期金额
营业总收入		
其中：营业收入		
利息收入		
营业总成本		
其中：营业成本		
利息支出		
手续费及佣金支出		
税金及附加		
销售费用		
管理费用		
研发费用		
财务费用		

（续表）

项目	本期金额	上期金额
其中：利息费用		
利息收入		
加：其他收益		
投资收益（损失以"-"号填列）		
汇兑收益（损失以"-"号填列）		
公允价值变动收益（损失以"-"号填列）		
信用减值损失（损失以"-"号填列）		
资产减值损失（损失以"-"号填列）		
资产处置收益（损失以"-"号填列）		
营业利润（亏损以"-"号填列）		
加：营业外收入		
减：营业外支出		
利润总额（亏损总额以"-"号填列）		
减：所得税费用		
净利润（净亏损以"-"号填列）		
（一）按经营持续性分类持续经营净利润		
（二）按所有者权益归属分类		
归属于母公司股东的净利润		
少数股东权益		
扣除非经常性损益后的净利润		
每股收益		
基本每股收益		
稀释每股收益		

表3-3 现金流量表样表

编制单位：　　　　　　　××年××月××日　　　　　　　　单位：元

项目	本期金额	上期金额
经营活动产生的现金流量：		
客户存款和同业存放款项净增加额		
向中央银行借款净增加额		
向其他金融机构拆入资金净增加额		
收到原保险合同保费取得的现金		
收到再保业务现金净额		
保户储金及投资款净增加额		
收取利息、手续费及佣金的现金		
拆入资金净增加额		
回购业务资金净增加额		
代理买卖证券收到的现金净额		
收到的税费返还		
收到其他与经营活动有关的现金		
经营活动现金流入小计		
购买商品、接受劳务支付的现金		
客户贷款及垫款净增加额		
存放中央银行和同业款项净增加额		
支付原保险合同赔付款项的现金		
拆出资金净增加额		
支付利息、手续费及佣金的现金		
支付保单红利的现金		
支付给职工及为职工支付的现金		

(续表1)

项目	本期金额	上期金额
支付的各项税费		
支付其他与经营活动有关的现金		
经营活动现金流出小计		
经营活动产生的现金流量净额		
投资活动产生的现金流量：		
收回投资收到的现金		
取得投资收益收到的现金		
处置固定资产、无形资产和其他长期资产收回的现金净额		
处置子公司及其他营业单位收到的现金净额		
收到其他与投资活动有关的现金		
投资活动现金流入小计		
购建固定资产、无形资产和其他长期资产支付的现金		
投资支付的现金		
取得子公司及其他营业单位支付的现金净额		
支付其他与投资活动有关的现金		
投资活动现金流出小计		
投资活动产生的现金流量净额		
筹资活动产生的现金流量：		
吸收投资收到的现金		
收到其他与筹资活动有关的现金		
筹资活动现金流入小计		
偿还债务支付的现金		
分配股利、利润或偿付利息支付的现金		

（续表2）

项目	本期金额	上期金额
筹资活动现金流出小计		
筹资活动产生的现金流量净额		
汇率变动对现金及现金等价物的影响		
现金及现金等价物净增加额		
加：期初现金及现金等价物余额		
期末现金及现金等价物余额		

②财务报表的作用

财务报表的作用主要体现在以下三个方面。

第一，财务报表全面揭示企业一定时期的财务状况、经营成果和现金流量，有利于经营管理人员了解本企业财务状况，改善经营管理水平，提高经济效益。

第二，财务报表是投资者、债权人等利益关系人进行投资决策的主要依据。

第三，财务报表是国民经济核算的基础资料。分析财务报表有助于国家经济管理部门了解国民经济的运行状况，以便宏观调控经济运行，优化资源配置，保障国民经济稳定持续发展。

（2）财务报表要素

财务报表是揭示和反映企业或投资项目财务会计信息的会计报表，其内容具体包括资产、负债、所有者权益、收入、费用和利润六个会计要素。

①资产

资产是指由过去的交易或事项形成并由企业拥有或控制的，预期会给企业带来经济利益的资源。资产通常按照流动性分为流动资产和非流动资产两类。

● 流动资产是指可以在一年或者超过一年的一个营业周期内变现或耗用的资产，主要包括货币资金、交易性金融资产、应收及预付款项、存货和一年内到期的非流动资产等。

● 非流动资产是指流动资产以外的资产，主要包括持有到期投资、可供出售金融资产、长期股权投资、固定资产、在建工程、工程物资、无形资产、开发支出、长期待摊费用以及其他非流动资产等。

②负债

负债是指由过去的交易或事项形成的、预期会导致经济利益流出企业的现时义务。负债按照流动性分类，可以分为流动负债和非流动负债。

● 流动负债是指预计在一个正常营业周期中清偿，或者主要为交易目的而持有，或者自资产负债表日起一年内（含一年）到期应予以清偿，或者企业无权自主地将清偿推迟到资产负债表日后一年以上的负债。流动负债主要包括短期借款、应付账款、应付票据、预收账款、应付职工薪酬、应交税费、应付利息、应付股利、其他应付款等。

● 非流动负债即长期负债，是指偿还期在一年或者超过一年的一个营业周期以上的负债。包括长期借款、应付债券、长期应付款等。

③所有者权益

所有者权益是指企业资产扣除负债后，由所有者享有的剩余权益，反映企业在某一特定日期，股东（或投资者）拥有的净资产的总额。企业的所有者权益又称为股东权益。所有者权益是所有者对企业资产的剩余索取权，它是企业资产中扣除债权人权益后应由所有者享有的部分。所有者权益的来源包括所有者投入的资本、直接计入所有者权益的利得和损失、留存收益等，通常由实收资本（或股本）、资本公积（含资本溢价或股本溢价、其他资本公积）、盈余公积和未分配利润构成。所有者凭借所有者权益能够参与利润的分配；企业清算时，只有在清偿所有负债后，所有者权益才返还给所有者；除非发生减资、清算，否则企业不需要偿还所有者权益，它基本上是企业可以永久利用的一笔资本。

④收入

收入是指企业或项目投产后，因销售商品、提供劳务及让渡资产使用权等在日常活动中形成的，会导致所有者权益增加的，与所有者投入资本无关的经济利益的总流入。收入不包括为第三方或客户代收的款项，如销售时向买方收取的增值税款等。

⑤费用

费用是指企业在日常活动中发生的会导致所有者权益减少的、与向所有者分配利润无关的经济利益的总流出，企业或项目投产后日常活动所产生的费用通常包括销售成本（营业成本）、贷款利息、管理费用等。

⑥利润

利润是指企业在一定会计期间的经营成果。利润是评价企业管理层业绩的指标之一，也是投资者等财务报告使用者进行决策时的重要参考因素。利润包括收入减去费用后的净额、直接计入当期利润的利得和损失等。其中收入减去费用后的净额反映企业日常活动的经营业绩，直接计入当期利润的利得和损失反映企业非日常活动的业绩。直接计入当期利润的利得和损失，是指应当计入当期损益，并最终会引起所有者权益发生增减变动的、与所有者投入资本或者向所有者分配利润无关的利得或损失。企业应当严格把握收入和利得、费用和损失之间的区别，以更全面地反映企业的经营业绩。

（3）各项报表及附注

①资产负债表

● 资产负债表的定义和作用

资产负债表是反映企业在某一特定日期（月末、季末、半年末、年末）财务状况的报表。

资产负债表的作用包括可以提供某一日期资产的总额及其结构，表明企业拥有或控制的资源及其分布情况，使用者可以一目了然地从资产负债表中了解企业在某一特定日期所拥有的资产总量及其结构；可以提供某一日期的负债总额及其结构，表明企业未来需要用多少资产或劳务清偿债务以及清偿时间；可以反映所有者所拥有的权益，据以判断资本保值、增值的情况以及对负债的保障程度；可以提供进行财务分析的基本资料，如将流动资产与流动负债进行比较，计算出流动比率等指标，可以表明企业的变现能力、偿债能力和资金周转能力，从而有助于报表使用者做出经济决策。

● 资产负债表的生成依据

$$资产 = 负债 + 所有者权益$$

上述等式又可细化为：

流动资产＋非流动资产＝（流动负债＋非流动负债）＋所有者权益

②利润表

● 利润表的定义和结构

利润表是反映企业在一定期间的经营成果的会计报表。

《企业会计准则第30号——财务报表列报》规定，企业应当采用多步式列报利润表，将不同性质的收入和费用类进行对比，从而得出一些中间性的利润数据，有助于使用者正确理解企业经营成果的不同来源。

● 利润表的编制流程

企业可以按照下列四个步骤编制利润表。

第一步，以营业收入为基础，减去营业成本、营业税金及附加、销售费用、管理费用、财务费用、资产减值损失，加上公允价值变动收益（减去公允价值变动损失）和投资收益（减去投资损失），计算出营业利润。

第二步，以营业利润为基础，加上营业外收入，减去营业外支出，计算出利润总额。

第三步，以利润总额为基础，减去所得税费用，计算出净利润（或净亏损）。

第四步，以净利润（或净亏损）为基础，加上其他综合收益各项目分别扣除所得税影响后的净额，计算出综合收益总额。

普通股或潜在普通股已公开交易的企业，以及正处于公开发行普通股或潜在普通股过程中的企业，还应当在利润表中列示每股收益信息；同时，根据《企业会计准则第30号——财务报表列报》的规定，企业需要提供比较利润表，以使报表使用者通过比较不同期间利润的实际情况，判断企业经营成果的未来发展趋势。所以，利润表还需就各项目再分为"本期金额"和"上期金额"两栏分别填列。

③现金流量表

● 现金流量表的定义和内容

现金流量表是反映企业一定会计期间现金和现金等价物的流入和流出情

况的财务报表。从内容上看，现金流量表中所反映的企业经济活动被划分为经营活动、投资活动和筹资活动三类，每类活动又细分为不同的现金流入和流出项目，这些项目从不同角度反映企业业务活动的现金流入和流出情况，弥补了资产负债表和利润表提供信息的不足。

● 现金流量表的编制基础

第一，现金。现金是指企业库存现金以及可以随时用于支付的存款。不能随时用于支付的存款不属于现金。现金主要包括以下几个方面。

库存现金。库存现金是指企业可以随时用于支付的现金，与"库存现金"科目的核算内容一致。

银行存款。银行存款是指企业存入金融机构、可以随时用于支取的存款，与"银行存款"科目的核算内容基本一致，但不包括不能随时用于支付的存款。不能随时支取的定期存款等不应视作现金；而提前通知金融机构便可支取的定期存款则包括在现金的范围之内。

其他货币资金。其他货币资金是指存在金融机构的外埠存款、银行汇票存款、银行本票存款、信用卡存款、信用证保证金存款和存出投资款等，与"其他货币资金"科目核算内容一致。

第二，现金等价物。现金等价物是指企业持有的期限短、流动性强、易于转换为已知现金、价值变动风险很小的投资。其中，"期限短"一般是指从购买日起3个月内到期，例如，可在证券市场上流通的3个月内到期的短期债券投资。

④所有者权益变动表的定义和作用

所有者权益变动表是指反映构成所有者权益各组成部分当期增减变动情况的报表。在所有者权益变动表中，企业至少应当单独列示反映下列信息的项目：

● 综合收益总额；

● 会计政策变更和差错更正的累积影响金额；

● 所有者投入资本和向所有者分配利润等；

● 提取的盈余公积；

● 实收资本或资本公积、盈余公积、未分配利润的期初和期末余额及其调节情况。

所有者权益变动表的作用包括：为公允价值的广泛运用创造条件；提供更加全面的财务信息；有利于全面反映企业的经营业绩。

为了清楚地表明构成所有者权益的各组成部分当期的增减变动情况，所有者权益变动表应当以矩阵的形式列示；按照所有者权益各组成部分（包括实收资本、资本公积、盈余公积、未分配利润和库存股等）列示交易或事项对所有者权益各部分的影响。

⑤附注

● 附注的定义和作用

附注是对资产负债表、利润表、现金流量表和所有者权益变动表等报表中列示项目的文字描述或明细资料，以及对未能在这些报表中列示的项目的说明等。附注与"四表"同等重要，都是财务报表的重要组成部分，报表使用者要想全面了解企业的财务状况、经营成果和现金流量，就应当阅读附注。

● 附注的披露要求

附注披露的信息应是定量、定性信息的结合，从而能从量和质两个角度对企业经济事项完整地进行反映，以满足信息使用者的决策需求。附注应当按照一定的结构进行系统、合理地排列和分类，有顺序地披露信息。由于附注的内容繁多，因此，更应按逻辑顺序排列，分类披露，条理清晰，具有一定的组织结构，以便于使用者理解和掌握，并更好地实现财务报表信息之间的可比性。附注中的相关信息应当与资产负债表、利润表、现金流量表和所有者权益变动表等报表列示的项目相互参照，以便使用者了解互相关联的信息，更好地从整体理解财务报表。

（4）财务报表之间的关系

资产负债表、利润表和现金流量表之间并非孤立的，而是存在相互依存、互为补充的内在逻辑关系，如图3-1所示。

财务报表三张表的关系为一个中心、两个基本点。一个中心指的是资产负债表。两个基本点分别指的是：利润表反映资产负债表中未分配利润的增减变化；现金流量表反映资产负债表中货币资金的增减变化。三者互相关联，相互依托。

利润表、现金流量表和资产负债表中，现金流量表是连接资产负债表和利润表的桥梁，起着纽带作用；利润表和现金流量表都属于期间报表。

企业利润表中的收入和费用，日常会通过企业的现金流或其他资金流进行核算和分配。资产负债表中的货币资金可以通过企业现金流量表反映企业现金流的流入和流出明细。

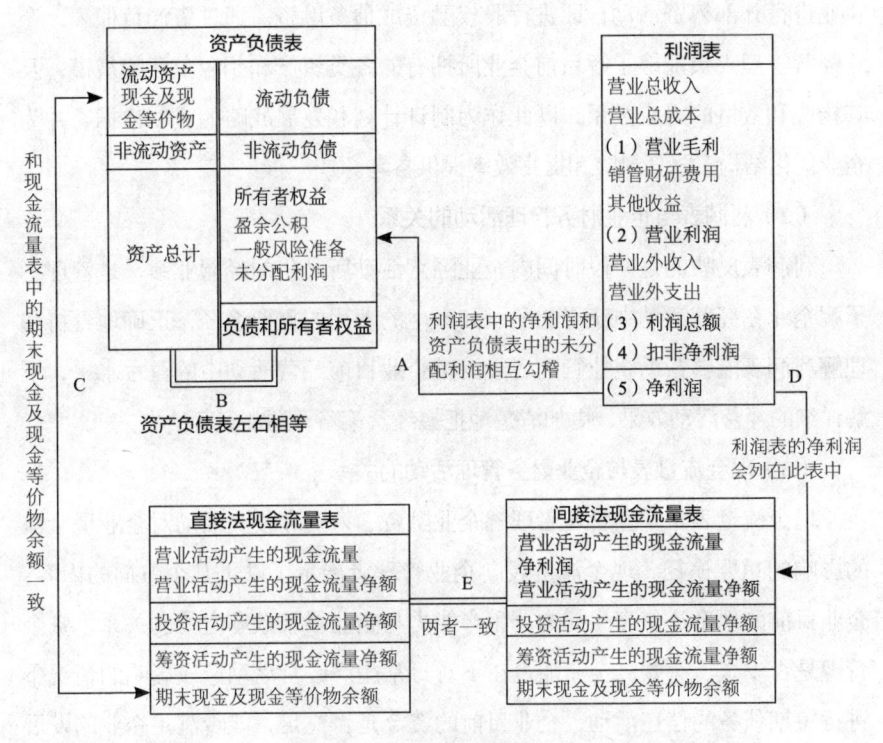

图 3-1　各财务报表之间的关系

3.1.2　财务报表与企业财务管理活动的关系

（1）资产负债表与企业财务管理活动的关系

资产负债表对于了解投资和融资在企业中的地位具有重要作用。资产负债表分为左右两侧，左侧内容体现的是企业的投资，能否进行有效的投资关系到企业能否取得足够的利润；右侧则显示了企业的相关融资方式，一般来说，没有融资就无法满足企业在投资上的资金需求。

可以将企业的投资活动分为广义的投资和狭义的投资。广义的投资是指企业将筹集的资金投入到实际使用的过程，包括购置流动资产、固定资产、无形资产以及购买股票、债券等。而狭义的投资则只是指对外投资。投资作为企业理财的关键环节，其是否正确和有效决定了其所带来的报酬、回报。企业在运行过程中必然需要大量资金作为支持，保留金就是企业长期资本的主要来源之一，但是其金额并不总是能够满足企业的发展需要，这时就需要企业进行外部筹资活动，即进行股权融资或债务融资。通过资产负债表，企业经营管理人员能够了解目前企业所拥有的各类资产和相应负债的规模，及其构成和数量的对应关系，以此作为制订计划和发展战略的重要依据，并为企业优化结构、降低风险和提高效率提供参考。

（2）利润表与企业财务管理活动的关系

利润表反映的是一段时间内企业经营活动所产生的经营业绩，是管理者了解企业在经营活动中获得的利润和产生的费用的重要途径，正确地看待和理解利润表能够帮助企业管理者弄清楚企业目前经营活动中的盈亏水平，了解详细的经营活动效果，更加清楚地把握经营策略，调整经营结构。

（3）现金流量表与企业财务管理活动的关系

现金流量表是企业管理者理解企业融资、筹资和投资活动对企业现金流的影响的重要途径。现金流量表向企业管理者展示了以下几个方面的内容：企业目前的现金流量产生能力，生产能力与企业增长效率之间的关系，资金管理是否安全、有效；企业能否在不对日常生产经营活动造成影响的情况下进行短期债务的偿还活动；企业目前的资金是否充足，能否满足企业的发展战略和经营战略，资金的来源是否安全、稳定；企业是否还存在现金盈余，对于盈余现金是否制订了相应的使用计划；企业支付股利的资金来自哪里，企业能否长期实行目前的股利政策；企业目前外部融资的安全性和稳定性水平。

（4）所有者权益变动表与企业财务管理活动的关系

所有者权益变动表也就是利润分配表，是企业执行利润分配政策和权益资本结构调整的表现，能够帮助管理者了解企业相关利润的流向和情况，预计相关活动将会给企业带来的影响。

综上所述：财务管理的结果会体现在报表中，正确地分析报表可以客观、合理地评价财务管理的效果；财务管理思维是分析报表的指导原则。

3.2 项目财务评价

3.2.1 项目财务评价的定义及方法

（1）项目财务评价的定义

项目财务评价是考察项目建成投产后的净获利能力、债务偿还能力及外汇平衡能力的财务状况，以判断建设项目在财务上的可行性。项目财务评价多用静态分析与动态分析相结合、以动态分析为主的办法进行评价，并用计算得出的财务评价指标分别和相应的基准参数——财务基准收益率、行业平均投资回收期、平均投资利润率、投资利税率等相比较，以判断项目在财务上是否可行。

（2）投资项目的成本效益分析

①成本效益分析的含义和内容

成本效益分析是指通过比较不同投资项目的全部预期收益和全部成本的现值来评价投资项目，以此作为投资者选择投资项目的依据。成本效益分析是对投资项目进行财务评价的基础和前提。

成本效益分析主要包括三方面内容：成本相同的条件下效益的比较；效益相同的条件下成本的比较；规模不同时，比较效益对成本的比率，即比较单位投资所获得的生产能力或单位生产能力所需要的投资额等。

②投资分析中的成本与效益的概念

投资分析中的成本与效益的概念与通常企业财务分析中的成本与效益的概念略有不同。例如，在项目的财务评价中，需要将成本划分为固定成本、可变成本和经营成本，以便计算各种现金流量和评价指标。

● 成本

成本效益分析中的成本是指对项目进行投资的话，直接和间接付出的全部经济代价，即项目投资实施占用和消耗的一切资源的货币表现。以下为关于几种成本的说明。

主要成本和从属成本。一个项目的总成本包括主要成本和从属成本。主要成本是指为实施某一投资项目而必须支付的货币价值,没有主要成本就没有主要效益。例如,建设水电站需要征地建大坝和水库,征地建水库大坝的费用就是一项主要成本。从属成本是为了使主要效益能够真正实现,由主要效益受益者支付的成本。例如,水电站的主要效益来自发电上网,为了把电力输送到电网,必须安装供电和输电设施,这方面的费用则为从属成本。

变动成本、固定成本及混合成本。变动成本是指其总额在相关范围内随着产量或业务量变动而呈正比例变动的成本部分。典型的变动成本包括直接人工费、直接材料费和制造用的燃料费和动力费等。固定成本是指其总额在一定时期或一定业务量范围内不随产品产量或商品流转量增减而变动的那部分成本,包括工资及附加、折旧、维修、其他制造费、管理费和财务费等。混合成本是指其总额虽随业务量变动,但其变动幅度并不与业务量变动保持严格的比例变化的成本部分,混合成本通过一定的方法可以分解成变动成本和固定成本。

经营成本。经营成本是指不包括折旧费、无形资产及递延资产摊销费、借款利息等财务费用在内的产品成本。经营成本的概念在编制项目计算期内的现金流量表和比较方案时是十分重要的。

总成本、平均成本和边际成本。总成本是指生产一定产量或购买一定量的有形资产、无形资产而付出的全部成本;平均成本是指生产每单位产品或购买每单位资产的成本;边际成本是指增加每单位的生产产量(或购买的产品)而增加的总成本。

● 效益

成本效益分析中的效益是指投资项目实施后所产生的全部有用效益,或者说投资项目实施后给企业和社会带来的全部效益,包括产品、服务、社会及环境影响等,包括项目的企业内部效益和外部社会效益。所以,在对项目进行经济评价时,往往不仅要进行财务评价,还要进行国民经济评价。

● 成本效益分析的特点和作用

成本效益分析主要有以下三个特点。

第一,对项目进行评价时,不以盈利多少作为唯一的标准,而是以项目全部的社会效益以及全部的社会成本进行全面的分析和评价。

第二，不仅考虑项目的直接效益和直接成本，还要考虑可能产生的各种间接效益和间接成本。

第三，摆脱单纯从企业利益考虑项目的狭隘性，而是从国民经济的角度来分析项目的可行性或优劣。

在资本运营决策中，成本效益分析的作用主要是解决以下问题：对既定投资项目的经济可行性做出财务评价，即判明效益是否大于成本；在多个可满足同一既定目标的投资项目中选择一个最优项目，即效益成本比最大或成本效益比最小的投资项目。

（3）项目的财务评价方法

①净收益法

整个项目寿命期或计算期内所产生的总收入减去其间所发生的全部费用（成本）即为净收益。在只对单方案决策的情况下，方案的净收益大于零时即为项目可行；对多方案决策而言，优先选择净收益最大的方案。

②净现值法

净现值是指特定项目未来现金净流量现值同其原始投资额现值之间的差额，应用不等额现金流的现值公式，可得出项目的净现值公式：

$$NPV = V_0 = \sum_{t=0}^{n} A_t (1+i)^{-t}$$

$$A_t = CI - CO$$

式中，NPV 为净现值，A_t 为第 t 期的现金净流量，CI 为现金流入量，CO 为现金流出量；t 从建设期开始的第一年 t=0 算起，算至经营期第 n 年，n 为项目寿命期（计算期），i 为贴现率。

● 当 NPV≥0，表明现金流入现值总数大于现金流出现值总数，该方案可行。

● 当 NPV≤0，表明现金流入现值总数小于现金流出现值总数，方案不可行。

● 在多项目决策中，首选净现值最大的项目。

③投资回收期法

投资回收期法分为静态法和动态法，是以项目未来产生的净收益偿还全部投资额所需要的时间来分析、评价项目是否可行或比较项目优劣的分析评价方法，即投资决策分析的时间法，实际上也就是投资偿还期法。

● 静态投资回收期

静态投资回收期是指项目实施后从开始产生净收益直至累计净收益总和等于总投资额所需要的时间，是在不考虑货币的时间价值的前提下计算出的投资回收期，它是反映在不贴现情况下投资回收能力的重要指标。静态投资回收期的公式可表示为：

$$\sum_{0}^{P_t} A_t = 0$$

$$\sum_{t=0}^{P_t} (CI-CO)_t = 0$$

其中，A_t 为第 t 期的现金净流量，CI 为现金流入量，CO 为现金流出量；t 从建设期开始的第一年 t=0 算起，算至回收期第 P_t 年，P_t 为项目投资回收期。

● 动态投资回收期

动态投资回收期是指计算项目各期的净现金流入，其现值累计总和等于总投资现值所需要的时间，是在考虑货币的时间价值基础上计算的投资回收期，它是反映在贴现情况下投资回收能力的指标。动态投资回收期的公式可表示为：

$$\sum_{t=0}^{P_t} A_t \cdot (1+i)^{-t} = 0$$

其中，A_t 为第 t 期的现金净流量，t 从建设期开始的第一年 t=0 算起，算至回收期第 P_t 年，P_t 为项目投资回收期。

投资回收期本身并不能单独判断项目是否可行，通过计算项目的投资回收期，与目标投资回收期进行比较后，才能判断项目是否可行。在对多个投资项目进行比较时，选择投资回收期最短的项目。

④贷款偿还期法

贷款偿还期法指的是项目投产后用可还款的净利润、折旧及其他收益金额偿还固定资产投资贷款本金及建设期和经营期所产生的利息所需要的时间。这里需要注意的是，建设期的本息合计应计入经营期连续计算复利后，再用收益去偿还全部贷款本金和利息,累加到第 P_d 期偿还完毕。

$$ID - \sum_{t=0}^{P_d} (R_p + D + R_o - R_r)_t = 0$$

式中,ID 为建设期投资贷款本金和建设期及经营期产生的利息之和,P_d 为借款偿还期,R_p 为每年未分配利润,D 为用于还款的折旧额,R_o 为可用于还款的其他收益(如有),R_r 为还款期间每年的企业利润留成。

⑤内部报酬率法

内部报酬率法也叫内部收益法或回收报酬率法。它是通过计算项目的财务内部收益率,将其与预期的目标收益率进行比较,判断项目是否可行的财务评价方法。财务内部收益率是国家发展和改革委员会规定的项目财务评价最重要的指标之一,在项目可行性研究报告的财务评价中得到广泛应用。

财务内部收益率是指使项目在计算期内净现金流量现值(净现值)等于零时的折现率,即用该折现率对项目未来的现金流入量、流出量进行贴现,使流入量现值恰好等于流出量现值。它取决于项目本身的现金流量,而不考虑其他外部因素的影响。

财务内部收益率采用试算法多次计算后才能得出最后的结果。它是根据估计的内部收益率分别计算出现金流入和现金流出这两项现值,并用现金流入现值减去现金流出现值,如果得出的现值净额为正数,则说明内部收益率估计过低,应调高再试算;反之,如果得出的现值净额为负数,说明内部收益率估计过高,应调低后重新试算。如此循环往复,直至算得现值净额 NPV 等于零为止。

财务内部收益率的计算公式如下:

$$\sum_{t=0}^{n} A_t \cdot (1+IRR)^{-t} = 0$$

$$\sum_{t=0}^{n} (CI-CO) \cdot (1+IRR)^{-t} = 0$$

式中,IRR 为财务内部收益率,A_t 为第 t 期的现金净流量,CI 为第 t 期现金流入量,CO 为第 t 期现金流出量;t 从建设期开始的第一年 t=0 算起,算至经营期第 n 年,n 为项目寿命期(计算期)。

（4）对项目进行财务评价的基本程序

对项目进行财务评价的基本程序如图3-2所示。

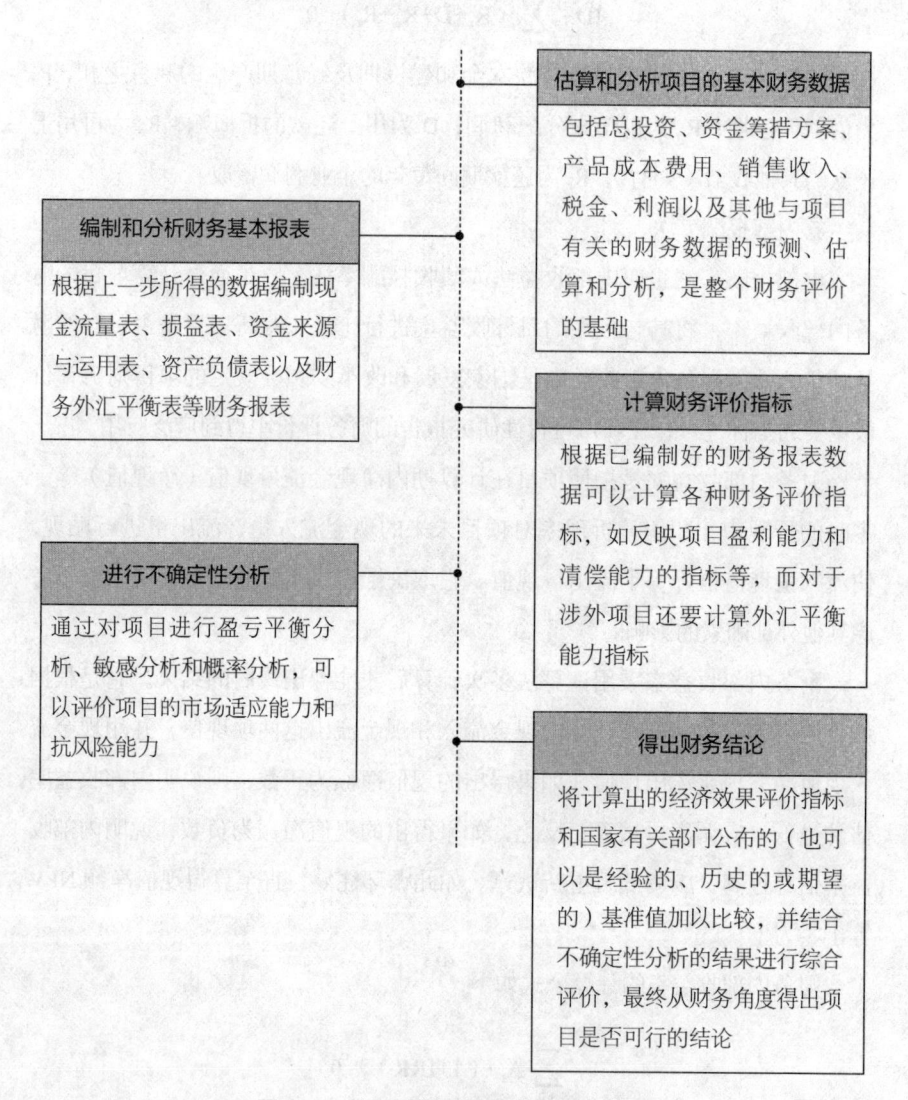

编制和分析财务基本报表
根据上一步所得的数据编制现金流量表、损益表、资金来源与运用表、资产负债表以及财务外汇平衡表等财务报表

进行不确定性分析
通过对项目进行盈亏平衡分析、敏感分析和概率分析，可以评价项目的市场适应能力和抗风险能力

估算和分析项目的基本财务数据
包括总投资、资金筹措方案、产品成本费用、销售收入、税金、利润以及其他与项目有关的财务数据的预测、估算和分析，是整个财务评价的基础

计算财务评价指标
根据已编制好的财务报表数据可以计算各种财务评价指标，如反映项目盈利能力和清偿能力的指标等，而对于涉外项目还要计算外汇平衡能力指标

得出财务结论
将计算出的经济效果评价指标和国家有关部门公布的（也可以是经验的、历史的或期望的）基准值加以比较，并结合不确定性分析的结果进行综合评价，最终从财务角度得出项目是否可行的结论

图3-2 对项目进行财务评价的基本程序

3.2.2 财务分析和评价在企业融资活动中的作用

前文已述，融资与投资是共存的，企业的融资就是投资方的投资，企业融资的目的是投资。所以，是否需要融资、融资时机以及融资金额的确定都要依据项目的评价结果。而对项目进行财务评价就是考察项目建成投产后的

净获利能力、债务偿还能力及外汇平衡能力等财务状况,以在财务方面判断该项目的可行性。因此,可以说财务分析和评价是企业开展投融资决策工作的重要组成部分。在现行会计体系和相关税务法规的双重要求下,对项目进行财务分析是对收益和成本进行预测的重要工作,需要企业管理层进行深入的研究和分析。财务分析和评价的作用主要体现在以下三个方面。

（1）分析财务盈利能力

对项目进行财务分析时,企业的财务盈利能力是非常重要的方面,而现金流量分析是核心。从筹资的角度出发,对现金流量的分析可以分为筹资前和筹资后。另外,按照不同的投资方式,可以将其分为以下三种。

第一种是资本现金流量分析,这种方法能够从投资的角度反映出项目的盈利能力,也是决定筹资计划的重要依据。在对项目进行了融资前的基础盈利能力分析和判断的前提下,对资本现金流量进行分析,能判断项目的资金情况是否合理,这是投资人确定最终融资方案的重要因素。

第二种是对投资的现金流进行分析。这种分析主要基于项目基本方案的现金流,在分析项目时不需要考虑财务问题,而是从整体收益的角度分析项目的设计是否合理。

第三种是对投资各方的现金流量进行分析。对于有些项目,要分析、计算出每一位投资人所能获得的利益,从不同投资人的角度来衡量其各自的收入,这样才能让投资人在谈判中取得更好的协调结果。

（2）分析偿债能力

进行此类分析工作,主要在于对有关财务报表进行整理、编制,把企业的利率准备金和负债准备金等关键指标结合起来,从而对其偿债能力进行综合评价。在实际分析时,重点在于项目的长期负债和短期负债。对企业的偿债能力进行分析是衡量其财务状况和经济实力的重要因素,具体可从如下几点表现出来:一是资产负债率,即负债总额与资产总额之间的比率,目前普遍认为资产负债率必须在60%以下;二是速动比率,指的是速动资产与流动负债之比,在通常情况下,基准值应该维持在1左右;三是流动性比率,也就是流动资产与流动负债的比率,通常这个比率的基准值应该维持在2左右;四是偿债备付率,指在一定的还款期间,每年可以作为偿付本金和利息的资金与当期应还本付息金额的比率,通常假定这个比率应该大于1,最好大于1.3;五是利息备付率,指在还款期内每年可用于支付利息的息税前利润与当期应付利息费用的比值,且在企业经营的情况下,其利息备付率须大于1。

(3)分析财务生存能力

运用财务分析还可以对企业的财务生存能力进行分析,即对项目的营运净现金流进行分析,判断其是否充足。因为只有企业的营运净现金流充足,才可以为项目的维持和发展提供保证,而充足的营运净现金流是维持企业运营的前提。尤其是在经营活动的前期,企业要担负起偿还债务的重任,因此在这一时期,必须重视企业的财务生存能力。

中篇

企业融资方式

第 4 章 股权融资：用所有者的权益来交换企业所需资金的融资方式

4.1 股权融资的概念

4.1.1 什么是股权融资

股权融资是指企业通过增资的方式引进新的股东。在这种融资方式下，企业原有的股权会被稀释，总股本会增加，企业对于通过股权融资获得的资金无须还本付息。股权融资的特点见表 4-1。

表 4-1 股权融资的特点

股权融资的特点	说明
长期性	由于股权融资无须还本付息，所以企业通过股权融资筹措的资金具有永久性特征
不可逆性	股东将资金注入企业，可以通过收取分红的方式获得投资收益，但不能要求企业偿还本金
无负担性	股权融资没有固定的股利负担，股利支付与否和支付多少视公司的经营需要而定

4.1.2 股权融资的优劣势

（1）股权融资的优势

①降低企业经营风险

企业进行股权融资的前提是建立较为完善的公司法人结构，公司的法人结构一般由股东会、董事会、监事会和高级经理组成，相互之间形成多重风险约束和权力制约，能降低企业的经营风险。此外，投资者除了提供资金，还提供合理的管理制度、管理经验、市场渠道、监管体系和法律体系等，能够让企业在较短的时间内有效改善企业的治理结构、收入与成本结构，提高企业的核心竞争力，并最终提升企业业绩和股东价值。

②信息更加公开透明

证券市场又可称为公开市场，是指在比较广泛的制度化的交易场所，对标准化的金融产品进行买卖活动，是在一定的市场准入、信息披露、公平竞价交易、市场监督制度下规范进行的。与贷款市场相比，证券市场的信息更加公开透明，更能为投资者提供对决策有用的信息。

③融资风险相对较小

对于企业而言，股权融资的风险要小于债务融资。因为企业不用承担按期付息和到期还本的义务，不会因无法偿还债务而面临破产风险，因此降低了企业的融资风险。

（2）股权融资的劣势

①分散企业的控制权

股权融资会引进新的投资者或出售新的股票，必然会导致企业的控制权结构发生变化，分散企业的控制权，影响企业的治理结构，甚至可能影响企业正常经营。

②融资成本较高

虽然股权融资的资本成本负担较为灵活，但是股权融资的融资成本要高于债务融资成本。

③信息沟通和披露成本较高

参与股权融资的投资者有了解企业经营状况、财务状况和经营成果的权利，企业需要通过各种渠道加强投资者的关系管理，保障投资者的权益。

4.1.3 股权融资的方式

（1）吸收直接投资

吸收直接投资是指企业按照"共同投资、共同经营、共担风险、共享利润"的原则直接吸收资金的一种融资方式。吸收投资与发行股票、利用留存收益都是企业融资的重要方式。发行股票以股票为媒介,而吸收直接投资则无须公开发行证券。吸收投资这一方式中的出资者都是企业的所有者,他们对企业拥有经营管理权。

(2)发行股票融资

发行股票融资是指资金不通过金融中介机构,而是借助股票这一载体直接使资金从盈余方流向短缺方,资金供给者作为所有者(股东)享有对企业控制权的一种融资方式,它的目的是满足广大投资者增加投资渠道的要求,它的优点是筹资风险小。

(3)留存收益融资

留存收益是指企业从历年实现的利润中提取或留存于企业的内部积累,来源于企业生产经营活动所实现的净利润,包括企业的盈余公积和未分配利润两个部分。

留存收益融资是指企业将留存收益转化为投资的过程,将企业生产经营所实现的净收益留在企业,而不作为股利分配给股东,其实质为原股东对企业的追加投资。

4.2 吸收直接投资

4.2.1 吸收直接投资的种类

企业采用吸收直接投资的方式融资一般分为以下三类。

(1)吸收国家投资

吸收国家投资是指有权代表国家的政府部门或机构以国有资产投入企业,这是国有企业融通权益资本的主要方式。根据《企业国有资本与财务管理暂行办法》的规定,国家对国有资本实行保全原则。企业在经营期间,不得抽回注册的国有资本,且以出资额为限承担责任。吸收国家投资的特点如图4-1所示。

图 4-1 吸收国家投资的特点

（2）吸收法人投资

法人投资是指具有法人性质的单位将其可支配的资产投资于企业，形成的资本称为法人资本。吸收法人投资的特点有：

①一般发生在法人单位之间；

②以参与企业利润分配或控制为目的；

③出资方式灵活多样。

（3）吸收社会公众投资

社会上的个人将合法财产投资于企业所形成的资本称为个人资本。企业吸收社会公众投资的特点有：

①参加投资的人员较多，社会上的公众都可以对具有上市性质的企业进行投资；

②每人投资的数额相对较少，形成的股权较为分散；

③以参与企业利润分配为基本目的。

4.2.2 直接投资的出资方式

投资者可以用货币资金、厂房、机器设备、材料物资、无形资产等作价出资。

（1）以货币资金出资

吸收直接投资中最常用也是最重要的一种方式就是以货币资金出资。企业需要的货币资金数额要满足企业日常周转，企业应当编制相关的预算来测算资金需要量。

（2）以实物出资

投资者将所拥有的厂房、建筑物、机器设备等固定资产和材料物资等流动资产投资入股。符合实物投资的物品具有以下特点：

①确为企业科研、生产、经营所需；

②技术性能较好；

③作价公平合理。

（3）以工业产权出资

投资者以专有技术、商标权、专利权等无形资产投资入股。并非所有的无形资产都满足投资入股的条件，具备投资入股条件的无形资产需要满足以下几点：

①对开发、生产新的高科技产品有显著帮助；

②对企业改进产品质量和提高生产效率有帮助；

③能帮助企业降低各种成本费用；

④作价比较合理。

企业需要对投资入股的工业产权进行可行性研究，避免技术因为时效性而不断老化从而导致价值不断减少甚至完全丧失。

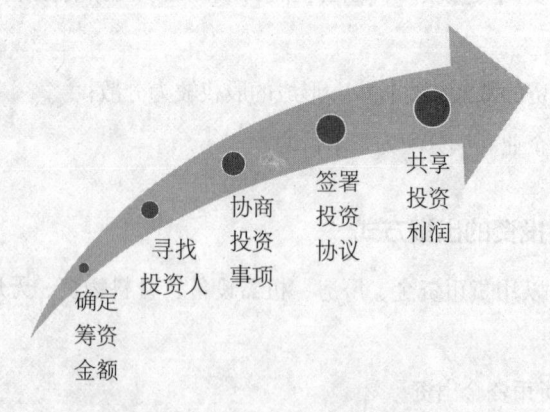

4.2.3 吸收直接投资的程序

吸收直接投资的程序见图4-2。

确定筹资金额 → 寻找投资人 → 协商投资事项 → 签署投资协议 → 共享投资利润

图4-2 吸收直接投资的程序

（1）确定筹资金额

吸收直接投资可以贯穿于企业的整个生命周期，无论是新设企业还是在企业的经营过程中都可以通过吸收直接投资的方式筹集资金。但在吸收直接投资前必须确定所需资金金额，避免出现筹资不足或者资金浪费的情况。

（2）寻找投资人

必要的宣传有利于潜在投资人了解企业的经营、财务状况以及未来发展，也有利于企业在众多的投资者之间寻找到最合适的合作伙伴。

（3）协商投资事项

找到投资人后，双方合理确定投资金额、出资方式和出资时间。企业应尽量说服投资者以货币资金的方式出资。除非投资者的确拥有适用于该企业的固定资产、无形资产等。

（4）签署投资协议

双方经初步协商后，如没有太大异议，便可进一步协商。关键在于是以实物、工业产权、土地使用权投资时的作价问题，这是因为投资的回报、风险的承担都是以出资额为依据的。当出资额、资产作价确定之后，便可签署投资协议或合同，以明确双方的权利和责任。

（5）共享投资利润

出资方有权对企业进行经营管理。中小投资者一般并不参与经营管理，他们最关心的还是投资回报问题。因此，企业在吸收投资之后，应按合同中的有关条款，以实现的利润对吸收的投资支付报酬。支付投资报酬是企业利润的一个分配去向，也是投资者利益的体现，企业要妥善处理，以便于与投资者保持良好关系。

4.2.4 吸收直接投资的优缺点

吸收直接投资是企业重要的融资渠道之一，利用好这个渠道，可以帮助企业合理利用资金，让资金在企业的经营过程中发挥最大优势，但同时也要了解吸收直接投资的缺点，避免因盲目融资导致资金短缺或浪费。其优缺点见表4-2。

表 4-2　吸收直接投资的优缺点

吸收直接投资的优缺点		
优点	有利于增强企业信誉	与债务融资相比较，吸收直接投资能够提高企业的资信和借款能力
	有利于尽快形成生产能力	吸收直接投资不仅可以取得一部分货币资金，还可以直接获得所需的先进设备和技术，尽快形成生产力
	财务风险较低	企业可以根据经营状况向投资者支付相应的报酬
缺点	资本成本较高	采用吸收直接投资的方式筹集资金所需负担的资本成本较高，特别是企业经营状况好、盈利性较强时，更是如此
	容易分散企业的控制权	投资者一般会要求获得与投资金额相适应的经营管理权。如果外部投资者的投资金额较多，则投资者会有相当大的管理权，甚至可能对企业实行完全控制
	难以吸收大量的社会资本参与	投资者资本进入容易出来难，难以吸收大量的社会资本参与，融资规模受到限制

4.3　发行股票融资

4.3.1　股票发行的目的

企业在以下两种情况下可发行股票，一是当新的股份公司成立时，为了筹集资本而发行股票，另一种是现有的股份公司为改善经营而发行新股。企业发行股票可能是由于以下几点原因。

（1）筹集资本

在股份公司成立时需要发行股票筹集资本金。之后，为了扩大经营范围和规模，企业需要不断新建项目或者引进先进设备来提高竞争力，这时也可以通过发行股票再次筹集资本。

企业成立时发行的股票为始发股，股份公司可以采取发起设立或募集设立这两种方式。发起设立是指由发起人认购全部股票而设立股份公司，可以采用一次缴纳和分期缴纳股资这两种方式；募集设立是指通过向社会公开募集股份而设立股份公司，发起人只需认购部分股票，其余向社会招股。

企业在运行中再次发行股票称为增资扩股，如果拟发行的股票在核定资本的额度内，只需经过董事会批准；如果超过了核定的资本额度，则需召开股东大会重新核定资本额度。在核定的资本额度内增资发行，董事会通过后，还须呈报政府有关机构，办理相关手续。

（2）扩大影响

股票发行和上市是一个十分严格的过程，需要经过层层筛选，企业能发行股票，一般必须具备相应的实力，同时，发行股票也能增加企业的声誉，相当于为企业做了一次免费的广告。

（3）分散风险

随着股份公司的不断发展，对资本需求量越来越大，原股权投资者往往财力有限，而且继续出资意味着风险过于集中。为了解决这些问题，可以发行股票，这样既可满足扩大资本规模的需求，又能吸引更多的投资者，分散经营风险。

（4）将资本公积转化为资本金

企业的资本公积积累到一定程度，可将其中的一部分转化为股本。即面向老股东，按原有股份的一定比例增发股票，老股东无须缴纳股金。在证券市场上，以此为目的发行股票被称为转增股。

（5）兼并与反兼并

企业的扩展有两条途径：一是依靠自己的力量不断积累壮大；二是兼并其他企业。后者对于企业的扩展来说更为快捷。企业兼并其他企业可采用发行本企业股票交换被兼并企业股票的方式进行，也可采用由发行新股募集到的资本购买被兼并企业的股份的方式进行。同理，被列为兼并对象的企业若要维持企业的经营权，解除被兼并的威胁，也常以发行新股的方式使对方的计划落空。

（6）股票分割

股票的分割是指股份公司将流通在外的股票按一定比例拆细的行为，也称拆股。当企业经营顺利、股价上升时，分割股票可以降低股票的绝对价格，吸引更多的投资者，有利于实现公司价值最大化。

此外，发行股票的目的还有向股东派发股票股利（送红股），将企业发行的可转换证券转换为股票，为了发行更多的债券而发行股票，以扩大企业的净资产，等等。

4.3.2 股票发行的条件

2023年2月17日，中国证监会发布全面实行股票发行注册制相关制度规则，自公布之日起施行。全面实行股票发行注册制是涉及资本市场全局的重大改革，标志着注册制的制度安排基本定型，标志着注册制推广到全市场和各类公开发行股票行为，在中国资本市场改革发展进程中具有里程碑意义。

发行人申请首次公开发行股票并上市，应当符合相关板块定位。

在主板上市的企业需要突出"大盘蓝筹"特色，这些企业一般具有业务模式成熟、经营业绩稳定、规模较大、具有行业代表性的特点。

科创板面向世界科技前沿、面向经济主战场、面向国家重大需求。优先支持符合国家战略，拥有关键核心技术，科技创新能力突出，主要依靠核心技术开展生产经营，具有稳定的商业模式，市场认可度高，社会形象良好，具有较强成长性的企业。

创业板深入贯彻创新驱动发展战略，适应发展更多依靠创新、创造、创意的大趋势，主要服务成长型创新创业企业，支持传统产业与新技术、新产业、新业态、新模式深度融合。

首次公开发行股票并上市的条件见表4-3。

表4-3 首次公开发行股票并上市的条件

项目	内容
基本条件	发行人是依法设立且持续经营三年以上的股份有限公司，具备健全且运行良好的组织机构，相关机构和人员能够依法履行职责
业务条件	发行人会计基础工作规范，财务报表的编制和披露符合企业会计准则和相关信息披露规则的规定，在所有重大方面公允地反映了发行人的财务状况、经营成果和现金流量，最近三年财务会计报告由注册会计师出具无保留意见的审计报告

（续表）

项目	内容
	资产完整，业务及人员、财务、机构独立，发行人与控股股东、实际控制人及其控制的其他企业间不存在对发行人构成重大不利影响的同业竞争，不存在严重影响独立性或者显失公平的关联交易
业务条件	主营业务、控制权和管理团队稳定，首次公开发行股票并在主板上市的，最近三年内主营业务和董事、高级管理人员均没有发生重大不利变化； 首次公开发行股票并在科创板、创业板上市的，最近二年内主营业务和董事、高级管理人员均没有发生重大不利变化； 首次公开发行股票并在科创板上市的，核心技术人员应当稳定且最近二年内没有发生重大不利变化
	不存在涉及主要资产、核心技术、商标等的重大权属纠纷，不存在重大偿债风险、重大担保、诉讼、仲裁等或有事项，不存在经营环境已经或者将要发生重大变化等对持续经营有重大不利影响的事项
合规条件	最近三年内，发行人及其控股股东、实际控制人不存在贪污、贿赂、侵占财产、挪用财产或者破坏社会主义市场经济秩序的刑事犯罪，不存在欺诈发行、重大信息披露违法或者其他涉及国家安全、公共安全、生态安全、生产安全、公众健康安全等领域的重大违法行为

除此之外，发行人应当保持业务、管理层和实际控制人的持续稳定，规定发行人最近两年内主营业务和董事、高级管理人员均没有发生重大变化，实际控制人没有发生变更。

发行人及其控股股东、实际控制人最近三年内不存在损害投资者合法权益和社会公共利益的重大违法行为。发行人及其控股股东、实际控制人最近三年内不存在未经法定机关核准，擅自公开或者变相公开发行证券，或者有关违法行为虽然发生在三年之前，但仍处于持续状态的情形。

4.3.3 股票发行的程序

（1）公司设立时发行股票的基本程序

公司设立时发行股票的基本程序见图4-3。

发起人认足股份 → 提出募集股份申请 → 公告招股说明书，制作认股书，签订承销协议 → 招认股份，缴纳股款 → 召开创立大会，选举董事会、监事会 → 办理公司设立登记，交割股票

图4-3 公司设立时发行股票的基本程序

①发起人认足股份

在发起设立方式下，发起人交付全部股资后，需要及时办理设立登记事项。在募集设立方式下，发起人认足其应认购的股份并交付股资后，其余部分向社会公开募集。

②提出募集股份申请

发起人向社会公开募集股份前，必须向国务院证券监督管理机构递交募股申请，并报送：公司章程；发起人协议；发起人的姓名或名称、发起人认购的股份数、出资种类及验资证明；招股说明书；代收股款银行的名称及地址；承销机构的名称及有关的协议等有关文件。

③公告招股说明书，制作认股书，签订承销协议

招股说明书应附有发起人制作的公司章程，并载有发行人认购的股份数、每股的票面价值和发行价格、无记名股票的发行总数、认股人的权利和义务、本次募股的起止期限、逾期未募足时认股人可撤回所认股份的说明等事项。认股书应当载明招股说明书所列事项，由认股人填写所认股数、金额、认股人住所，并签名盖章。发起人向社会公开发行股票，应当由依法成立的证券承销机构承销，并签订承销协议，还应当与银行签订代收股款协议。

④招认股份，缴纳股款

发行股票的公司或其承销机构一般用广告或书面通知的办法招募股份，认股者一旦填写了认股书，就要承担认股书中约定缴纳股款的义务。如果认股者总股数超过发起人拟招募总股数，可以采取抽签的方式确定哪些认股者

有权认股。认股者应在规定的期限内向代收股款的银行缴纳股款，同时交付认股书。股款交足后，发起人应委托法定的机构验资，并出具验资证明。

⑤召开创立大会，选举董事会、监事会

发行股份的股款募足后，发起人应在规定期限内召开创立大会。创立大会由认股人组成，应有代表股份总数半数以上的认股人出席方可举行。创立大会通过公司章程选举董事会和监事会成员，并有权对公司的设立费用进行审核，对发起人用于抵作股款的财产的作价进行审核。

⑥办理公司设立登记，交割股票

经创立大会选举的董事会应在创立大会结束后30天内，办理申请公司设立的登记事项。完成登记后，即向股东正式交付股票。股票采取纸面形式或由国务院证券管理部门规定的其他形式。股票应当载明下列主要事项：公司名称；公司登记成立的日期；股票种类、票面金额及代表的股份数；股票的编号；公司董事长签名；公司盖章。发起人的股票还应当标明"发起人股票"字样。

（2）增资发行股票的基本程序

①做出发行新股的决议。公司根据生产经营情况，提出发行新股的计划。发行的种类、股数和发行价格应由股东大会根据公司股票在市场上的前景、筹资的需要、公司的盈利和财产增值情况，并考虑发行成本后予以确定。

②提出发行新股的申请。公司必须向国务院证券监督管理机构申请批准。

③公告招股说明书，制作认股书，签订承销协议。

④招认股份，缴纳股款，交割股票。

⑤召开股东大会改选董事监事，办理变更登记并公告。

4.3.4 发行优先股融资

（1）优先股的概念

优先股是企业的权益资金之一，它是一种混合性融资方式，既具有债权融资的特点，又具有普通股票的特点。优先股的"优先"体现在以下两个方面：一是指在企业清算时对偿付债务后所余净资产要求权的优先，即它的索赔权优先于普通股；二是指获取股利的权利优先，即它的股利支付应优先于普通股股利支付。但是优先股的弊端在于丧失了在公司管理方面的权利以及获取公司超额利润的权利。

（2）优先股的种类

按照不同的分类标准，优先股可以分为以下几类，具体见表4-4。

表4-4　优先股在不同标准下的分类

分类标准	优先股种类
按照股利能否累积	累积优先股。几乎所有的优先股都具有累积股利的特征，即任何一年未付的股利都能递延到以后各年支付。未支付的优先股股利会使优先股股东在公司的权益增加，公司必须付清优先股股利之后才能支付普通股股利
	非累积优先股。非累积优先股是指当年未付的优先股股利不能转移到以后年度补付的优先股股票，就是说公司发行非累积优先股后，如果当年未付优先股股利，即便以后年度有盈利，也不用支付以前年度的优先股股利，只用支付当年的优先股股利
按照能否参与分配剩余利润	参与分配优先股。是指优先股在获取自己应得的股利以外，如果公司有超额利润，有权参与同普通股一样的分配，分享额外股利。其主要特征是，当公司利润丰厚、普通股股利超过优先股所获股利时，优先股持有人可以参与超额利润的分配，获取与普通持股人相同的股利报酬，以共享公司的经营成果
	非参与分配优先股。是指只能获得事先规定的股票股利，公司所获得的超额利润全部归普通股所有，优先股持有人无权参与超额利润的再分配
按照是否可以转化为普通股票	可转换优先股。是指该股票在持有一段时间后，可以按事前规定的兑换率转换为普通股票的优先股；也可以不转换，将它作为优先股，获取固定的股利
	不可转换优先股。是指只能享受固定股利，不能转换为普通股票的优先股

（3）优先股融资的优缺点

①优先股融资的优点

● 财务负担轻。由于优先股具有权益资本的相关特性，其并非发行企业必须偿付的一项法定债务，当企业的财务状况恶化时，可以不用支付优先股的股利，减轻了企业的财务负担。

● 财务上较为灵活。由于优先股没有规定最终到期日，实质上它是一种永续借款。优先股的收回由企业决定，企业可在有利条件下收回优先股，具有较大的灵活性。

● 财务风险小。从债权人的角度看，优先股属于公司股本，企业发行优先股可以巩固财务状况，提高公司的举债能力，降低财务风险。

● 不减少普通股收益和控制权。与普通股相比，优先股每股收益具有固定性的特征，只要企业净资产收益率高于优先股成本率，普通股每股收益就会上升。同时，优先股股东不享有表决权，不会分散普通股股东对企业的控制权。

②优先股融资的缺点

● 资本成本较高。由于优先股股利不能抵减所得税，因此优先股的融资成本要高于债务成本。

● 股利支付的固定性。当企业财务状况恶化时，虽然企业可以不按照规定支付股利，但这会影响企业形象，进而对普通股市价产生不利影响，损害普通股股东的权益；如果企业盈利，想要用更多的留存利润扩大经营时，由于股利支付的固定性，优先股会成为一项财务负担，影响企业扩大再生产。

4.4 留存收益融资

4.4.1 留存收益融资的概念

留存收益是指企业从历年实现的利润中提取或留存于企业的内部积累，它来源于企业的生产经营活动所实现的净利润，包括企业的盈余公积和未分配利润两个部分。

留存收益融资是指企业将生产经营实现的净收益留在企业，并将其转化为投资的过程，在这种情况下，留存收益不会分配给股东，其实质是原股东对企业进行的追加投资。

4.4.2 留存收益融资的优缺点

（1）留存收益融资的优点

①降低融资成本

进行留存收益融资，企业不会发生实际的现金支出，且不必支付定期利息和股利，这点与负债融资和股票融资有所不同，同时还免去了负债融资和股票融资的相关手续、发行费等开支，降低企业的融资成本。

②保持企业的举债能力

留存收益实质上属于股东权益的一部分，可以作为企业对外举债的基础，保持企业的举债能力。

③不会分散企业的控制权

进行留存收益融资，企业的控制权不会受到影响，因为企业并没有新增发股票，自然也就不会产生稀释股东的控制权这种情况。

（2）留存收益融资的缺点

①期间限制。企业必须经过一定时期的积累才可能拥有一定数量的留存收益，如果企业刚刚成立不久，那么进行留存收益融资就不现实，因为处于成长期的企业需要大量的资金支撑企业的生产经营，如果采用留存收益融资，就会使企业难以在短期内获得扩大再生产所需的资金。

②需要考虑多方因素，如企业的股利政策。留存收益融资政策需要与股利政策相权衡，如果留存收益过高，现金股利过少，则可能影响企业的形象，并给今后进一步融资增加困难，利用留存收益融资时必须考虑公司的股利政策，不能随意变动。

【案例】瑞幸咖啡的权益融资之路

瑞幸咖啡的权益融资主要包括 4 次私募融资和 1 次公募发售，融资总额达到约 13.01 亿美元，约占融资总额的 86.8%。

一、私募融资

私募融资是指资金需求方与供给方通过私下商谈的方式，达成资金供给方入股和资金需求方筹得资金的一种融资方式。

瑞幸咖啡进行了 4 次私募融资，融资总额为 7.4 亿美元，约占权益融资总额的 56.9%。其中第一轮融资来自瑞幸咖啡董事长陆正耀旗下的公司，约占私募融资总额的 25.7%，约占权益融资总额的 14.6%；其他三轮融资来自国内外风险投资机构，融资总额为 5.5 亿美元，约占私募融资总额的 74.3%，约占权益融资总额的 42.3%。

二、公开发行

公开发行是指企业达到上市的要求后，准备好申报材料向证监会提出申请，将企业的全部资本划分为等额的股份，经重重审核和证监会批准后上市发行股票，投资人可以直接在股票市场上购买企业的流动股票的一种融资方式。

瑞幸咖啡第一次上市公开发行股票获取了总额高达 5.61 亿美元的融资资金，约占权益融资资金总额的 43.1%。

三、瑞幸咖啡权益融资模式特点分析

权益融资是瑞幸咖啡融资的主要模式，其权益融资模式具有以下特点。

（1）以风险投资为主

瑞幸咖啡在上市前的权益融资均来自风险投资渠道。其权益融资的第一笔资金来自董事长陆正耀旗下的公司，其后的 3 次风险投资者中既包括国内的风险投资机构，也包括国外比较有名的风险投资机构，其中瑞幸咖啡的第

四、第五大股东大钲资本和愉悦资本带着新加坡政府投资公司和君联资本提供了两次风险投资资金。

（2）面临的压力较大

瑞幸咖啡上市前的资金主要来源于风险投资机构，而且融资次数频繁，融资时间短，从天使轮至上市仅仅用了9个月的时间，在企业还未达到成熟期就已上市。虽然企业在初创阶段获得风险投资机构的支持可以有效解决企业资金短缺的情况，而且不用还本付息，获取资金的成本比较低，但随着企业的扩张和发展，回报投资者的压力会越来越大。尤其是企业上市以后，风险投资者在短时间内收回成本，甚至得到高额回报的期望会增加企业经营方面以及管理层的压力。此外，上市后的各项监管和业绩要求，以及从管理层到各项业务的正规化要求也会增加企业的经营压力。

（3）融资成本较高

瑞幸咖啡选择在国外上市的一个原因是国外上市的门槛比较低，且流动性强，投资者基础比较广泛，但是，瑞幸咖啡在美国首次公开发行股票的成本是极高的。此外，瑞幸咖啡引入的风险投资会对企业的经营产生制约，也会增加企业的资金成本。

第 5 章 债务融资：用债权人的权益来交换企业所需资金的融资方式

5.1 国内金融机构贷款融资

5.1.1 短期借款

（1）短期借款的定义

短期借款是企业向银行或非银行机构借入的期限在一年以内的借款，是企业短期资金融通的重要渠道。

（2）短期借款的类别

①按偿还方式不同，可以分为一次性偿还借款和分期偿还借款。一次性偿还借款是借款人到期一次还本付息的一种借款，短期借款常采用此种偿还方式。分期偿还是指本金与利息分期偿还的一种借款，一般做法为到期偿还本金，分期偿还利息。

②按照利息支付方式不同，可分为收款法借款、贴现法借款和加息法借款。收款法借款是在借款到期后向银行支付利息的借款方式，银行向企业发放贷款多采用这种方式。贴现法借款是指借款人在急需资金时，以未到期的票据向银行融通资金，银行收取票据面值一定比例的金额作为利息的一种借款方式。加息法借款是在向银行分期等额偿还本利和时，要将根据原始本金与名义利率所计算的利息加到本金上计算每期偿还额的一种借款方式。

③按有无担保品分类，可分为信用借款和担保借款。信用借款是指无须提供担保而发放贷款的贷款方式。信用借款没有现实的经济保证，对借款的偿还保证为借款人的信用，银行进行信用贷款需承受信用风险。担保借款是指借款人或保证人以一定财产做抵押（质押）或凭保证人的信用承诺作为担

保而发放贷款的贷款形式。担保借款具有现实的经济保证，银行进行担保贷款的风险较小。

贷款的抵押品是指由借款人向银行提供的，并经银行认可作为实物担保的财产物资。主要范围如图5-1所示。

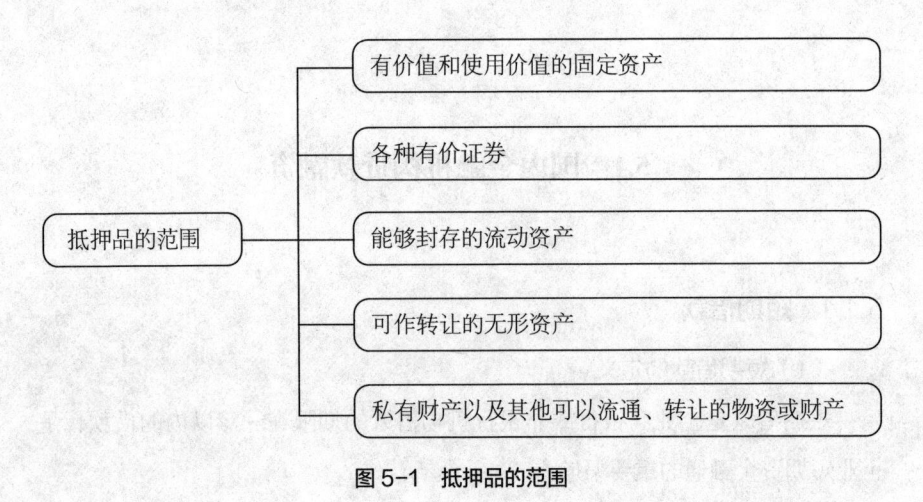

```
                    ┌─ 有价值和使用价值的固定资产
                    │
                    ├─ 各种有价证券
                    │
     抵押品的范围 ──┼─ 能够封存的流动资产
                    │
                    ├─ 可作转让的无形资产
                    │
                    └─ 私有财产以及其他可以流通、转让的物资或财产
```

图5-1　抵押品的范围

银行对抵押品进行评估、确定价值，由此来决定贷款金额。贷款金额一般为抵押品面值的30%～90%，比例的高低取决于抵押品的变现能力和银行的风险偏好。担保借款的借款成本通常高于非担保借款的借款成本，这主要是因为信用好的客户借款成本较低，信用不好的客户借款成本较高，而使用信用借款的客户往往信用较好。此外，信用借款的借款额度较低，担保借款的借款额度较高，这也使得担保借款的借款成本往往会高于信用借款。

（3）短期借款的信用条件

①信用额度

信用额度是银行对借款人规定的信用借款的最高额。一般来说，企业在银行批准的授信额度内，可随时使用银行借款，但银行并没有也不必承担必须提供全部信用额度贷款的义务。信用额度的有效期通常为一年。

②周转信贷协定

周转信贷协定是一种银行经常为大企业提供的不超过某一最高限额的贷款协定。与一般信用额度不同，银行有必须提供信用额度内的贷款的法律义务。而企业享用周转信贷协定时，一般要就贷款额度未使用部分付给银行一笔承诺费。例如，某周转信贷额为 1 000 万元，承诺费率为 0.5%。借款企业年度内使用了 600 万元，余额 400 万元。借款企业应就贷款额度使用部分支付利息，未使用部分支付承诺费。承诺费为 2 万元（400 万元 × 0.5%）。周转信贷协定有效期通常为一年。

③补偿性余额

银行要求借款企业在银行中保持按贷款限额或实际借用额一定百分比（一般为 20%）的最低存款金额。例如：某企业向银行借款 20 万元，年利率为 6%，银行要求维持贷款限额 20% 的存款，那么实际可用借款只有 16 万元，则其实际利率为：

$$R_{实} = \frac{20 \times 6\%}{16} \times 100\% = 7.5\%$$

上述为企业取得短期借款的条件。需要指出的是，我国境内银行不向企业收取借款额度未使用部分的承诺费，也未强制要求借款企业实行补偿性余额的规定。

（4）短期借款的优缺点

短期借款的优缺点如表 5-1 所示。

表 5-1　短期借款的优缺点

优点	缺点
①简便快捷。短期借款数额少、期限短，银行的审查程序简便，企业获得资金的速度较快 ②短期借款的成本较低。短期借款的利率要低于长期借款利率，因为企业长期内的经营情况无法明确预知，银行向企业提供长期借款要承担较大的风险，因而要求得到较高的风险溢价 ③短期借款具有弹性。短期借款主要是为了满足企业短期或季节性资金或临时性需要，可以随企业的需要安排，便于灵活使用和及时归还	①期限短，偿债压力大，财务风险高。借款企业短期内就面临还款，可能存在短期现金流量不足，不能偿还到期债务 ②短期负债筹资的利息成本具有不确定性。短期借款利率波动较大，短期负债筹资在一次借款偿还后，下次利息成本则难以确定，这将使得企业的收益存在不确定性

5.1.2 长期借款

（1）长期借款的定义

长期借款是指企业向银行或其他非银行金融机构借入的使用期超过一年的借款，主要用于购建固定资产和满足长期资金占用的需要。长期借款由于借款时间较长，风险较大，大多采用分期还本付息的偿还方式，对债权人和债务人都较为有利。因此当企业需求金额较大、使用期限较长的资金时，可以采用该融资方式。

（2）长期借款的种类、特点

按提供贷款的机构分类，可分为政策性银行贷款、商业性银行贷款。

政策性银行贷款是指执行国家政策性贷款业务的政策性银行提供的贷款，通常为长期贷款，且一般只贷给国有企业，贷款要求较为严格，具有政策导向性。目前，政策性银行业务不断市场化，带有补贴的、政府指令的政策性业务比重逐步下降，政策性银行自营的开发性业务比重上升，政策性银行逐步实现职能调整和机构转型，推动我国金融市场的市场化建设。

商业性银行贷款是指商业银行以吸收存款为其资金来源，为获取经济利益提供的商业贷款，资金充足，贷款门槛较低。这是大部分企业融资的主要渠道。

长期借款的特点如图5-2所示。

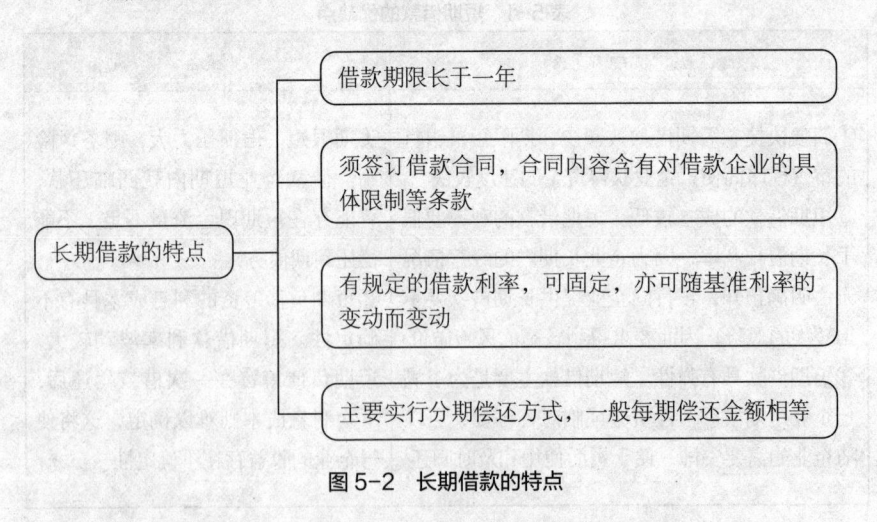

长期借款的特点：
- 借款期限长于一年
- 须签订借款合同，合同内容含有对借款企业的具体限制等条款
- 有规定的借款利率，可固定，亦可随基准利率的变动而变动
- 主要实行分期偿还方式，一般每期偿还金额相等

图5-2 长期借款的特点

（3）长期借款的程序

企业申请借款必须符合贷款原则和条件，我国商业银行向企业发放贷款需符合三个原则，即安全性、流动性、效益性。申请长期借款需提交申请，由银行审批，审批通过后与银行签订借款合同，取得借款后，定期偿还利息与本金，具体程序如图5-3所示。

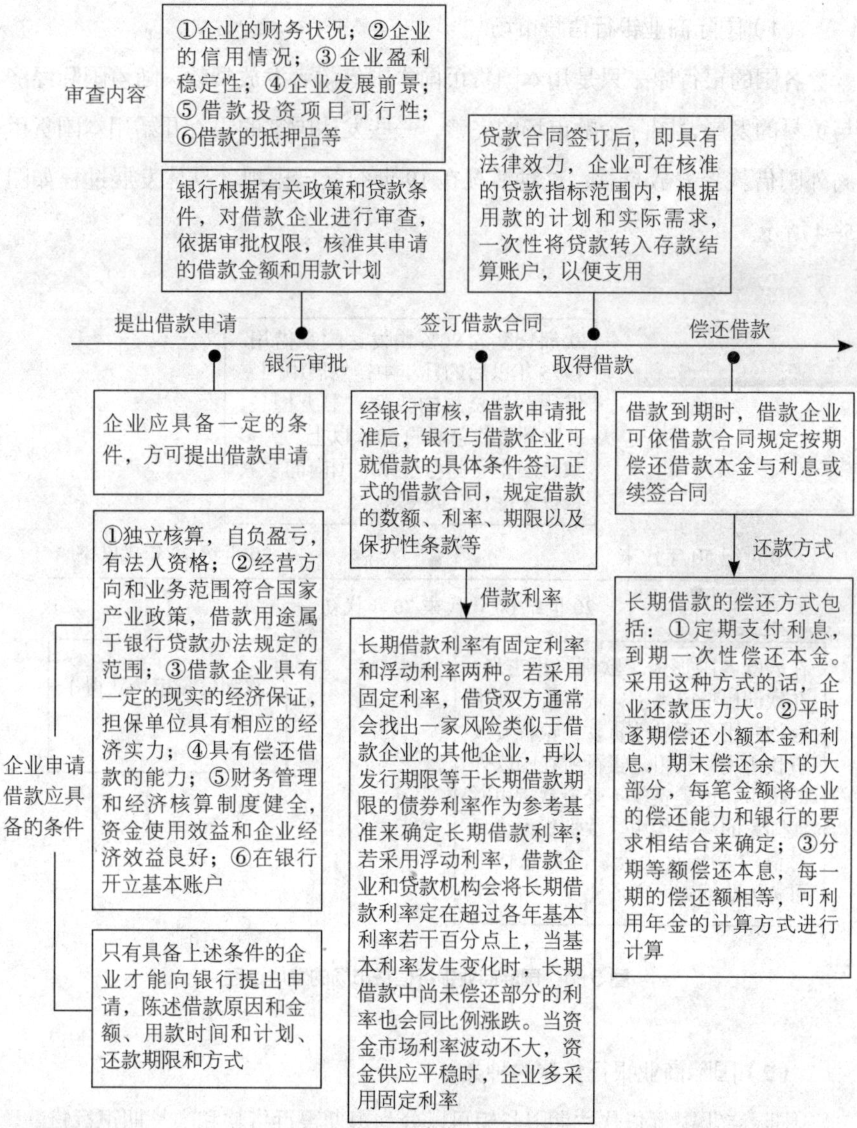

审查内容：①企业的财务状况；②企业的信用情况；③企业盈利稳定性；④企业发展前景；⑤借款投资项目可行性；⑥借款的抵押品等

提出借款申请：企业应具备一定的条件，方可提出借款申请

企业申请借款应具备的条件：①独立核算，自负盈亏，有法人资格；②经营方向和业务范围符合国家产业政策，借款用途属于银行贷款办法规定的范围；③借款企业具有一定的现实的经济保证，担保单位具有相应的经济实力；④具有偿还借款的能力；⑤财务管理和经济核算制度健全，资金使用效益和企业经济效益良好；⑥在银行开立基本账户

只有具备上述条件的企业才能向银行提出申请，陈述借款原因和金额、用款时间和计划、还款期限和方式

银行审批：银行根据有关政策和贷款条件，对借款企业进行审查，依据审批权限，核准其申请的借款金额和用款计划

签订借款合同：经银行审核，借款申请批准后，银行与借款企业可就借款的具体条件签订正式的借款合同，规定借款的数额、利率、期限以及保护性条款等

借款利率：长期借款利率有固定利率和浮动利率两种。若采用固定利率，借贷双方通常会找出一家风险类似于借款企业的其他企业，再以发行期限等于长期借款期限的债券利率作为参考基准来确定长期借款利率；若采用浮动利率，借款企业和贷款机构会将长期借款利率定在超过各年基本利率若干百分点上，当基本利率发生变化时，长期借款中尚未偿还部分的利率也会同比例涨跌。当资金市场利率波动不大，资金供应平稳时，企业多采用固定利率

取得借款：贷款合同签订后，即具有法律效力，企业可在核准的贷款指标范围内，根据用款的计划和实际需求，一次性将贷款转入存款结算账户，以便支用

偿还借款：借款到期时，借款企业可依借款合同规定按期偿还借款本金与利息或续签合同

还款方式：长期借款的偿还方式包括：①定期支付利息，到期一次性偿还本金。采用这种方式的话，企业还款压力大。②平时逐期偿还小额本金和利息，期末偿还余下的大部分，每笔金额将企业的偿还能力和银行的要求相结合来确定；③分期等额偿还本息，每一期的偿还额相等，可利用年金的计算方式进行计算

图 5-3　长期借款的程序

5.2 国际信贷融资

5.2.1 国际商业银行贷款

（1）国际商业银行信贷市场

各国的银行原来只是用本国货币向本国借款者发放贷款，随着国际经济与贸易的发展，国际金融市场的完善，一些发达国家的银行开始用本国货币向外国借款者发放贷款，这种情况在19世纪就已出现，具体发展过程如图5-4所示。

```
20世纪50年代末 ──────── 20世纪60年代末70年代初 ──────── 20世纪70年代以来
```

20世纪50年代末：在西欧各国形成了欧洲货币市场，在欧洲信贷市场上，银行接受外币存款并用外币发放贷款，银行发放贷款所用的货币是银行所在国以外的货币。这类贷款不受贷款货币所属国家的法律约束。欧洲货币市场总值的80%是美元，因此总体上可称为欧洲美元市场。

20世纪60年代末70年代初：欧洲贷款的90%由发达国家借用。1975年以后的几年中，发展中国家借用欧洲贷款的数额有很大增长，占欧洲贷款总额的50%以上。大多数跨国企业都与全球范围内的多家银行保持着信贷关系。

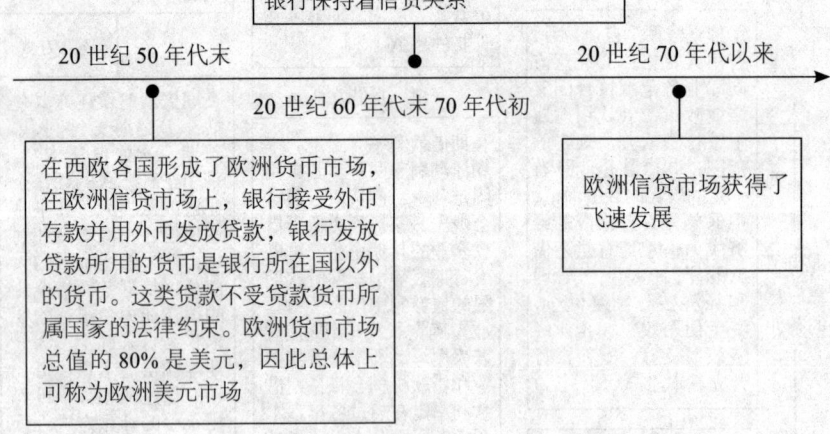

20世纪70年代以来：欧洲信贷市场获得了飞速发展。

图5-4 国际商业银行信贷市场的发展过程

（2）国际商业银行贷款的种类

国际商业银行贷款按期限长短可以分为短期银行贷款和中长期银行贷款。

①国际商业银行短期贷款

国际商业银行短期贷款是指借贷期限在一年以内的信贷，借贷期限最短的为一天（称为日拆），最长为一年。这种信贷可分为银行与银行间的信贷（称为同业拆放）和银行对非银行客户（如企业、政府机构等）的信贷。

②国际商业银行中长期贷款

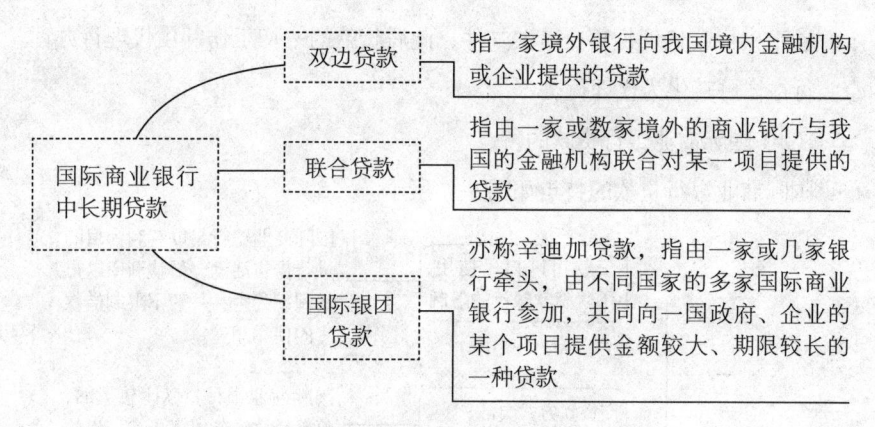

国际商业银行中长期贷款是指借款期限在一年以上的贷款，一年以上至五年的为中期贷款，五年以上的为长期贷款。由于中长期贷款的期限长、金额大，因而风险大，借贷双方应签订贷款协议。

国际商业银行中长期贷款如图5-5所示。

国际商业银行中长期贷款	类型	说明
	双边贷款	指一家境外银行向我国境内金融机构或企业提供的贷款
	联合贷款	指由一家或数家境外的商业银行与我国的金融机构联合对某一项目提供的贷款
	国际银团贷款	亦称辛迪加贷款，指由一家或几家银行牵头，由不同国家的多家国际商业银行参加，共同向一国政府、企业的某个项目提供金额较大、期限较长的一种贷款

图5-5　国际商业银行中长期贷款

（3）国际银团贷款

20世纪60年代后期以来，国际上存在信用危机，商业银行贷款不能按期收回，影响了其继续贷款的能力，由于贷款的风险大，商业银行独自承担风险放贷。各国政府为了安全起见，规定了本国银行对外国贷款金额的限制，商业银行要独家提供巨额贷款非常困难。当时，欧洲货币市场首先冲破了藩篱，各银行联合起来，彼此合作，加强调研，共同对一个项目进行贷款，既增强了资金的供应能力，又分散了贷款的风险，国际银团贷款便应运而生，并迅速发展。

国际银团贷款的一般程序如图5-6所示。

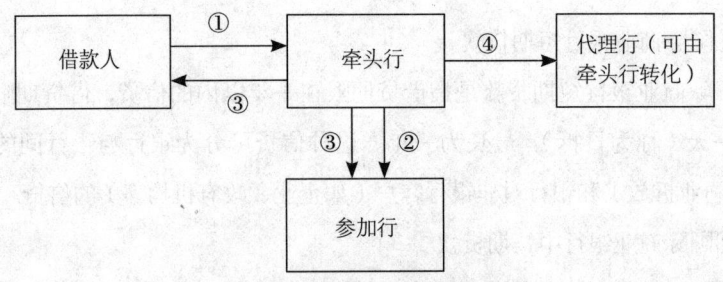

图 5-6　国际银团贷款的程序

①由借款人提出贷款申请书、可行性研究报告以及其他有关文件，由牵头银行审查同意后，同借款人商谈贷款条件。

②由牵头行联系参加行，将贷款初步协议寄给各参加行，征求意见。

③借贷双方签订贷款协议，由牵头行将协议交给各参加行。

④牵头行向代理行移交有关文件，此后贷款的一切工作都由代理行办理。牵头行往往可转化为代理行。

（4）国际商业银行贷款的特点

国际商业银行贷款的特点如图 5-7 所示。

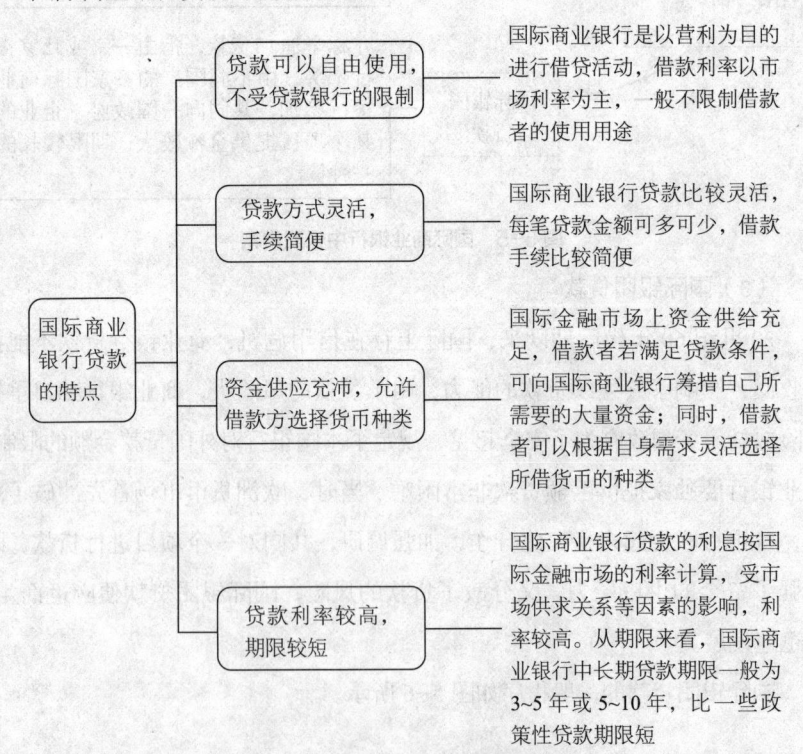

国际商业银行贷款的特点：

- 贷款可以自由使用，不受贷款银行的限制——国际商业银行是以营利为目的进行借贷活动，借款利率以市场利率为主，一般不限制借款者的使用用途
- 贷款方式灵活，手续简便——国际商业银行贷款比较灵活，每笔贷款金额可多可少，借款手续比较简便
- 资金供应充沛，允许借款方选择货币种类——国际金融市场上资金供给充足，借款者若满足贷款条件，可向国际商业银行筹措自己所需要的大量资金；同时，借款者可以根据自身需求灵活选择所借货币的种类
- 贷款利率较高，期限较短——国际商业银行贷款的利息按国际金融市场的利率计算，受市场供求关系等因素的影响，利率较高。从期限来看，国际商业银行中长期贷款期限一般为 3~5 年或 5~10 年，比一些政策性贷款期限短

图 5-7　国际商业银行贷款的特点

（5）国际商业银行贷款的条件

贷款条件是指对借贷双方的权利义务所做的规定，主要包括贷款利率、费用、期限、偿还方式等几个方面。

①贷款利率

借款人的贷款成本主要由贷款利率决定，贷款利率决定了借款人的利息负担的大小。国际商业银行贷款的利率种类繁多，由于欧洲货币市场是世界上最主要的国际金融市场，因而此处主要介绍欧洲货币市场的银行贷款利率。

在国际商业银行贷款中，欧洲货币的存款利率一般高于同一货币在其国内银行的存款利率，而欧洲货币的贷款利率一般低于同一货币在其国内银行的贷款利率。原因如图5-8所示。

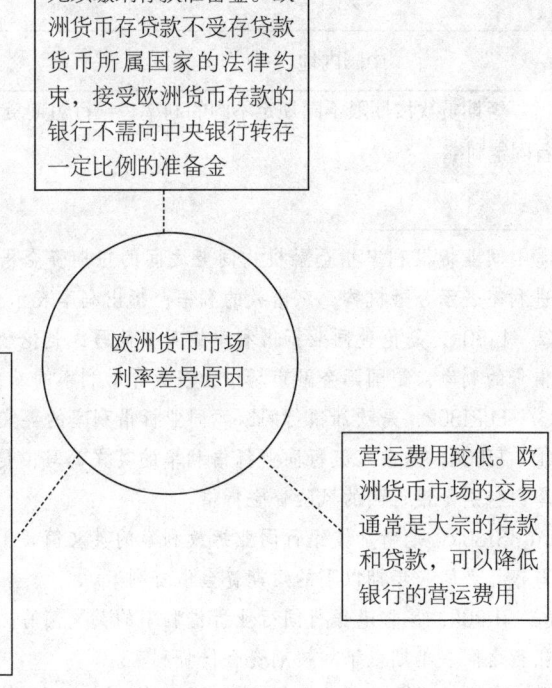

```
            ┌──────────────────────┐
            │ 无须缴纳存款准备金。欧 │
            │ 洲货币存贷款不受存贷款 │
            │ 货币所属国家的法律约   │
            │ 束，接受欧洲货币存款的 │
            │ 银行不需向中央银行转存 │
            │ 一定比例的准备金       │
            └──────────────────────┘
                      │
                  ( 欧洲货币市场
                    利率差异原因 )
                   /          \
┌──────────────────────┐   ┌──────────────────────┐
│ 为了提高竞争力，在国际商│   │ 营运费用较低。欧     │
│ 业银行中，欧洲货币存贷款│   │ 洲货币市场的交易     │
│ 的利率也不受货币发行国家│   │ 通常是大宗的存款     │
│ 国内利率的限制，国际商业│   │ 和贷款，可以降低     │
│ 银行为了促进欧洲货币的存│   │ 银行的营运费用       │
│ 贷款数额增加从而增加收 │   └──────────────────────┘
│ 益，一般都适当提高欧洲货│
│ 币的存款利率，适当降低欧│
│ 洲货币的贷款利率       │
└──────────────────────┘
```

图5-8　欧洲货币市场利率差异原因

● 银行短期贷款利率。银行短期贷款包括银行同业之间的短期贷款（即银行同业拆借）和银行向最终客户（借款者）提供的短期贷款。银行同业拆借使用的利率是同业拆借利率[1]，具体包括同业拆入利率和同业拆放利率。各地区同业拆放利率见表5-2。

表5-2 各地区同业拆放利率

地区	同业拆放利率
伦敦	LIBOR[2]
德国、法国等欧元区	EURIBOR[3]
东京	TIBOR[4]
新加坡	SIBOR[5]
中国香港	HIBOR[6]
美国	联邦基金利率[7]
中国内地	SHIBOR[8]

短期贷款按期限不同规定不同的利率。银行短期贷款由于贷款期限不长，通常实行固定利率。

---

[1] 同业拆借利率指金融机构同业之间的短期资金借贷利率。它有两个利率，拆进利率表示金融机构愿意借款的利率；拆出利率表示金融机构愿意贷款的利率。

[2] LIBOR，是伦敦同业拆借利率的英文简写，是伦敦的第一流银行之间短期资金借贷的利率，是国际金融市场中大多数浮动利率的基础利率。

[3] EURIBOR，是欧洲银行间欧元同业拆借利率的英文简写。

[4] TIBOR，是东京银行同业拆借利率的英文简写，是指日本资金拆借市场的日利率，特别是银行间的风险资金拆借。

[5] SIBOR，是新加坡银行同业拆放利率的英文简写，指新加坡货币市场上，银行与银行之间一年期以下的短期资金借贷利率。

[6] HIBOR，是香港银行同行业拆借利率的英文简写。指香港货币市场上，银行与银行之间一年期以下的短期资金借贷利率。

[7] 联邦基金利率指美国银行同业拆借市场的利率，最主要的为隔夜拆借利率。

[8] SHIBOR，是上海银行间同业拆放利率的英文简写，以位于上海的中国外汇交易中心暨全国银行间同业拆借中心为技术平台计算、发布并命名，是由信用等级较高的银行组成报价团自主报出的人民币同业拆出利率计算确定的算术平均利率，是单利、无担保、批发性利率。

● 银行中长期贷款利率。银行中长期贷款利率是在伦敦同业拆借利率（LIBOR）的基础上加一附加利率。一般是以三个月期或六个月期的LIBOR作为中长期贷款的计息基础。LIBOR一般会定期调整，一般每隔三个月或半年调整一次，属于浮动利率。而附加利率比较固定，附加利率的高低因贷款额度高低、期限长短、市场资金供求情况、借款所用货币的风险大小、借款人的信用高低等而有所不同，它由银行对客户综合评估后一次性固定，一般高的可达1%~2%，低的仅为0.25%~0.75%。由于中长期贷款期限较长，利率变动幅度可能较大，采用固定利率与市场利率差异可能较大，因此，中长期贷款一般采用浮动利率。贷款期限较短的，采用一个附加利率；贷款期限较长的，可分段确定附加利率。

贷款利息一般在每一计息期（三个月或六个月）的期末支付一次，按实际用款额和实际用款天数计算。其计算公式为：

应付利息＝本金×贷款年利率×实际计息天数/全年基础天数

对于公式中的天数，国际上的做法有大陆法、英国法和欧洲货币法，见表5-3。

表5-3 计息天数

名称	基础天数	最高计息天数
大陆法	360天	360天
英国法	365天（平年），366天（闰年）	365天（平年），366天（闰年）
欧洲货币法	360天	365天（平年），366天（闰年）

在国际金融市场中，欧洲货币法使用范围较广，我国外贸银行的外汇贷款业务就是采取这种方法计息的，其特点是按日历实际天数作为计息天数，而利息计算的基础天数固定为360天。

②贷款费用

在国际金融市场上，借款人借入中长期贷款，除了要支付利息以外，还要支付各种费用，主要费用如图5-9所示。

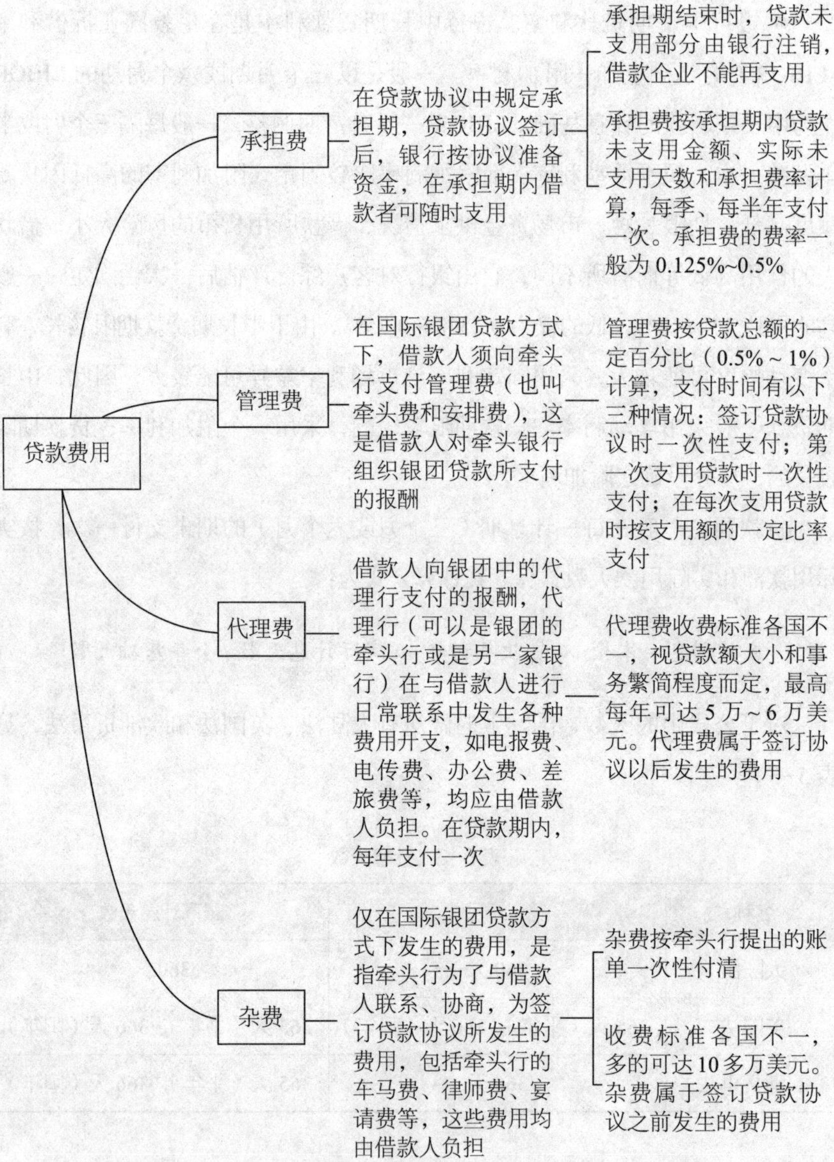

贷款费用

承担费：在贷款协议中规定承担期，贷款协议签订后，银行按协议准备资金，在承担期内借款者可随时支用
- 承担期结束时，贷款未支用部分由银行注销，借款企业不能再支用
- 承担费按承担期内贷款未支用金额、实际未支用天数和承担费率计算，每季、每半年支付一次。承担费的费率一般为0.125%~0.5%

管理费：在国际银团贷款方式下，借款人须向牵头行支付管理费（也叫牵头费和安排费），这是借款人对牵头银行组织银团贷款所支付的报酬
- 管理费按贷款总额的一定百分比（0.5%~1%）计算，支付时间有以下三种情况：签订贷款协议时一次性支付；第一次支用贷款时一次性支付；在每次支用贷款时按支用额的一定比率支付

代理费：借款人向银团中的代理行支付的报酬，代理行（可以是银团的牵头行或是另一家银行）在与借款人进行日常联系中发生各种费用开支，如电报费、电传费、办公费、差旅费等，均应由借款人负担。在贷款期内，每年支付一次
- 代理费收费标准各国不一，视贷款额大小和事务繁简程度而定，最高每年可达5万~6万美元。代理费属于签订协议以后发生的费用

杂费：仅在国际银团贷款方式下发生的费用，是指牵头行为了与借款人联系、协商，为签订贷款协议所发生的费用，包括牵头行的车马费、律师费、宴请费等，这些费用均由借款人负担
- 杂费按牵头行提出的账单一次性付清
- 收费标准各国不一，多的可达10多万美元。杂费属于签订贷款协议之前发生的费用

图 5-9　贷款费用的种类

③贷款期限

银行向外贷款的资金往往是其他客户所存资金，其中包括短期存款和中长期存款，而不是银行的自有资金，综合考虑风险与收益后，银行中长期贷款的最高期限一般不超过10年。国际商业银行对不同的贷款对象最高期限的

规定也不尽相同，对私企的中长期贷款一般最多以 7 年为限，而对政府的中长期贷款期限可稍长一些，可达 10 年或 10 年以上。

在欧洲信贷市场，国际商业银行可采用转期信贷的方式延长贷款期限。所谓转期信贷，就是中长期贷款的利率每隔一定时期（一般为半年）根据市场利率重新商定一次，如果借贷双方达成协议，可以延长贷款期限，如果双方达不成协议，贷款可以终止。

④偿还方式

银行中长期贷款的偿还方式如表 5-4 所示。

表 5-4　银行中长期贷款的偿还方式

偿还方式	适用对象
到期一次偿还	贷款额较小、期限较短的中期贷款
分期等额偿还（规定宽限期，宽限期内无须还款或只需付息，宽限期后开始等额偿付本金）	贷款额较大、期限较长的贷款
逐年分次等额还本付息（无宽限期）	贷款额较大、期限较长的贷款

5.2.2　出口信贷

（1）出口信贷的定义

出口信贷是指出口国的官方金融机构或由其政府给予补贴的商业银行以优惠利率向本国的出口商或进口国的银行（或进口商）提供的与出口项目（大型机械、成套设备、船舶、飞机等）相关的中长期资金融通，目的是促进本国大型机械、成套设备等的出口。

（2）出口信贷的特点

出口信贷可以满足大型机械、成套设备、船舶、飞机等成交额较大、周转较长的商品的资金需求，其特点如下。

①出口信贷是由出口国的官方金融机构或由其政府给予补贴的商业银行以优惠利率进行的贷款，其利率低于相同条件下的市场利率。在国际贸易竞争日益激烈的情况下，提供出口信贷的国家为了促进本国大型机械设备的出

口，为进口商或进口商所在国家的银行提供的优惠利率的中长期贷款。

②出口信贷的发放与信贷保险相结合。由于出口信贷金额大、期限长、风险较大，为了使贷款银行免受风险，一些国家设有国家信贷保险机构对银行发放的出口信贷给予保险，如发生贷款不能收回的情况，信贷保险机构利用国家资金给予赔偿，风险由国家承担。

（3）出口信贷的种类

出口信贷有两种基本形式：卖方信贷和买方信贷。二者的定义及特点如图5-10所示。

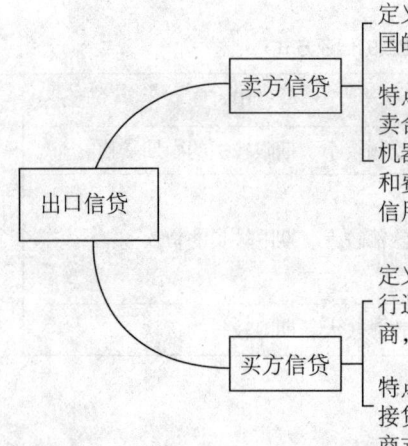

出口信贷
- 卖方信贷
  - 定义：在大型机械或成套设备贸易中，出口商所在国的银行向出口商（卖方）提供的信贷
  - 特点：做法比较简便，进出口双方只需签订一份买卖合同；成本和费用较高，因为出口商报价时，除机器设备的成本和利润外，还把从银行借款的利息和费用以及货币风险的补偿加在货价内；先从商业信用开始，然后由银行信用加以补充
- 买方信贷
  - 定义：在大型机械或成套设备贸易中，由出口国银行通过进口国银行转贷给进口商或直接贷款给进口商，用以支付货款，这种信贷方式叫买方信贷
  - 特点：买方信贷属于银行信用，银行资金雄厚，直接贷款给进口商或进口国银行，使其能及时向出口商支付货款，对进出口双方都比较有利

图5-10　出口信贷的种类

与卖方信贷相比，买方信贷具有许多优点，因而使用比较广泛，买方信贷的优点如表5-5所示。

表5-5　买方信贷的优点

	买方信贷的优点
对进口商	进口商无须与商业银行商定贷款条件。当买方信贷提供给进口商所在银行，信贷条件由双方银行签订协议规定，无须进口商干预
	确定价格较为容易。实行即期现汇成交，货物价格不用考虑利息、费用因素

（续表）

	买方信贷的优点
对进口商	信贷成本较低。信贷手续费由双方银行协商确定，比卖方信贷的手续费少
对出口商	现汇交易，出口商可直接收入现汇，加速资金回流
	使用银行信用，信用风险较低
	有利于维持良好资信状况。买方信贷相较卖方信贷，不存在巨额应收账款，不会影响企业的资信状况和股票上市的价格

买方信贷的贷款条件如图 5-11 所示。

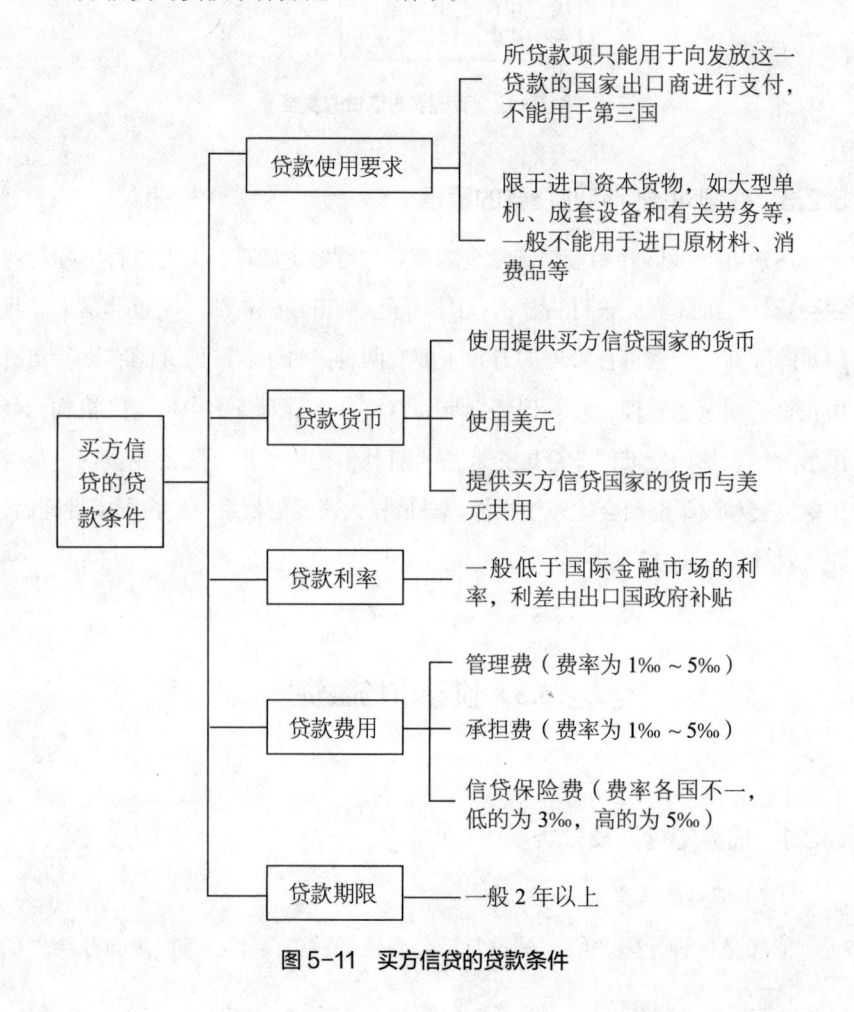

买方信贷的贷款条件
- 贷款使用要求
  - 所贷款项只能用于向发放这一贷款的国家出口商进行支付，不能用于第三国
  - 限于进口资本货物，如大型单机、成套设备和有关劳务等，一般不能用于进口原材料、消费品等
- 贷款货币
  - 使用提供买方信贷国家的货币
  - 使用美元
  - 提供买方信贷国家的货币与美元共用
- 贷款利率
  - 一般低于国际金融市场的利率，利差由出口国政府补贴
- 贷款费用
  - 管理费（费率为 1‰~5‰）
  - 承担费（费率为 1‰~5‰）
  - 信贷保险费（费率各国不一，低的为 3‰，高的为 5‰）
- 贷款期限
  - 一般 2 年以上

图 5-11　买方信贷的贷款条件

1978 年以来，为了利用国外银行提供的出口信贷，中国银行开办了进口买方信贷业务，先后与法国、英国、加拿大、意大利、挪威等 10 多个国家的银行签订了 130 亿美元的买方信贷总协议，供国内工业企业使用。我国的买方信贷包括进口买方信贷和出口买方信贷。我国买方信贷的发展如图 5-12 所示。

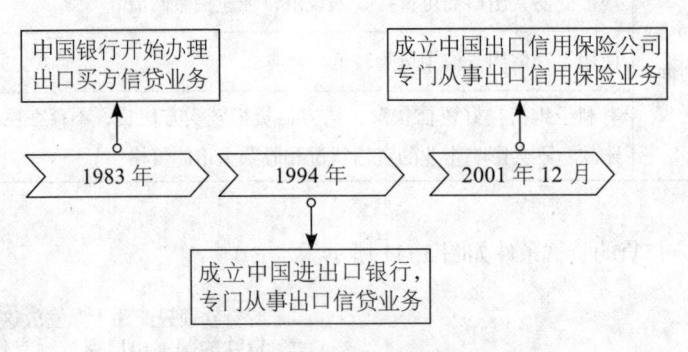

```
中国银行开始办理              成立中国出口信用保险公司
出口买方信贷业务              专门从事出口信用保险业务
      ↓                            ↓
   1983 年      1994 年         2001 年 12 月
                  ↑
            成立中国进出口银行，
            专门从事出口信贷业务
```

图 5-12　我国买方信贷的发展

5.2.3　我国对国际商业贷款的管理

1979 年，我国开始参与国际金融市场进行融资活动，主要进行国际商业银行贷款，国际商业银行贷款占我国国际金融市场融资活动比重非常大。我国对国际商业贷款进行管理的方式主要有两种：对于我国四大国有银行实行中长期外债余额管理；对其他经批准经营境外借款业务的中资金融机构，经国务院授权部门批准的非金融企业法人对外借用中长期国际商业贷款，获得国家发展和改革委员会的外债指标，与债权人谈妥借款意向，报国家批准后，正式对外签订贷款协议。

5.3　债券市场融资

5.3.1　债券的含义及分类

（1）债券的含义

债券是一种金融契约，是政府、金融机构、工商企业等直接向社会借债筹借资金时，向投资者发行，同时承诺按一定利率支付利息并按约定条件偿还本金的债权债务凭证。一般我国上市企业所发行的债券为公司债券，主要用于满足企业自身资金需求；而中央政府部门所属机构、国有控股企业或国有独资企业所发行的债券为企业债券，主要用于基础设施建设、公益事业投资等方面。本文的研究主体主要为企业，故下文所述皆为公司债券。

（2）债券的种类

①按债券上是否记有持券人的姓名或名称，分为记名债券和无记名债券。在债券上记载持券人姓名或名称的为记名公司债券，反之为无记名公司债券。这种分类类似于记名股票和无记名股票的划分，两种债券在转让上的差别也与记名股票和无记名股票相似。

②按是否能转换为公司股票，分为可转换债券和不可转换债券。若债券约定了转换期和转换价格，当债券在可转换期限内达到可转换价格，则可按面值将债券转换为股票，则为可转换债券；若债券没有约定转换期和转换价格，任何情况下都无法转换为股票，则为不可转换债券。同种条件的可转换债券的票面利率一般低于不可转换债券。

③按有无特定的财产担保，分为信用债券和抵押债券。发行公司仅凭信用、无须提供担保而发行的债券为信用债券；以特定财产作为抵押品的债券为抵押债券。抵押债券又分为：一般抵押债券，即以公司全部资产作为抵押品而发行的债券；不动产抵押债券，即以公司的不动产作为抵押而发行的债券；设备抵押债券，即以公司的机器设备作为抵押而发行的债券；证券信托债券，即以公司持有的股票证券以及其他担保证书交付给信托公司作为抵押而发行的债券等。

④按是否参加公司盈余分配，分为参加公司债券和非参加公司债券。债权人除享有到期向公司请求还本付息的权利外，还有权按规定参加公司盈余分配的债券，为参加公司债券；反之，为不参加公司债券。

⑤按利率不同，分为固定利率债券和浮动利率债券。将利率明确记载于债券上，按这一固定利率向债权人支付利息的债券，为固定利率债券；债券上未明确利率，发放利息时利率水平按某标准（如政府债券利率、银行存款利率）的变化而同方向调整的债券，为浮动利率债券。

⑥按能否上市，分为上市债券和非上市债券。可在证券交易所挂牌交易的债券为上市债券；反之，为非上市债券。上市债券信用度高、价值高，且变现速度快，故而较吸引投资者，但上市条件严格，并要承担上市费用。

⑦按照偿还方式，分为到期一次债券和分期债券。发行公司在债券到期日一次集中清偿本息的，为到期一次债券；一次发行而分期、分批偿还本息的债券为分期债券。分期债券的偿还又有不同办法。

⑧按照其他特征，分为收益债券、附认股权债券、附属信用债券等。收益债券是只有当公司获得盈利时才向持券人支付利息的债券。这种债券不会给发行公司带来固定的利息费用，对投资者而言收益较高，但风险也较大。附认股权债券是附带允许债券持有人按特定价格认购公司股票权利的债券。这种认购股权通常随债券发放，具有与可转换债券类似的属性。附认股权债券与可转换公司债券一样，票面利率通常低于一般公司债券。附属信用债券是当公司清偿时，受偿权排列顺序低于其他债券的债券，为了补偿其较低受偿权顺序可能带来的损失，这种债券的利率高于一般债券。

5.3.2 债券的发行

（1）发行条件

2019年12月28日，中华人民共和国第十三届全国人民代表大会常务委员会第十五次会议修订通过《中华人民共和国证券法》(以下简称《证券法》)，自2020年3月1日起施行。

《证券法》第九条、第十二条、第十五条对公司发行债券做出了具体规定，主要内容如下：

> 第九条 公开发行证券，必须符合法律、行政法规规定的条件，并依法报经国务院证券监督管理机构或者国务院授权的部门注册。未经依法注册，任何单位和个人不得公开发行证券。证券发行注册制的具体范围、实施步骤，由国务院规定。
>
> 有下列情形之一的，为公开发行：
>
> （一）向不特定对象发行证券；

（二）向特定对象发行证券累计超过二百人，但依法实施员工持股计划的员工人数不计算在内；

（三）法律、行政法规规定的其他发行行为。

非公开发行证券，不得采用广告、公开劝诱和变相公开方式。

第十二条 公司首次公开发行新股，应当符合下列条件：

（一）具备健全且运行良好的组织机构；

（二）具有持续经营能力；

（三）最近三年财务会计报告被出具无保留意见审计报告；

（四）发行人及其控股股东、实际控制人最近三年不存在贪污、贿赂、侵占财产、挪用财产或者破坏社会主义市场经济秩序的刑事犯罪；

（五）经国务院批准的国务院证券监督管理机构规定的其他条件。

上市公司发行新股，应当符合经国务院批准的国务院证券监督管理机构规定的条件，具体管理办法由国务院证券监督管理机构规定。

公开发行存托凭证的，应当符合首次公开发行新股的条件以及国务院证券监督管理机构规定的其他条件。

第十五条 公开发行公司债券，应当符合下列条件：

（一）具备健全且运行良好的组织机构；

（二）最近三年平均可分配利润足以支付公司债券一年的利息；

（三）国务院规定的其他条件。

公开发行公司债券筹集的资金，必须按照公司债券募集办法所列资金用途使用；改变资金用途，必须经债券持有人会议作出决议。公开发行公司债券筹集的资金，不得用于弥补亏损和非生产性支出。

上市公司发行可转换为股票的公司债券，除应当符合第一款规定的条件外，还应当遵守本法第十二条第二款的规定。但是，按照公司债券募集办法，上市公司通过收购本公司股份的方式进行公司债券转换的除外。

（2）发行程序

债券的发行程序如图 5-13 所示。

做出发行债券的决议 → 提出发行债券的申请 → 公告债券募集办法 → 委托证券机构发售 → 交付债券，收缴债券款，登记于公司债券存根簿

图 5-13　债券的发行程序

（3）发行价格

债券的发行价格是债券发行时所使用的价格，也是投资者购买债券时所支付的价格。公司债券的发行价格通常有三种：平价、溢价和折价。

平价是指以债券的票面金额为发行价格；溢价是指以高出债券的票面金额的价格为发行价格；折价是指以低于债券的票面金额的价格为发行价格。债券发行价格的形成受诸多因素的影响，其中主要是票面利率与市场利率的一致程度。具体关系如表 5-6 所示。

表 5-6　债券的发行价格

票面利率与市场利率的关系	债券发行价格
票面利率 = 市场利率	平价发行
票面利率 > 市场利率	溢价发行
票面利率 < 市场利率	折价发行

（4）债券的信用评级

债券的信用评级是指由债券评级机构按一定指标体系对债券发行公司准备发行债券的还本付息的可靠程度做出公正客观的等级评定。债券评级机构对信用的评定是依据债券发行公司是否会发生违约以及在发生违约时对债券持有者的保护程度以及债券持有者能得到的补偿程度而做出的。对于公司债券而言，发行公司债券的信用等级是决定公司债券收益率以及发行价格的重要因素。

公司公开发行债券通常需要由债券评级机构评定等级。债券的信用等级对于发行公司和购买人都有重要影响。国际上流行的债券等级通常分为九个级别（3 等 9 级）——Aaa 级为最高级，Aa 级为高级，A 级为上中级；Baa 级为中级，Ba 级为中下级，B 级为投机级；Caa 级为完全投机级，Ca 级为最大投机级，C 级为最低级。其中较为权威的穆迪投资者服务公司对债券信用等级的划分如表 5-7 所示。

表 5-7 穆迪投资者服务公司对债券信用等级的划分

等级	符号	说明
最高级	Aaa	安全性最高，本息有最大保障，基本无风险
高级	Aa	安全性高，虽然比上一等级略微逊色，但有充分支付本息的能力
中高级	A	安全性良好，还本付息基本无问题，但保障性不如前两种
中级	Baa	安全性中等，目前还本付息无问题，但不排除将来的风险
中低级	Ba	有一定的投机性，将来情况很难预料
半投机性	B	缺乏理想投资品质，履约程序不可靠
投机性	Caa	安全性低，财务状况不佳，有违约风险
充分投机性	Ca	安全性差，经常发生违约情况
极端投机性	C	无力支付利息，几乎没有投资价值

根据中国人民银行的有关规定，凡是向社会公开发行的公司债券，需要由经中国人民银行认可的资信评级机构进行评信。这些机构对发行债券企业的企业素质、财务质量、项目状况、项目前景和偿债能力进行评分，以此评定信用级别。

5.3.3 债券融资的优缺点

（1）债券融资的优点

与其他长期负债融资方式相比，债券融资的优点有：

① 资金成本较低。债券的利息费用属于财务费用，允许在企业税前成本

中列支，使企业相应少交所得税，起到了税盾作用，在一定程度上降低了企业的实际融资成本。

②能充分利用财务杠杆。使用债券融资能最大限度利用他人资金，当债券成本低于投资收益时，利用债券融资可以获得更多收益，增加税后盈余。

③可保证企业原有股东对企业的控制权。债券投资者一般只能定期从企业获取固定的利息收益，无权参与企业经营管理，发行债券不会分散原有股东对企业的控制权。

④更具有灵活性。债券融资相对于长期借款来讲更具有灵活性，这是因为企业对于债券发行的票面价值、债券价格、利率、偿还期等，可根据企业自身和当时市场实际情况决定。同时债券可以规定回售和赎回条款，可以按期收回或按约定提前赎回债券，方式较为灵活。

（2）债券融资的缺点

①财务风险较高。采用债券融资方式，需定期支付本金和利息，还款压力较大，给企业带来沉重的财务负担，甚至可能导致企业破产。

②限制性条款较多。发行债券的限制性条款比短期借款、租赁融资严格得多。这就限制了企业财务应有的灵活性，影响企业正常发展和未来的筹资能力。

5.4 债务融资的其他方式——个人委托贷款

5.4.1 个人委托贷款的概念

个人委托贷款是指委托人提供资金，银行根据委托人确定的贷款对象、用途、金额、期限、利率代为发放、监督使用并协助收回的贷款。个人委托贷款是一种创新的、合法的民间融资渠道，可为委托人提供新的理财方式，也可以为银行带来中间业务收入。

2002年1月，经中国人民银行批准，民生银行成为首家开展个人委托贷款业务的内资银行。此后这家银行相继在宁波、上海、南京等地推出个人委托贷款业务，并在南京出现业务高潮。个人委托贷款作为成熟的金融产品在国内兴起。

5.4.2 个人委托贷款的特点

个人委托贷款业务使得银行可以合法的形式介入民间借贷市场，为银行个人理财业务找到了一个新的增长点，也为中小企业融投资开辟了新渠道。其特点如图 5-14 所示。

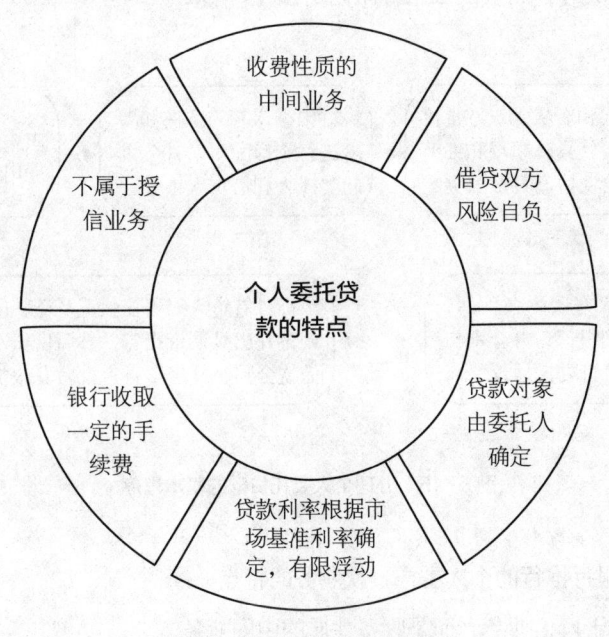

图 5-14 个人委托贷款的特点

（1）个人委托贷款的优势

个人委托贷款业务的优势在于利用了银行这一专业金融机构的信誉。人们通过银行将资金贷给企业，在此过程为这笔资金加入银行信用，降低了贷款风险。主要包含：银行能够帮助委托人选择好的投资对象，控制风险；无论是委托人，还是贷款人，能够在银行获得专业的金融服务；当贷款发生风险时，银行有能力帮助客户解决问题，降低风险。

对于地方大型的公共设施建设而言，政府投资是有限的，利用外资成本太高，银行信贷资金高于利用民间资本，利用民间资本是一种必然选择，而个人委托贷款为企业开辟了一条利用民间资本的渠道，对启动民间投资的积极作用显而易见，不仅能够解决中小企业融资问题，还可以实现投资人、银行和地方政府的多方共赢。

目前，中国建设银行、民生银行、中信银行等商业银行相继推出了个人委托贷款融资业务的新品种。

（2）办理个人委托贷款的基本程序

办理个人委托贷款的基本程序如图5-15所示。

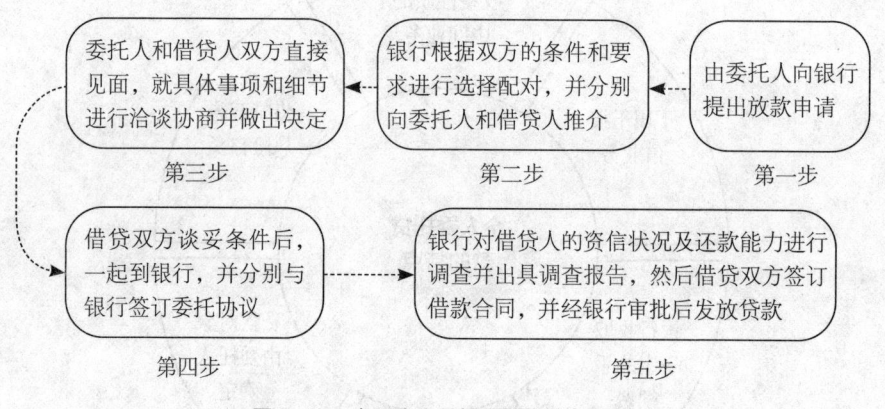

```
第一步：由委托人向银行提出放款申请
第二步：银行根据双方的条件和要求进行选择配对，并分别向委托人和借贷人推介
第三步：委托人和借贷人双方直接见面，就具体事项和细节进行洽谈协商并做出决定
第四步：借贷双方谈妥条件后，一起到银行，并分别与银行签订委托协议
第五步：银行对借贷人的资信状况及还款能力进行调查并出具调查报告，然后借贷双方签订借款合同，并经银行审批后发放贷款
```

图5-15　办理个人委托贷款的基本程序

（3）银行推行的个人委托贷款业务的特点

①不属于授信业务，而是收费性质的中间业务。

②个人委托贷款的借贷人由委托人确定。

③银行只履行受托义务，不承担任何性质的贷款风险，借贷双方风险自负。

④个人委托贷款的贷款利率浮动幅度不得超过中国人民银行规定的上下限基准。

⑤银行为委托人提供服务并按比例收取手续费，手续费根据银行所承担的责任，与委托人商议。

第 6 章　融资租赁：集融资与融物于一体的融资模式

6.1　融资租赁概述

6.1.1　融资租赁的概念和特点

融资租赁，又叫金融租赁或财务租赁，是指出租人根据承租人对供货人和租赁标的物的选择，由出租人向供货人购买租赁标的物，然后租给承租人使用，它是现代租赁的主要类型。我国的承租企业主要利用融资租赁来融通资金，解决自身资金短缺的问题。而出租人，即租赁公司在对该承租人的一个不间断的承租期内，通过收取租金的方式，收回全部或大部分投资。

融资租赁一般具有以下特征。

①供货商与租赁标的物由承租人选定。一般由承租企业向租赁公司提出正式申请，由租赁公司根据承租人对供货商和租赁标的物的选择，融资购进设备租给承租企业使用。

②租赁期限较长。租赁期限往往与租赁标的资产的使用寿命相当，一般在租赁标的资产使用寿命的 75% 以上。

③不允许解约。为了维护双方的利益，融资租赁的双方均不得在规定的租期内中途解约。

④由承租企业负责设备的维修保养和保险，但无权自行拆卸改装。

⑤租赁期满时，承租企业可以按事先约定的办法处置设备，一般有留购、续租和退还三种选择，通常由承租企业留购。若合同对租赁物的归属没有约定或者约定不明确的，则通常所有权归租赁公司。

6.1.2　融资租赁的产生与发展

融资租赁的发展经历了从简单到复杂、从单一向多样化发展的一个过程。

融资租赁在美国的发展较为迅速，本文主要介绍美国融资租赁的发展过程，具体如图 6-1 所示。

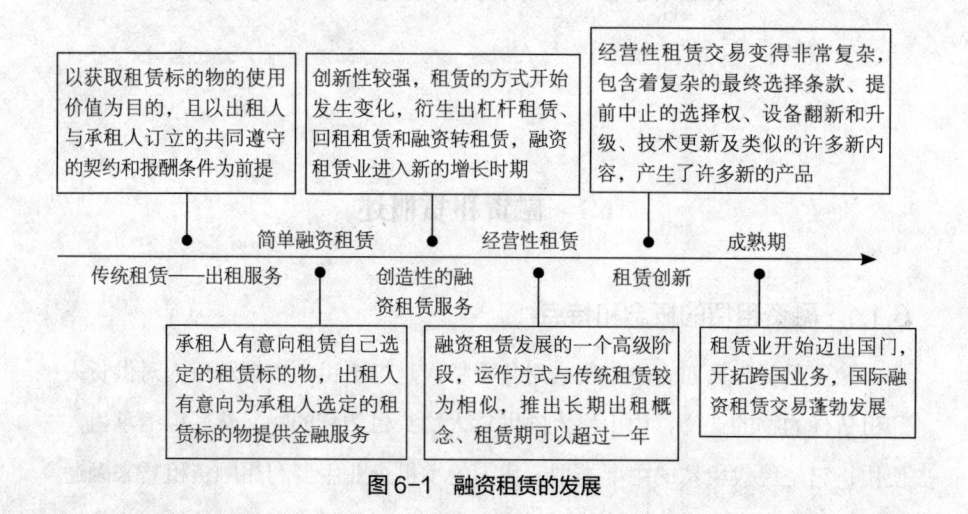

图 6-1　融资租赁的发展

美国的融资租赁发展大致分为六个阶段，每个阶段之间并没有明确的划分标准，尽管美国的租赁业已进入成熟期，但许多租赁公司仍为客户提供简单的融资租赁。由于各国的环境和制度存在差异，有可能存在不同的发展历程，或是多个阶段并存的现象。

6.1.3　融资租赁的分类

我国现在既有传统租赁，又有简单的金融租赁，还发展了回租、融资转租赁、杠杆租赁和委托租赁等。

融资租赁按其业务方式可分为以下四种类别。

（1）直接租赁

直接租赁是指承租人直接向出租人提交租赁申请，出租人根据承租人对供货商和租赁资产的选择购买租赁资产，出租人将租赁资产出租给承租人并收取租金的方式。直接租赁是融资租赁的典型形式，通常所说的融资租赁就是指直接租赁形式。具体操作如图 6-2 所示。

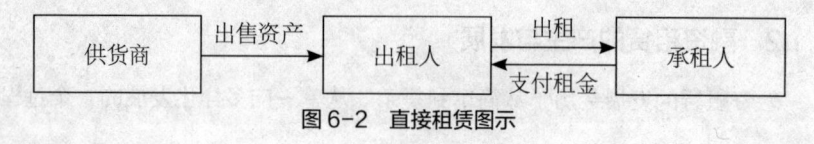

图 6-2　直接租赁图示

（2）售后租回

在这种形式下，承租人同时作为供货商按照协议先将其资产卖给出租人，再将所售资产租回使用，并按期向租赁公司支付租金。采用这种融资租赁形式，可以在使用所售资产的同时融入一笔资金，达到了融资的效果，与抵押贷款有些相似。具体操作如图6-3所示。

图6-3 售后租回图示

（3）杠杆租赁

出租人以借入部分资金的方式购买承租人选择的租赁资产，出租给承租人并收取租金。此时涉及的相关方除了供货商、承租人和出租人外，还有资金出借者，资金出借者一般为银行。出租人此时既为资产出租者，又为资金借入者，收取租金的同时需归还借款本利和。如果不能按期偿还借款，则资产所有权要归资金出借者所有。具体操作如图6-4所示。

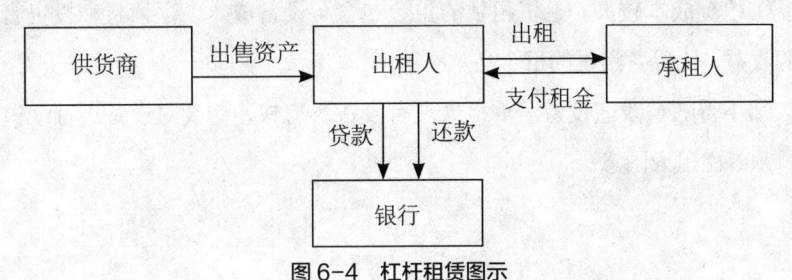

图6-4 杠杆租赁图示

（4）转租赁

出租人先作为承租人，向其他出租人租入承租人所需要的租赁资产，再将该租赁资产以出租人的身份租赁给承租人使用，两份租赁合同同时并存有效。具体操作如图6-5所示。

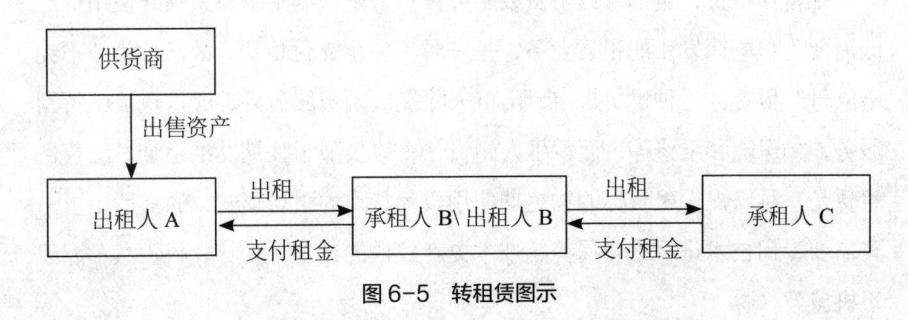

图6-5 转租赁图示

6.1.4 融资租赁的优缺点

（1）融资租赁的优点

①筹资速度快。融资租赁可以尽快形成生产力，比其他筹资方式更快。

②限制条款少。债券和长期借款会涉及较多限制性条款，融资租赁的相关限制较少。

③降低设备陈旧过时遭淘汰的风险。固定资产更新的速度较快，企业购置设备的话，设备产生陈旧、过时的风险较大，融资租赁的期限一般为设备使用年限的一定比例，企业的风险较小。

④财务风险小。融资成本以每期支付租金的形式支付，且时间较长，财务负担较轻，风险较小。

⑤税收负担轻。融资租赁的租金可在税前扣除，可起到合法节税的效用。

（2）融资租赁的缺点

①租金成本较高。融资租赁的租金包含了设备成本、手续费和投资者要求的收益，比经营租赁的租金高。

②不得随意改造设备。承租人没有设备所有权，想要对设备进行改造的话，须经出租人同意。

6.2 融资租赁与经营租赁的区别

6.2.1 经营租赁

经营性租赁，也称营运租赁或服务租赁，是以满足承租人临时使用资产的需要为目的而发生的租赁业务，是一种不完全支付租赁，故又称为"不完全支付"租赁，这种租赁规定，出租人除提供融资服务外，通常也提供特别服务，如保险和维修等，而承租人的责任一般仅限于按期交纳租金。经营性租赁是一种以提供租赁标的物短期使用权为特点的租赁形式，通常适用于一些需要专门技术进行维修保养、技术更新较快的设备，如计算机、汽车、建筑机械等。

6.2.2 融资租赁与经营租赁的区别

二者区别在于，融资租赁不提供维修服务，不能提前解约，首次租赁的租金总额必须能抵消设备成本，并有多出的部分形成出租人的投资回报。在融资租赁中，承租人一般不是设备的制造商或原所有者，出租人多为金融机构。具体如表6-1所示。

表6-1 融资租赁与经营租赁的区别

项目	经营租赁	融资租赁
涉及的相关机构	涉及出租方和承租方两方	涉及出租方、承租方和供应商三方
租赁合同	租赁合同可以随时解除	租赁合同属于正式合同，一般不可撤销
租赁期限	租赁期通常在一年以下	一般为长期租赁，租赁期通常为设备的寿命期
租赁次数	多次	一次
租赁目的	取得设备短期的使用权及出租方的专门技术服务	融资，即通过融物达到融资的目的
租赁物的选择权	属于出租方	承租方选择租赁物并接收租赁物
租赁物的维护	由出租方负责	由承租方负责
租赁物的处置权	属于出租方	属于承租方，可选择退还、续租或购买

6.3 融资租赁操作流程

融资租赁业务因具有融资与融物的双重性质，其业务程序要比一般信贷业务程序复杂得多。根据国内几家较大的中外合资租赁公司和国有租赁公司的做法，融资租赁业务的程序从开始到结束基本分六个阶段，如图6-6。

租赁业务准备阶段 → 提出委托租赁阶段 → 审查受理阶段 → 业务洽谈，签订合同阶段 → 履行合同阶段 → 租赁标的物在租赁期满后的处理

图6-6　融资租赁的业务程序

（1）准备阶段

当企业决定采取融资租赁这一方式时，首先要进行融资项目可行性研究，并报经有关部门批准立项后，做好以下选择。

①租赁方式的选择。企业在资金比较缺乏但又必须使用某固定资产的情况下，选择融资租赁方式比较适宜。

②所要租赁的资产来源的选择，比如选择国产设备还是进口设备。

③租赁公司的选择。这是办理融资租赁业务的关键。企业要在多家租赁公司之间进行比较，详细了解各公司经营租赁业务的资格、经营范围、经营能力、资信状况、融资融物条件等情况，选择一家符合自己需要的、最为优惠的租赁公司进行租赁业务委托。

（2）提出委托租赁阶段

企业根据自己的需要，确定委托租赁的技术要求、设备后，向租赁公司递交下列文件，提出租赁委托。

①租赁申请书。承租人按申请书中要求填写有关内容，包括投资项目、投资金额和预测的项目经济效益情况等。

②项目建议书以及有关主管部门的批复文件。

③可行性研究报告或设计任务书，主管部门的批件。

④还款计划证明文件。

⑤经认可的担保单位出具的对承租人履行租赁合同给予担保的不可撤销的担保函。

⑥承租企业的工商登记证明文件（如营业执照等），以及承租企业的有关财务报表。

⑦其他所需资料和证明文件。

（3）审查受理阶段

租赁机构接到承租人的申请，对所交材料进行认真审查，对项目进行审核调查和咨询旁证，对项目的效益、企业还款能力和担保人担保资格等进行审定，确认和同意后，内部立项并对外正式接受委托。

（4）业务洽谈，签订合同阶段

确定租赁项目后，出租人应会同承租人与设备供应商进行技术和商务谈判。有关技术交流、设备选型、维修服务等方面的洽谈以承租人为主，商务方面以出租人为主。谈妥条件后，由出租人作为买方会同承租人与卖方共同签订购货合同。与此同时，出租人与承租人最后商定租赁条件，包括租金、租期和租赁费率等，最后签订租赁合同，并由担保人担保。

（5）履行合同阶段

在履行合同阶段主要有以下四个环节。

①支付租赁资产价款。若购货合同是由出租人与供货商签订的，价款由出租人支付给供货人；若购货合同是由承租人与供货商签订的，价款由出租人先付给承租人，再由承租人转付给供货商。

②租赁资产的验收。由承租人指定交货地点并负责调试验收。承租人应对租赁资产的各性能进行测试，确认租赁资产的质量。

③承租人开出租赁资产收据。验收完毕，承租人要开出租赁资产的验收收据，连同原始发票一并交给出租人。

④承租人取得租赁资产的使用权并按起租通知书规定的时间交付租金。

出租人收到承租人开出的租赁资产收据及原始发票后，应按实付租赁资产总成本及每期租金金额，开具起租通知书通知承租人，从起租日起承租人即取得租赁设备的使用权，并按起租通知书中规定的时间交付租金。

（6）租赁资产在租赁期满后的处理

租赁期满，承租人付清租金及有关手续费后，对租赁资产可以按合同条款续租、退租或交付产权转让费后留购。

第 7 章 项目融资：为大型项目运作筹集资金的融资方式

7.1 项目融资概述

项目融资是以项目的预期收益作为抵押取得贷款的融资方式，是通过借贷和项目现金流之间的关系建立起金融工程，实现为大型项目提供长期资金，是企业融资方式的一种创新。项目融资借助灵活的资金筹措方式，有效地缓解大型基础设施项目中政府的资金压力，并实现项目风险的转移和隔离，提高项目实施的效率、效益以及成功的可能性。

7.1.1 项目融资的概念

项目融资源于西方发达国家，起初是应用于资源项目，之后是应用于基础设施建设项目，目前已发展成为一种资源开发项目和大型工程项目等筹集大量资金的卓有成效并且日趋成熟的融资手段。

项目融资有广义和狭义之分。广义的项目融资可描述为"为了项目去融资"，即利用各种方式为项目建设提供融资计划和资金来源；狭义的项目融资可描述为"通过项目来融资"，特指仅依据项目现金流作为债务偿还来源的无追索权或者有限追索权的融资方式。本书提及项目融资时，指的是狭义的概念。

7.1.2 项目融资的发展

按照抵押物的不同，项目融资的发展大致可分为五个阶段，如图 7-1 所示。

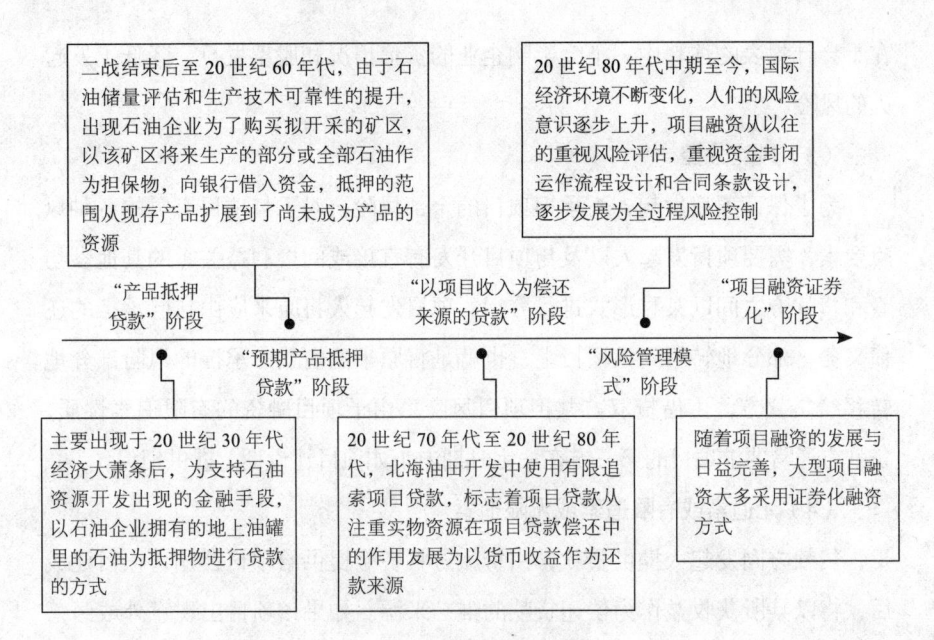

```
二战结束后至20世纪60年代，由于石              20世纪80年代中期至今，国际
油储量评估和生产技术可靠性的提升，            经济环境不断变化，人们的风险
出现石油企业为了购买拟开采的矿区，            意识逐步上升，项目融资从以往
以该矿区将来生产的部分或全部石油作            的重视风险评估、重视资金封闭
为担保物，向银行借入资金，抵押的范            运作流程设计和合同条款设计，
围从现存产品扩展到了尚未成为产品的            逐步发展为全过程风险控制
资源

  "产品抵押           "以项目收入为偿还           "项目融资证券
  贷款"阶段           来源的贷款"阶段            化"阶段
                "预期产品抵押          "风险管理模
                贷款"阶段             式"阶段

主要出现于20世纪30年代   20世纪70年代至20世纪80年     随着项目融资的发展与
经济大萧条时期，为支持石油   代，北海油田开发中使用有限追    日益完善，大型项目融
资源开发出现的金融手段，    索项目贷款，标志着项目贷款从    资大多采用证券化融资
以石油企业拥有的地上油罐   注重实物资源在项目贷款偿还中    方式
里的石油为抵押物进行贷款   的作用发展为以货币收益作为还
的方式               款来源
```

图 7-1 项目融资的发展

各国经济环境与发展状况均不相同，不同的融资项目将根据自身情况以及所处环境采用不同的融资方式，上图中以抵押物不同而划分的项目融资阶段在当前社会实践中可能同时存在。而项目融资的发展方向也随着各国情况不同而存在差异，如在一些发达国家，基于基础设施建设的项目融资减少，其他方向如飞机制造、大型轮船制造等制造业的项目融资逐渐增加。

7.1.3 项目融资的特征

项目融资主要运用于大型基础设施项目，其具体结构和操作与其他融资方式大不相同，其主要特征如下。

（1）以项目为导向

项目融资是以项目为主体进行的融资，投资者投资的依据主要为项目未来的现金流量，而不是发起人的资信，其贷款期限也可以根据项目的具体需要和项目的具体经济寿命周期来合理安排。

（2）实现表外融资

项目融资安排不会体现在发起人的资产负债表中，而仅以说明的形式存在于会计报表的注释中，不会影响企业的资信情况和股票发行，降低了发起人的风险。

（3）风险分担

为了保证项目发起人不承担项目的全部风险，对于与项目有关的各种风险要素，需要项目发起人以及与项目开发有直接或间接利益关系的其他参与者和贷款方之间以某种形式进行分担。项目发起人将原来应由自己承担的还债义务，部分地转移到该项目上，也就是将原来由借款方承担的风险部分地转移给贷款方，由借贷双方共担项目风险。由于项目融资的有限追索性质，贷款方通常要求项目的第三方在一定时期内（如项目建设期）提供担保。

（4）无追索或有限追索或无限追索

贷款方向发起人提供贷款，由贷款方将资金提供给项目公司，项目建成后，将以其所获收益作为偿还贷款的唯一来源。如果该项目出现意外或经营失败，贷款方无权向该项目的发起人进行追偿。这也意味着贷款方的债权只能基于项目本身以及运营项目产生的收益，而无法溯及项目的投资人或者该项目的股东的资产。

（5）注重项目现金流

在项目融资中，项目发起人的债务偿还能力与投资收益完全取决于项目运营的产品和服务收入，因此项目本身能否产生可以预见的较好的现金流至关重要。这就要求投资者前期进行翔实的财务和法律方面的尽职调查，借助财务模型对项目建成投产之后的产品和服务品质及价格进行综合分析和预测，确保项目能够实现预期收益。

（6）复杂的合同体系和架构

项目融资的复杂性决定了其必然涉及各种类型的合同文件，包括融资合同、工程合同、运营合同等主合同，也包括质押、抵押、保证等附属担保合同以及配套的各类法律文件，用于合理分配相关风险、安排各方主体的权利和义务，并借此在项目参与者之间形成一套严谨、稳定、有序的合同及法律体系，支持和保障项目的融资、开发建设和运营。

7.2 项目融资的组织

项目承办人为项目筹资和经营而成立项目公司,由项目公司承担贷款。以项目公司的现金流量和收益作为还款来源,项目公司的资产作为贷款安全的保障。该融资方式一般用于现金流量稳定的发电、道路、铁路、机场、桥梁等大规模基本建设项目,且领域逐渐扩大。本节主要介绍 BOT 项目融资(后文将对此融资方式进行详细说明)。

7.2.1 项目融资的参与者

以项目融资的方式筹资的项目,由于资金数额巨大,涉及面广,参与者较多,需要完善的合同体系来拆分项目风险。项目发起人、项目公司、借款人、贷款银行为项目融资的基本参与主体;承建商、供应商和购货商为项目建设相关参与者;担保受托方、保险公司是项目融资成功的保障;由于项目融资涉及土地、建设经营权、关税、国内税收、环境保护、主权等重大问题,东道国政府在其中的作用更是不言而喻的,各相关方具体如图 7-2 所示。

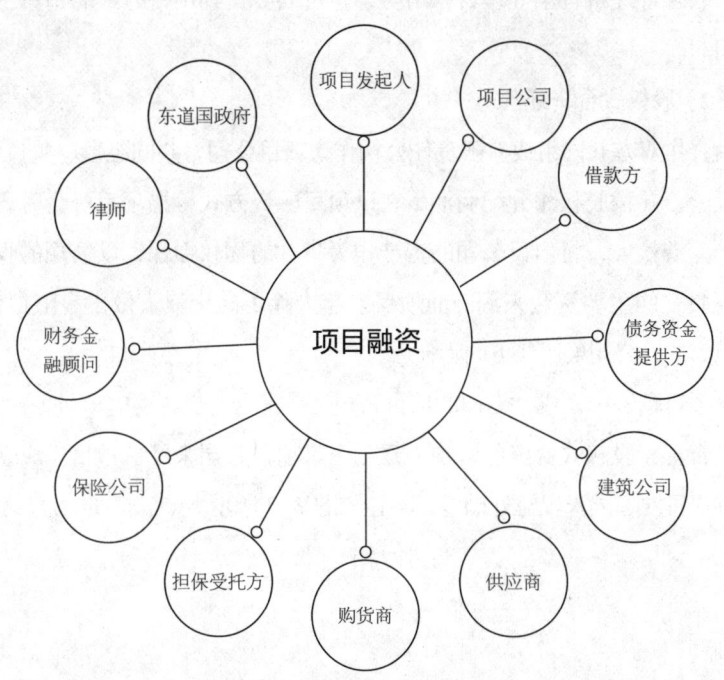

图 7-2 项目融资的参与者

7.2.2 项目融资的组织形式

项目融资涉及的金额较大，许多大型项目需要多家公司共同参与，除本国公司外，一般还吸收外国公司参加。发起项目融资的企业称为项目发起人或项目主办人。如果发起人是两家以上的公司，则它们必须通过谈判采取适当的形式，如可以采用签订协议的法律形式来共同经营拟议中的项目，也可以专门成立一家独立的项目企业来建造和经营拟议中的项目。前者称为契约式合营，后者称为股权式合资经营。

（1）契约式合营

契约式合营也称合作经营，是最常见的项目组织方式。它可分为法人式和非法人式两种类型。法人式合作经营是指合作双方组成具有法人资格的合营实体，这个实体有独立的财产权，法律上有起诉权和被诉权，设有董事会作为最高权力机构，并以该法人的全部财产为限对其债务承担责任。非法人式合作经营是指合作双方不组成具有法人资格的合营实体，双方都是独立的法人，以各自的法人资格按合同规定的比例承担法律责任。合作双方可以组成一个联合管理机构来处理日常事务，也可以委托其中一方或聘请第三方进行管理。

（2）股权式合资经营

由合作双方共同组成有限责任公司作为项目公司，共同经营、共负盈亏、共担风险，并按股权额分配利润。在以项目融资方式筹措项目资金时，项目公司作为借款人，将项目公司的资产作为贷款的物权担保，以公司的收益作为偿还贷款的主要资金来源。而项目发起人除了向贷款人做出有限担保外，不承担为项目公司偿还债务的责任。

在项目融资中，成立专门的项目公司是最常见、最普遍的项目经营方式。契约式合营和股权式合资经营均为建立一家项目公司来经营项目。成立项目公司对项目发起人来说益处颇多，具体如图7-3所示。

```
成立项目          独立的项目公司可集中管理项目资产，便于管理
公司的优点
                  发起人的资产负债状况可独立于项目公司

                  项目的亏损仅限项目公司的资产，可将发起人的风险
                  控制在一定范围内

                  项目公司是按东道国法律成立的东道国的法人，享受
                  东道国给予本国公司的税收减免优惠

                  有利于投资多元化和利用国外的直接投资

                  在股权式合资经营中，可通过发行股票实现再融资，
                  便于吸收其他投资者的资金
```

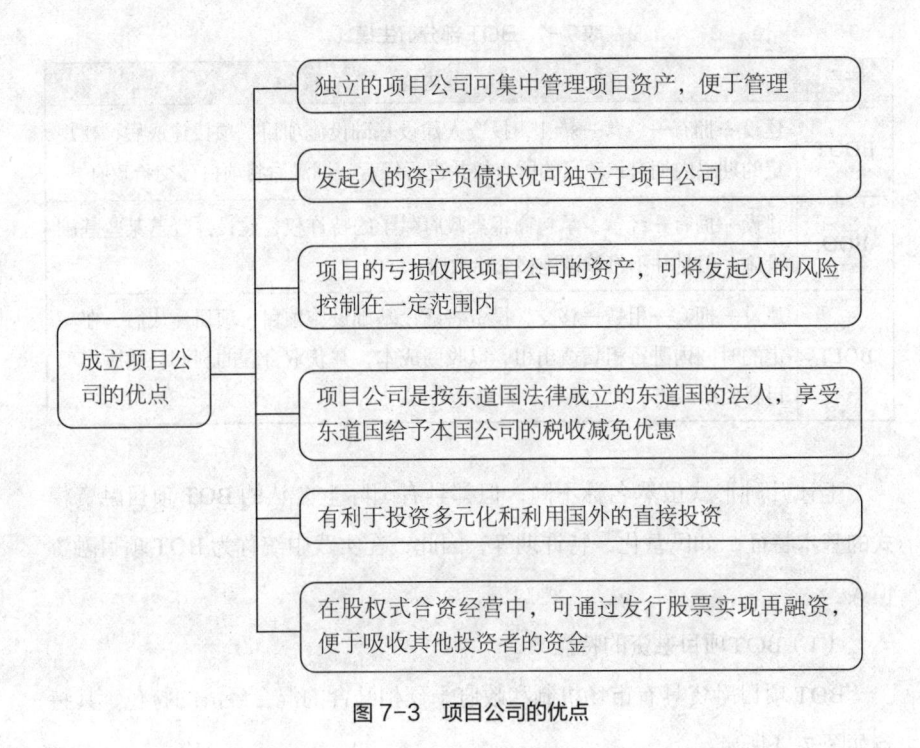

图 7-3　项目公司的优点

7.2.3　BOT 项目融资

我国从 20 世纪 80 年代开始尝试项目融资理念，基础设施领域由以往的几乎百分之百的国家所有、国家经营逐渐转变为部分引入外资和社会资本。在我国，BOT 项目融资是最常用的一种引入民间资本、公私合营的融资方式，在我国有其发展优势。本文主要介绍 BOT 项目融资的组织过程。

BOT 是英文 "Build-Operate-Transfer" 的缩写，意为"建设—经营—转让"，其实质是一种特许权。这种方式以政府和私人机构之间达成协议为前提，由政府向私人机构颁布特许，允许其在一定时期内筹集资金建设某一城市基础设施并管理和经营该设施及相应的产品与服务，以偿还债务，收回投资、赚取利润。当特许期限结束时，私人机构按约定将该设施移交给政府，转由政府指定部门经营和管理。

应当指出的是，以上所述的是狭义的 BOT 概念。BOT 经历了数百年的发展，为了适应不同的条件，衍生出许多变种，部分衍生模式如表 7-1 所示。

表 7-1 BOT 部分衍生模式

符号	内容
BOOT	建设—拥有—经营—转让，投资人建设基础设施项目，项目建成后，在规定的期限内拥有该项目的所有权并进行经营，期满后将项目移交给政府
BOO	建设—拥有—经营，承包商根据政府赋予的特许权，建设并经营某些基础设施，但是并不将该设施移交给政府
BOLT	建设—拥有—租赁—移交，投资者建设基础设施项目，项目建成后，在一定的时间内进行租赁或出租，以收回成本，并获取合理的利润，然后将项目移交给政府

上述几种形式虽然名称不同，但都具有国际上公认的 BOT 项目融资模式的基本特征，如民营化、特许期等，因此，在实践中统称为 BOT 项目融资模式。

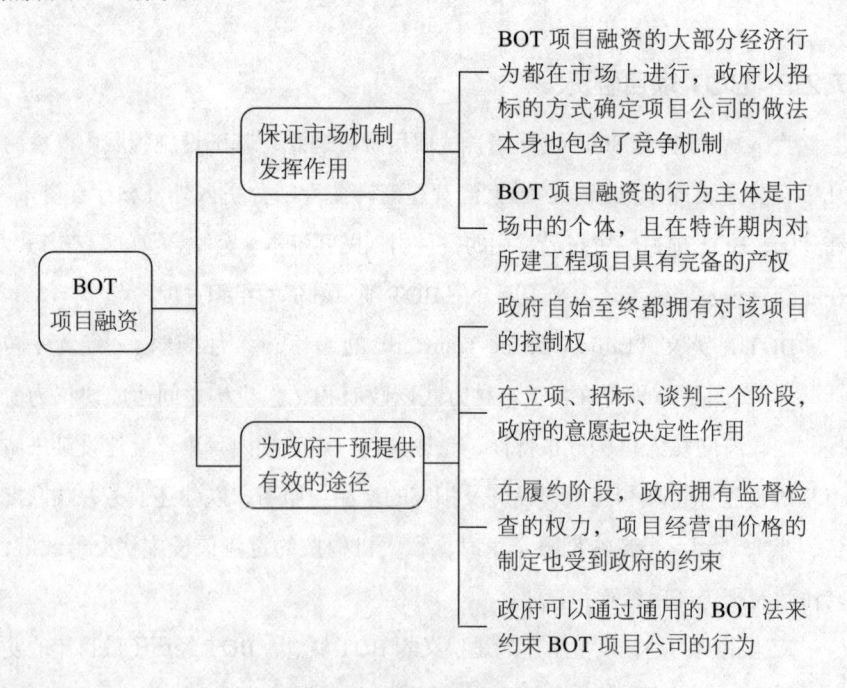

（1）BOT项目融资的特点

BOT 项目融资具有市场机制和政府干预相结合的混合经济的特色，其特点如图 7-4 所示。

```
BOT项目融资
├─ 保证市场机制发挥作用
│   ├─ BOT 项目融资的大部分经济行为都在市场上进行，政府以招标的方式确定项目公司的做法本身也包含了竞争机制
│   └─ BOT 项目融资的行为主体是市场中的个体，且在特许期内对所建工程项目具有完备的产权
└─ 为政府干预提供有效的途径
    ├─ 政府自始至终都拥有对该项目的控制权
    ├─ 在立项、招标、谈判三个阶段，政府的意愿起决定性作用
    ├─ 在履约阶段，政府拥有监督检查的权力，项目经营中价格的制定也受到政府的约束
    └─ 政府可以通过通用的 BOT 法来约束 BOT 项目公司的行为
```

图 7-4 BOT 项目融资的特色

（2）BOT项目融资的主要参与人

一个典型的 BOT 项目融资的参与人有政府、BOT 项目公司、投资人，银行或财团以及承担设计、建设和经营的有关公司，如图 7-5 所示。

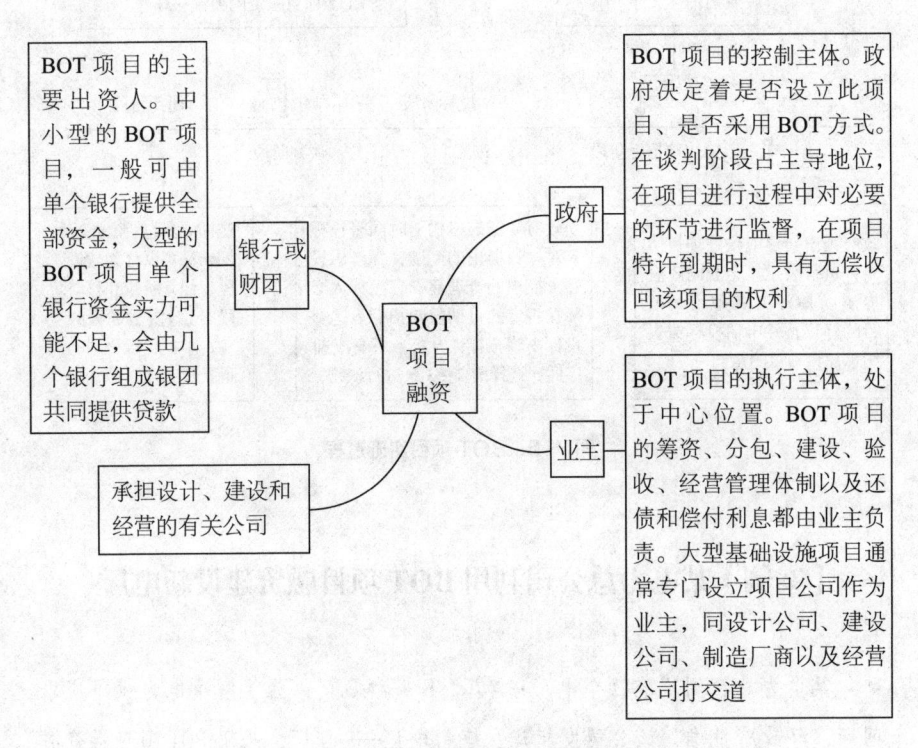

银行或财团		政府	BOT项目的控制主体。政府决定着是否设立此项目、是否采用 BOT 方式。在谈判阶段占主导地位，在项目进行过程中对必要的环节进行监督，在项目特许到期时，具有无偿收回该项目的权利
BOT 项目的主要出资人。中小型的 BOT 项目，一般可由单个银行提供全部资金，大型的 BOT 项目单个银行资金实力可能不足，会由几个银行组成银团共同提供贷款	BOT 项目融资	业主	BOT 项目的执行主体，处于中心位置。BOT 项目的筹资、分包、建设、验收、经营管理体制以及还债和偿付利息都由业主负责。大型基础设施项目通常专门设立项目公司作为业主，同设计公司、建设公司、制造厂商以及经营公司打交道
承担设计、建设和经营的有关公司			

图 7-5　BOT 项目融资的主要参与人

（3）BOT项目融资过程

BOT 项目融资过程可分为立项、招标、投标、谈判、履约五个阶段，如图 7-6 所示。

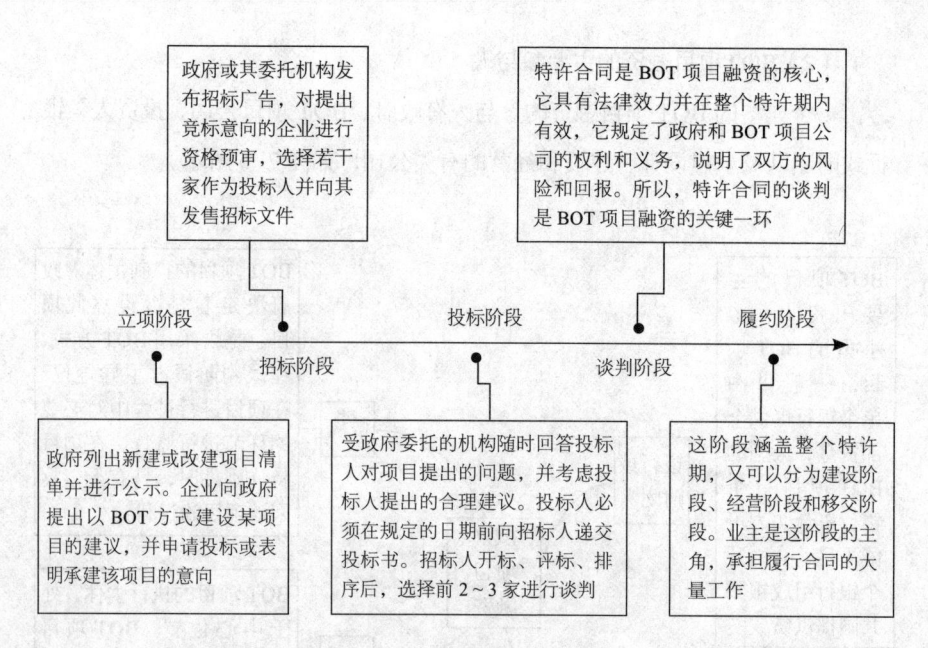

图 7-6 BOT 项目实施过程

立项阶段：政府列出新建或改建项目清单并进行公示。企业向政府提出以 BOT 方式建设某项目的建议，并申请投标或表明承建该项目的意向

招标阶段：政府或其委托机构发布招标广告，对提出竞标意向的企业进行资格预审，选择若干家作为投标人并向其发售招标文件

投标阶段：受政府委托的机构随时回答投标人对项目提出的问题，并考虑投标人提出的合理建议。投标人必须在规定的日期前向招标人递交投标书。招标人开标、评标、排序后，选择前 2～3 家进行谈判

谈判阶段：特许合同是 BOT 项目融资的核心，它具有法律效力并在整个特许期内有效，它规定了政府和 BOT 项目公司的权利和义务，说明了双方的风险和回报。所以，特许合同的谈判是 BOT 项目融资的关键一环

履约阶段：这阶段涵盖整个特许期，又可以分为建设阶段、经营阶段和移交阶段。业主是这阶段的主角，承担履行合同的大量工作

【案例】某电力总公司利用 BOT 项目融资建设新电厂

某电力总公司现有三个电厂：A 厂、B 厂和 C 厂，为了解决电力供不应求问题，经政府批准，该公司发起建一座新电厂——D 厂，采用 BOT 项目融资方式，其基本程序如图 7-7 所示。

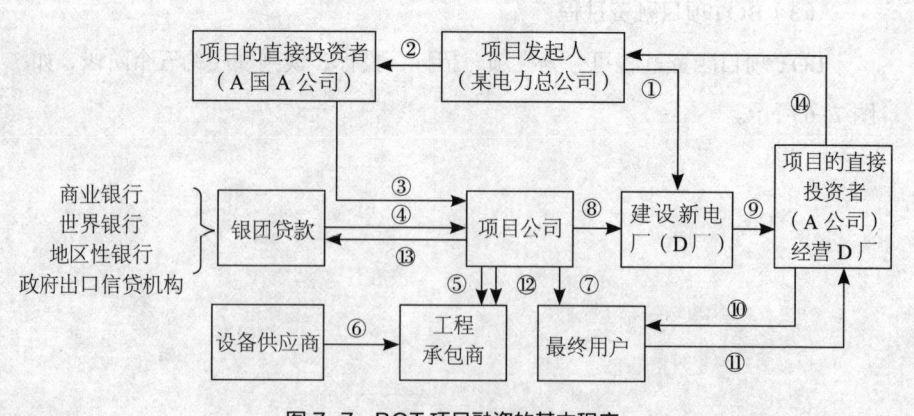

图 7-7 BOT 项目融资的基本程序

基本程序说明：

①某电力总公司经政府批准发起建设一座新电厂——D厂；

②通过招标、投标，A国A公司中标，电力总公司授予中标者建设、经营D厂的权利，签订特许权协议；

③A公司投资成立项目公司；

④项目公司从境外银团获得贷款；

⑤项目公司与工程承包商签订工程承包合同；

⑥工程承包商与设备供应商签订供应合同；

⑦项目公司与产品或服务的最终用户签订购销合同；

⑧项目公司进行施工，建设D厂；

⑨D厂建造完工，由投资者（A公司）经营；

⑩A公司（D厂）向用户供应电力；

⑪A公司（D厂）获得销售收入；

⑫项目公司向工程承包商支付工程款；

⑬项目公司向贷款银团还本付息；

⑭协议经营期满，A公司将D厂转让给项目发起人。

7.3 项目融资的优缺点

7.3.1 项目融资的优点

（1）可获得大额资金贷款

目前，项目融资主要用于基础设施项目，资金需求量比较大，一般而言，发展中国家对基础设施的建设投入较多，而政府可能存在资金不足的情况。项目融资可以项目未来的现金流偿还债务，为政府解决建设资金短缺的问题。

（2）表外融资会计处理

直接进行债务融资会增加筹资者的负债，可能影响筹资者的信用和股票发行。而项目融资为表外业务，不会直接体现在项目发起人的负债中，有利于筹资者保持良好的信用状况。

(3) 分散风险

项目融资的贷款一般没有追索权或仅有有限追索权,所以项目发起人虽然是项目的权益所有者,但仅承担项目风险的一小部分。一旦项目不能创造出足够的现金流量来偿付贷款,项目投资者就得承担大部分风险或全部风险。

当然,项目投资者也不会因为项目本身有利可图就愿意单独承担风险,而会要求项目所在国、所在地政府就项目做出一定的担保或承诺。另外,项目的境外投资者可向跨国保险公司投保,以规避境外投资的政治风险。这样,有了这种复杂的担保、保险和抵押关系,项目风险就会被有效地分散掉。

7.3.2 项目融资的缺点

(1) 融资成本高

一方面,由于在项目融资中,项目投资者承担了较大的风险,风险溢价较高,故其要求的收益率也会较高,从而贷款利率要比普通贷款高;另一方面,项目融资程序复杂,存在较多担保与抵押,手续费较高,使得项目融资的费用也更高。除此之外,贷款方及其律师、技术专家在评估项目、推敲文件、设计担保方案时都要花费较多时间,增加了融资费用,再加上谈判的费用等,最终使项目融资成本较高。

(2) 期限长,风险大

项目从立项到最后落地以及获得收益需经历较长的时间。比如,我国目前的一些项目从意向到谈成签约往往要花上几年时间,不确定性较强,风险较高。项目融资的风险根据表现形式可分为信用风险、完工风险、生产风险、市场风险、金融风险、政治风险和环境保护风险等。

第8章 并购融资：可以壮大企业规模、优化资源配置的融资方式

8.1 并购

并购融资是指并购企业为了兼并或者收购目标企业而进行的融资活动。

并购是兼并和收购的总称。企业并购是盘活民企、国企资产的重要方式和途径。兼并是指两个或两个以上的公司合并，狭义的兼并是指一个企业通过产权交易获得其他企业的产权，使其他企业的法人资格丧失，并获得该企业经营管理控制权的经济行为；广义的兼并是指一个企业通过产权交易获得其他企业的产权，并获得控制权，但是被兼并企业的法人资格并不一定丧失。一般采用广义的兼并的概念。收购是指对企业控制权的购买，一般通过向目标股票发出收购要约来完成。尽管"兼并"与"收购"具有不同的表现形式（如法律形式的不同），但它们却存在两个突出的共同点：一是两者均强调事实上的控制权，无论是购买资产式兼并、吸收股份式兼并还是股权控制式收购，其目的均在于获得被吸收企业或被控制企业的事实控制权；二是两者都是通过产权交易方式来实现的。兼并往往表现为产权置换，收购往往表现为产权购买。鉴于兼并和收购在实质上的相似性，在研究和实务中往往将两者相提并论，合称为"并购"或"购并"。

8.1.1 并购标的的选择

（1）以目标企业资产为对象的并购

并购企业将购买目标企业的全部或部分资产（通常是购买全部资产）作为目标。在该类交易形式中，并购企业只获取目标企业的资产而不承担目标企业原所有者（股东和债权人）的任何义务，被并购企业原有的资产负债结构不

对并购企业产生任何影响。在出售全部资产后，被并购企业已没有任何有形资产，只有大量现金，被并购企业可以选择结束经营，也可以选择转为投资公司。若选择结束经营则可将现金用于偿还债权人债务、发放给股东清偿性股利；若选择转为投资公司，则可将现金用于投资，所得收益用于回报投资者。

（2）以目标企业股票为对象的并购

并购企业通过各种支付方式获得被并购企业的全部或部分股份，同时承担目标企业原有要求权（权益和债务）的义务。此时，被并购企业的资产与负债会转嫁到并购方的资本结构中。

8.1.2 并购资金需要量

并购资金需要量是确定融资金额、融资方式、融资时间安排的主要依据。一般来说，并购资金需要量由以下几个部分构成，如图8-1所示。

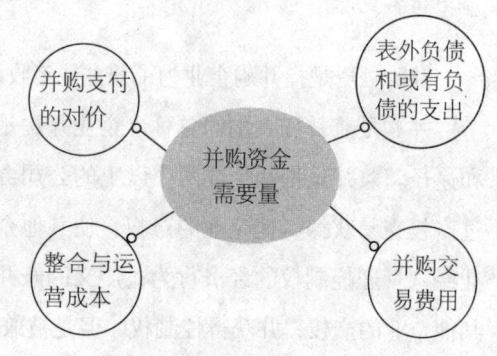

图8-1 并购资金需要量的构成

（1）并购支付的对价

并购支付的对价是指并购企业为了完成并购而付出的代价。可以是现金及现金等价物，也可以是支付的股票的市场价格。

（2）承担目标企业表外负债和或有负债的支出

表外负债是指目标企业的资产负债表上没有体现但实际上要明确承担的义务，包括职工的退休费、离职费、安置费等。或有负债是指由过去的交易或事项形成的支付义务，其存在需要通过未来不确定事项的发生或不发生予以证实。或有负债是并购企业潜在的并购支付成本。所以，并购方应详尽了解目标企业的未决诉讼和争议、债务担保、纳税责任及产品责任等项目，对或有负债做出判断。

（3）并购交易费用

并购交易费用包括并购直接费用和并购管理费用。并购直接费用主要是指为并购融资，注册和发行权益证券的费用、支付给会计师、律师的咨询费用及其他各项评估费用。并购管理费用主要包括支付给并购管理部门的费用以及其他不能直接计入并购事项的费用。

（4）整合与运营成本

①整合改制成本。这是指在对人事机构、经营方式、经营战略、产业结构等进行调整时发生的管理、培训等费用。

②注入资金的成本。并购时必须深入分析并购双方企业管理资源的互补性，合理估计并购方在现有基础上对目标公司的管理投入和资金投入成本。

整合与运营成本具有长期性、动态性和难以预见性，在并购决策中应力求使其保持最低。

8.1.3 并购支付方式

并购企业在并购目标企业前必须确定以何种资源、利用何种工具和采取何种手段获取目标企业的资产或控制权抑或吸收目标企业的股份，即确定并购的支付方式。并购支付方式分为现金支付、股票支付和混合证券支付等多种方式。

（1）现金支付

现金支付是指并购企业通过支付现金的方式完成并购。并购所需资金量较大，若全部以现金支付，一方面可能给并购企业带来较大的财务负担，另一方面可以向外界传递并购企业现金流充裕、财务能力较强的信号。

对目标企业的股东而言，现金支付的优点在于可以使他们即时得到确定的收益，不必承担风险。现金支付方式的不足之处在于，现金支付无法推迟资本利得的确认，却即时形成纳税义务，失去了享受税收优惠的机会。

对并购企业来说，现金支付方式的好处是现有的资本结构不会受到影响，不会稀释控制权；直接支付现金可以加快并购进程，迅速完成并购。而若使用股票支付的方式，则并购企业完成并购需花费较长时间，时间越长，目标企业的管理人员越有可能建立起反并购防御措施，而且可能产生更多企业参加并购竞价的情况，从而使并购成本上升，并购时间延长，并购难度加大。但现金支付方式的不足之处在于会加重并购企业的财务负担。现金支付方式因其速度快的特点而多被用于敌意并购。

（2）股票支付

股票支付是指并购企业增发本企业的股票，将新发行的股票支付给目标公司股东,以按一定比例换取目标公司的股票,从而达到并购目的的一种支付方式。对并购企业来说,采取股票支付的方式进行并购,财务压力较小,不会影响企业现金流。而对目标企业的股东来说,只是改变了持股对象,不会失去既有的所有权。对于并购企业来说,股票支付会稀释并购企业原有股东的权力,极端的一种情况是目标企业的股东通过持有并购企业增发的股票取得对并购后企业的主导控制权。此外,以股票支付的方式进行并购,所需手续较多,耗时耗力,不如现金支付方便快捷。

(3)混合证券支付

混合证券支付是指并购企业以多种形式的证券组合进行支付,以完成并购的一种支付方式。采用混合证券支付方式,可以综合多种证券工具的优势,规避单一支付方式的缺陷。对于并购企业来说,以混合证券支付的方式并购可以分散并购支付风险。

认股权证是一种由上市公司发行的证明文件,赋予持有人一定的权利,即持有人在指定的时间内,用指定的价格认购由该公司发行的一定数量(按换股比率)的新股(或者库藏的股票)。

对于目标企业的股东而言,获得并购企业的认股权证后,可以行使以低价认购并购企业新股的优先认股权,同时认股权证也可以在市场上流通,可以选择出售。对并购企业而言,发行认股权证的优点在于既可以延缓发行股票的时间,又可以为企业提供额外的股本基础;不足之处在于认股权证持有人行权会稀释原有股东的控制权。

可转换债券是发行公司向债券的持有者提供的一种选择权,即在规定的转换期内可以选择是否将债券按面值的一定比例或价格将其转换为股票。从并购企业的角度看,采用可转换债券这种支付方式的好处包括以下两点。

①利率更低。由于可转换债券比同等条件的普通债券多了一个可以转换成股票的权力,故企业能以比普通债券更低的利率和较宽松的契约条件出售债券。

②转换的股票价格可能更高。提供了一种可能比现行价格更高的价格出售股票的方式。

对目标企业股东而言,采用可转换债券的好处有以下两点。

① 具备债务资金和权益资金的双重益处。具有将债券的安全性和作为股票可使本金增值的有利性相结合的双重性质。

② 灵活性较强。在股票价格较低时，可以将它的转换期延迟到预期股票价格上升的时期。

8.1.4 并购的基本流程

企业并购大致可分为并购决策、并购标的的选择、并购时间点的选择、并购的初期工作、并购的实施阶段和并购之后的整合六个阶段，如图8-2所示。

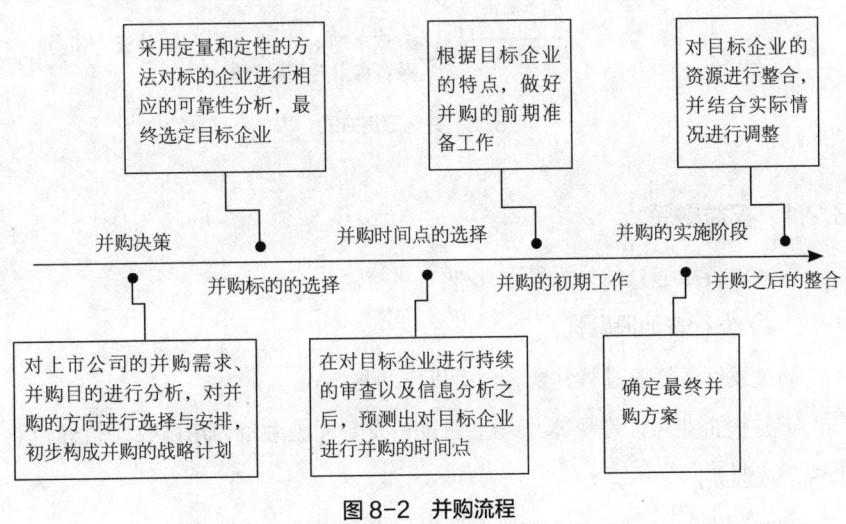

图 8-2 并购流程

8.2 并购融资方式

并购融资方式多种多样，目前我国采用较多的融资方式和途径有内部留存、增资股、向金融机构贷款、企业发行债券、杠杆收购、卖方融资等方式。

企业进行并购融资规划时首先要对可以利用的方式进行全面研究分析，作为融资决策的基础。在具体运作中，有些融资方式可单独运用，有些融资方式则可组合运用，并购双方应视具体情况而定。

并购融资方式根据资金来源可分为内部融资和外部融资，如图8-3所示。此外，自20世纪70年代以来，西方金融市场上出现了不少创新融资方式及其派生工具，为并购融资提供了新渠道。

```
并购融资方式
├── 内部融资
│   ├── 定义：在企业内部开辟资金来源，筹措并购所需资金
│   └── 并购活动所需资金数额往往是巨大的，而企业内部资金是有限的，利用并购企业的营运现金流进行融资对于并购企业而言有很大的局限性
└── 外部融资
    ├── 定义：从企业外部开辟资金来源，向企业以外的经济主体筹措资金
    └── 方式多样，主要包括权益融资、债务融资和混合型融资方式
```

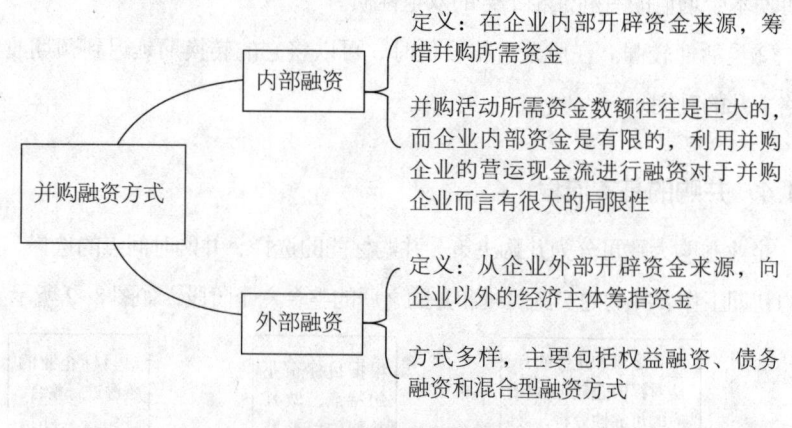

图 8-3　并购融资方式

8.2.1 权益融资

权益融资渠道具体分为以下几种。

（1）发行普通股融资

通过发行普通股进行并购融资有以下两种方式。

①并购企业可以在资本市场上通过增发普通股融资，用以收购目标企业的资产或股票。

②并购企业向目标企业的股东定向增发普通股以收购目标企业的资产或换取目标企业的股权。

（2）发行优先股融资

发行优先股筹集并购资金是西方企业进行并购时常用的融资方式。我国由于缺乏专门规范发行优先股的法律法规，所以目前进行并购融资时还没有涉及这一融资方式。

（3）发行可转换优先股融资

可转换优先股能在一定期限内按一定的换股价格或换股率转换为普通股，因此，发行可转换优先股进行融资的方式近年来被一些西方企业在并购融资中采用。这一融资方式的优势在于，并购企业可以在不变更自身股利政策的前提下保持被并购企业现有的股利支付水平。

（4）发行认股权证融资

认股权证是以特定价格购买规定数量普通股的一种买入期权。在西方的并购融资实务中，认股权证的形式多种多样。从期限来看，有长期与短期的认股权证；从发行方式来看，有单独发行与附带发行的认股权证。认股权证通常和企业的长期债券一起发行，以吸引投资者购买利率低于正常水平的长期债券。

（5）机构投资者融资

对于机构投资者目前还没有统一明确的定义，但在世界范围内已被广泛使用。机构投资者的产生主要源于投资行为机构化和职业化，是资本市场发展成熟的重要特征之一。我国目前的机构投资者主要包括保险公司、养老基金、投资基金，这些投资者属于战略性的并购融资资金提供者。

8.2.2 债权融资

债权融资方式具体分为以下几种。

（1）金融机构贷款融资

从金融机构贷款是并购融资的主要渠道之一。金融机构在对并购项目发放贷款时主要考虑的是贷款偿还的安全性和可靠性。在一般情况下，至少有一部分贷款的偿还来源是目标企业未来的现金流入，这种现金流入由以下部分构成：

①目标企业被并购后生产经营带来的收益；

②并购完成后变卖目标企业一部分资产所获得的现金。

（2）发行公司债券融资

发行公司债券融资是指并购企业通过向其他机构或第三方发行债券筹集并购所需资金。

按照《证券法》规定，公开发行公司债券筹集的资金，必须按照公司债券募集办法所列资金用途使用；改变资金用途，必须经债券持有人会议作出决议。公开发行公司债券筹集的资金，不得用于弥补亏损和非生产性支出。

（3）发行可转换债券融资

可转换债券是指普通债券附加一个相关的选择权，即债券持有人在一定条件下可将其转换为公司的股票。对于并购企业来说，当公司目前股价被低估时，直接发行股票融资对企业不利，采用可转换债券相当于以高于当期的股价发行普通股融资。此外，可转换债券的票面利率较低，其融资成本也较低。经营风险较高、债券级别较低或者债券的利息抵税作用不显著的企业，在进行并购融资时比较适合采用发行可转换债券融资方式。

按照并购支付方式匹配融资方式，常见的组合策略如表 8-1 所示。

表 8-1 支付方式与融资方式

融资方式	支付方式		
	现金支付	股票支付	混合证券支付
发行普通股	√	√	√
发行优先股	√	√	√
发行认股权证	√		
发行可转换债券	√	√	√
金融机构贷款	√		
发行公司债券	√		√

一般来说，权益融资成本较高，但可以构成资金的持续永久性的占用，为企业积累资本赢得时机，融资风险较小，但其缺点是不能对资金余缺进行调整，而且当并购的实际效果达不到预期时，会使股东利益受损，从而为敌意收购者提供机会。债权融资本相对较低，但财务风险较大。当资产报酬率高于利率时，适当负债可以发挥财务杠杆的作用，但企业面临还债的压力和风险，特别是对高负债率企业而言，更容易导致企业财务风险增加，当并购后的实际效果达不到预期时，将可能产生利息支付风险和按期还本的风险。

8.2.3 混合型融资

除了上述这些常见的权益融资、债务融资方式以外，西方企业在并购融资中还大量使用一些混合型融资工具。这种既带有权益特征、又带有债务特征的特殊融资工具，在西方企业并购融资中扮演着重要的角色。这里主要介绍可转换证券和认股权证。

（1）可转换证券

可转换证券分为可转换债券和可转换优先股。可转换证券是一种较好的筹集长期资金的工具，常用于与预期的未来股价相比企业普通股的市价偏低的情况下，也可用于收购股利分配制度不同的企业。同时，由于可转换证券发行之初可为投资者提供固定报酬，这相当于投资者投资了单纯的企业债或优先股；当企业的资本报酬率上升、企业普通股价值上升时，投资者可将其依一定条件转换为普通股。它实际上是一种负债与权益相结合的混合型融资工具，这种债券的持有人可以在一定的时间内按照一定的价格将其转换为普通股，为投资者提供了一种有利于控制风险的投资选择。

（2）认股权证

认股权证是由企业发行的长期选择权证，它允许持有人按某一特定价格买进既定数量的股票，通常随企业的长期债券一起发行。就其实质而言，认股权证和可转换债券有一些相似之处，但仍存在不同的地方。在进行转换时，虽然都是一种形式（企业债务）转换为另一种形式（股票），但对企业财务乃至营运的影响却各异。可转换债券是由债务资本转换为股权资本，而认股权证则是新资金的流入，可以用于增资偿债。由于认股权证代表了长期选择权，所以附有认股权证的债券或股票，往往对投资者有很大的吸引力。

8.2.4　特殊融资方式

（1）杠杆收购融资

杠杆收购是指少数投资者通过负债收购目标企业的资产或股份。杠杆收购与前面所提及的并购中的混合证券支付方式相比，有两个显著的区别：一是杠杆收购以高负债率著称，它是一种以小博大的收购行为；二是证券支付方式的债券发行是以收购企业的资产或信誉为抵押的，而杠杆收购是以目标企业的资产（或净资产）为抵押的。

杠杆收购的操作程序如下：收购者先组建一个空壳公司作为收购的法律主体，然后由该空壳公司以目标企业的资产为抵押发行债券；之后以发行债券募集的资金收购目标企业的资产或股票。由于债券金额占收购金额的比例较大，因此收购后的主体具有很高的杠杆率（负债率）。这种高杠杆率的债券往往伴随着较高的信用风险或违约风险，故而这类债券多为信用等级很低的垃圾债券。杠杆收购的特例是管理层收购，即企业管理会利用杠杆收购本企业的股票。

（2）卖方融资

企业并购中一般是买方融资，但当买方没有条件从贷款机构获得抵押贷款时，或是市场利率太高，买方不愿意按市场利率获得贷款时，而卖方为了出售资产也可能愿意低于市场利率为买方提供所需资金，即向买方提供贷款。买方在还清该贷款以后才得到该资产的全部产权，如果买方无力偿还贷款，则卖方可以收回该资产。这种方式在美国被称为"卖方融资"。

比较常见的卖方融资即在分期付款条件下，买方以或有支付方式购买目标企业（卖方）。具体是指双方企业完成并购交易后，并购企业并不全额支付并购的价款，而只是支付其中的一部分，在并购后的若干年内，再分期支付余下的款项。但分期支付的款项是根据被并购企业未来若干年内的实际经营业绩而定，被并购企业的业绩越好，并购企业所支付的款项越高。

8.2.5　融资方式的选择

以下是几条选择融资方式时的参考原则。

①充分考虑国家和地区的政治制度、经济体制以及法律法规等方面的影响，尤其是相关法律法规对融资方式、规模、期限的限制规定，综合制订融资方案。

②如果并购企业自有资金充裕，根据"啄食顺序理论"——"优序融资理论"，以自有资金作为并购资金是最佳选择。如果并购企业的负债率较高，财务风险较大，则应尽量采取权益融资方式，避免进一步增加企业负债。

③并购企业需对自身的资本结构有清醒的认识，并在此基础上判断自身是否具备承担债务的能力，从而决定是否有能力进行债务融资。

④充分利用投资银行的中介作用，对并购融资渠道、融资金额做出规划，以降低并购风险。

【案例】雀巢收购徐福记

2011年12月7日,徐福记国际集团(以下简称"徐福记")在新加坡证券交易所发布公告,对外宣布中国商务部已于2011年12月6日批准了雀巢集团(以下简称"雀巢")以17亿美元的价格收购其60%股权的交易。徐福记国际集团于2011年12月23日宣布,在完成所有相关的法定程序后,正式从新加坡交易所除牌下市,成为一家私有合资企业,完成私有化之后,雀巢持有徐福记60%的股权,徐氏家族则持有40%的股权。

一、重要关联企业

此次并购的重要关联方为雀巢和徐福记,雀巢为并购方,徐福记为被并购方。

(1)雀巢

雀巢是世界上最大的食品公司之一,也是最早进入中国的外商之一,总部设在瑞士日内瓦湖畔的沃韦,拥有150多年的历史,可以说是全球食品行业中的航母。

根据雀巢2010年的有关数据,其在全球的销售总额为8407亿元人民币,其中巧克力和糖果业务占销售总额的11%。2010年中国糖果市场的总规模约为600多亿元人民币,而雀巢在中国所占的市场份额只有1.8%,排名仅为第5。

(2)徐福记

徐福记由徐氏兄弟一手打造,1994年,"徐福记"品牌正式诞生。该集团主要生产糖果、糕点、沙琪玛、巧克力、果冻等休闲糖点,主要针对中国大众家庭消费者的生活习惯和饮食文化的喜好与需求所研制。

二、股权收购过程

(1)合作协议的签署

2011年7月11日,徐福记对外宣布已经和雀巢签署了合作协议,徐氏家族同意将当时持有的56.5%的股权中的16.5%转让给雀巢,并表示徐福记时任首席执行官兼董事长徐乘先生将继续带领新的合资公司。雀巢提议的收购价格为每徐福记股 4.35 新元，相当于过去 180 个交易日按成交量加权平均股价溢价 24.7%。

根据《国务院关于经营者集中申报标准的规定》的有关规定，如果参与集中的所有经营者上一会计年度在全球范围内的营业额合计超过 100 亿元人民币，并且其中至少两个经营者上一会计年度在中国境内的营业额均超过 4 亿元人民币的话，应当事先向国务院反垄断执法机构申报，接受反垄断的调查。

由于并购双方的营业额远超《国务院关于经营者集中申报标准的规定》规定的营业额标准，故该案需向中国商务部进行申报。因此，雀巢的这次收购，还需要通过商务部根据《中华人民共和国反垄断法》的规定进行审查。

（2）商务部无条件通过

商务部新闻发言人在 2011 年 9 月 20 日举行的例行发布会上表示，雀巢收购徐福记的并购案，商务部已经正式立案，将依据《中华人民共和国反垄断法》的规定进行审查。2011 年 12 月 7 日，徐福记在新加坡证券交易所发布公告称，中国商务部于 2011 年 12 月 6 日批准了雀巢公司以 17 亿美元的价格收购徐福记 60% 的股权的交易。

此次并购能够获批的主要原因在于糖果企业的市场份额分散，两者集中未达绝对的统治地位，并购双方综合后所占市场份额尚不足 10%。

三、并购结果

2011 年 12 月 23 日，徐福记自新加坡交易所下市。徐福记首席执行官徐乘强调："这个合作不仅为徐福记品牌的永续发展带来新契机，更是双方对于中国糖点市场的深耕与经营升级所跨出的积极步伐。如何借重雀巢在创新与全方位资源整合上的优势，持续性地为中国消费者开发优质与健康的糖点产品，将是新的徐福记合资公司未来努力的方向。"

第 9 章 私募股权融资（PE）和风险融资（VC）

9.1 私募股权融资和风险融资概述

私募股权投资（PE，Private Equity 的简称），也叫私募股权融资、私募资本投资、股权私募融资、直接股权投资等，分为广义的私募股权投资和狭义的私募股权投资。广义的私募股权投资是指投资者为非上市为主的企业提供中长期权益性质的资金，积极帮助被投资企业发展，使其在资本市场 IPO，最终通过出售或转让被投资企业的股权实现退出。狭义的私募股权投资往往仅指企业为进行并购活动尤其是采用杠杆收购时所进行的权益性质的投资。

风险投资（VC，Venture Capital 的简称），又叫创业投资，根据美国风险投资协会（NVCA）对其的定义，风险投资是指由职业金融家投入到新兴的、迅速发展的、有巨大竞争潜力的企业的一种权益性质的投资。欧洲风险投资协会（EVCA）则认为风险投资是一种由专门的投资公司向具有很大发展潜力的成长型企业或扩张型、重组型的，以未上市为主的企业，提供资金支持和企业管理等增值服务的一种投资行为。经济合作与发展组织（OECD）1996 年在其发表的《风险投资与创新》研究报告中认为，风险投资是一种向具有很大发展潜力的创业型企业或中小型企业提供企业发展所需资金的一种投资行为。风险投资和风险融资是对同一个问题的两个不同描述角度。

在企业发展的过程中，私募股权融资（PE）和风险融资（VC）已经成为非常重要的企业融资方式。不少处于成长阶段的中小企业由于缺乏有效的抵押资产，很难通过传统商业银行取得贷款进行融资，企业的发展受到限制。私募股权融资（PE）和风险融资（VC）可以拓宽企业的股权融资渠道，提升企业股权融资在企业所有融资中的比例。

9.2 私募股权融资

9.2.1 私募股权融资（PE）的特点

与公募投资基金不同的是，私募股权投资的资金募集是非公开性的，对投资者的数量有限制，资金数额一般比较大，投资者需要承担一定的投资风险，因此，私募股权投资的投资者往往是有一定要求的，如投资人必须具有一定的经济实力等。另外，二者在募资推介限制、监管环境和投资性质等方面也存在不同，具体如表 9-1 所示。

表 9-1 私募股权投资和公募投资基金的区别

项目	私募股权投资	公募投资基金
投资者数量	一般在 200 人以下	最低 100 人
募资推介限制	不能直接或间接公开进行推介募资活动	可以公开进行推介募资活动
监管环境	较宽松	严格
投资性质	权益投资	权益投资或债权投资

具体而言，私募股权融资（PE）具有以下特点，如图 9-1 所示。

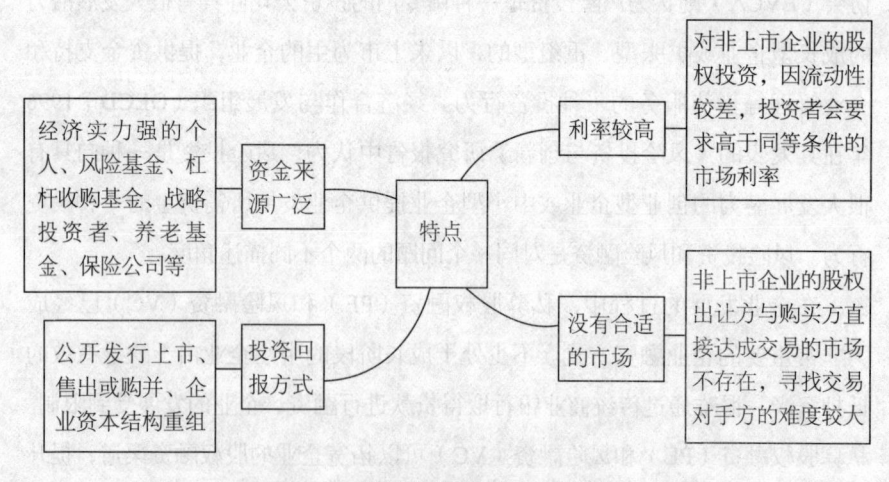

特点：
- 资金来源广泛：经济实力强的个人、风险基金、杠杆收购基金、战略投资者、养老基金、保险公司等
- 投资回报方式：公开发行上市、售出或购并、企业资本结构重组
- 利率较高：对非上市企业的股权投资，因流动性较差，投资者会要求高于同等条件的市场利率
- 没有合适的市场：非上市企业的股权出让方与购买方直接达成交易的市场不存在，寻找交易对手方的难度较大

图 9-1 私募股权融资（PE）的特点

9.2.2 私募股权融资（PE）的运作流程

在企业决定采用私募股权融资（PE）并与私募股权基金合作之前，企业经营管理层应该深入了解这种融资方式的前提基础和后果。采取私募股权融资将给企业带来质的变化，因此企业管理层一定要深思熟虑，并做好准备工作。私募股权融资（PE）的准备工作一般包括企业历史数据准备、制订上市计划、制订作为监督工具的目标计划等，准备阶段大约持续 1~3 个月，程序大致如图 9-2 所示。

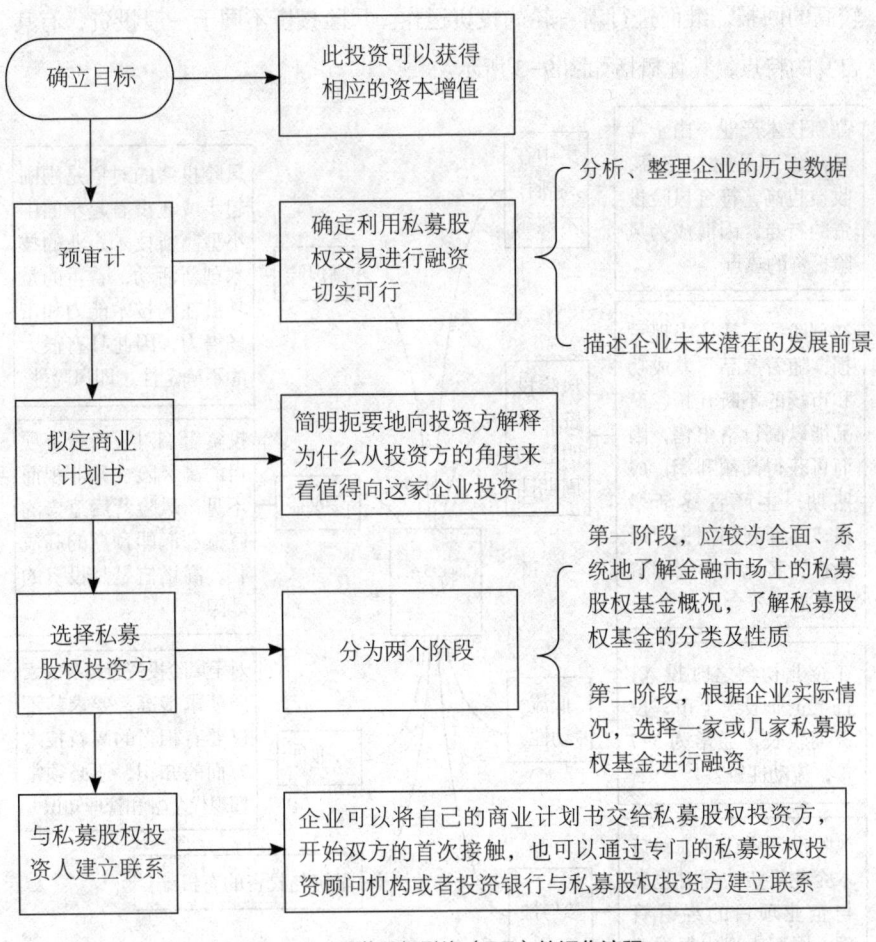

```
确立目标 ──→ 此投资可以获得相应的资本增值

预审计 ──→ 确定利用私募股权交易进行融资切实可行
                              ┤ 分析、整理企业的历史数据
                              ┤ 描述企业未来潜在的发展前景

拟定商业计划书 ──→ 简明扼要地向投资方解释为什么从投资方的角度来看值得向这家企业投资

选择私募股权投资方 ──→ 分为两个阶段
                              ┤ 第一阶段，应较为全面、系统地了解金融市场上的私募股权基金概况，了解私募股权基金的分类及性质
                              ┤ 第二阶段，根据企业实际情况，选择一家或几家私募股权基金进行融资

与私募股权投资人建立联系 ──→ 企业可以将自己的商业计划书交给私募股权投资方，开始双方的首次接触，也可以通过专门的私募股权投资顾问机构或者投资银行与私募股权投资方建立联系
```

图 9-2 私募股权融资（PE）的运作流程

9.3 风险投资

9.3.1 风险投资（VC）的特点

风险投资往往选择未上市的、极具成长潜力的中小企业，尤其是具有创新性或高科技导向的企业，以各种方式参与企业的投资，同时也参与企业的管理，使企业获得专业化的管理及充足的财务资源，促进企业快速成长和实现目标。在企业发展成熟后，风险资本通过在资本市场转让企业的股权获得较高的回报，继而进行新一轮的投资运作。风险投资不同于一般投资，有其自身的特点，具体概括如图9-3所示。

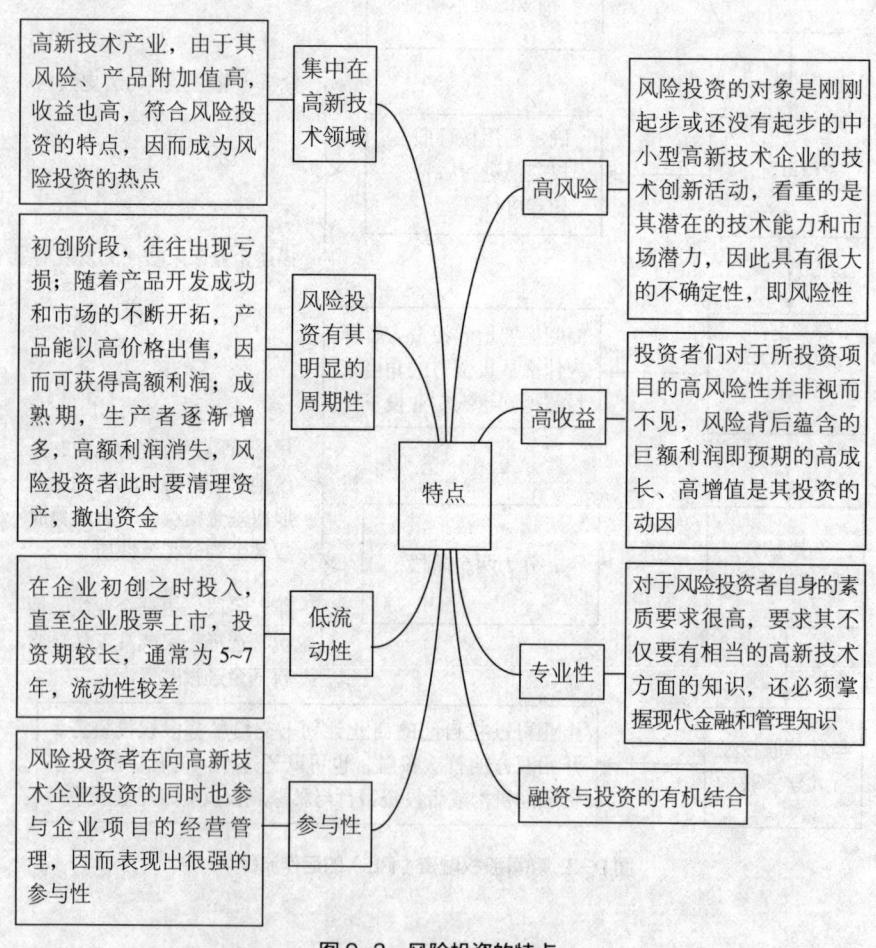

特点：

- **集中在高新技术领域**：高新技术产业，由于其风险、产品附加值高，收益也高，符合风险投资的特点，因而成为风险投资的热点
- **风险投资有其明显的周期性**：初创阶段，往往出现亏损；随着产品开发成功和市场的不断开拓，产品能以高价格出售，因而可获得高额利润；成熟期，生产者逐渐增多，高额利润消失，风险投资者此时要清理资产，撤出资金
- **低流动性**：在企业初创之时投入，直至企业股票上市，投资期较长，通常为5~7年，流动性较差
- **参与性**：风险投资者在向高新技术企业投资的同时也参与企业项目的经营管理，因而表现出很强的参与性
- **高风险**：风险投资的对象是刚刚起步或还没有起步的中小型高新技术企业的技术创新活动，看重的是其潜在的技术能力和市场潜力，因此具有很大的不确定性，即风险性
- **高收益**：投资者们对于所投资项目的高风险性并非视而不见，风险背后蕴含的巨额利润即预期的高成长、高增值是其投资的动因
- **专业性**：对于风险投资者自身的素质要求很高，要求其不仅要有相当的高新技术方面的知识，还必须掌握现代金融和管理知识
- 融资与投资的有机结合

图9-3 风险投资的特点

9.3.2 风险投资（VC）的功能和作用

独特的功能是由其独特的本质所决定的，主要体现在对高新技术产业、创新产品研发的支持上，其主要功能和作用体现在以下几个方面，见图9-4。

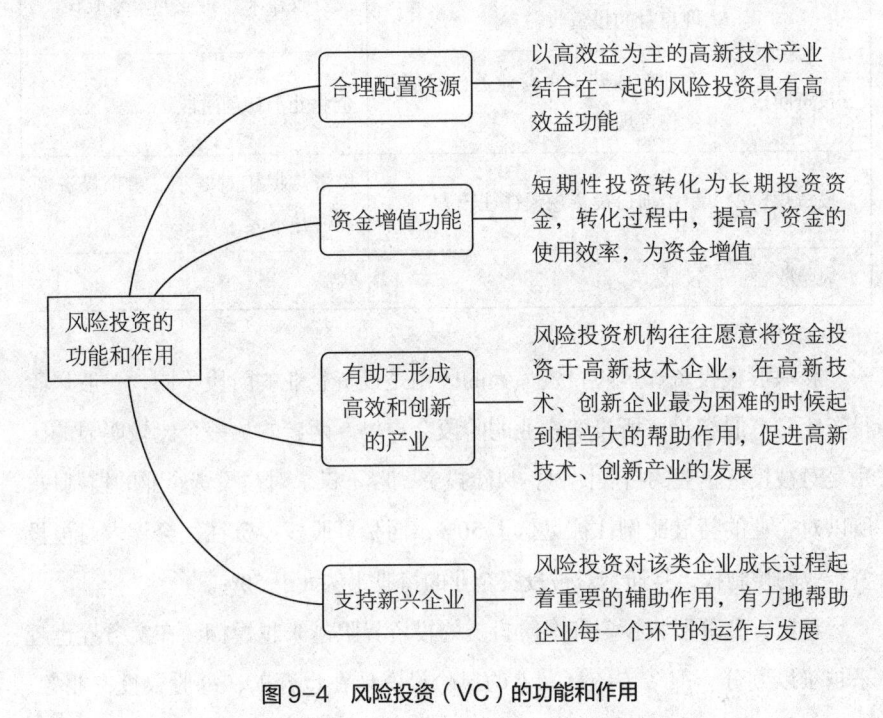

```
                    ┌─ 合理配置资源 ──── 以高效益为主的高新技术产业结合在一起的风险投资具有高效益功能
                    │
风险投资的           ├─ 资金增值功能 ──── 短期性投资转化为长期投资资金，转化过程中，提高了资金的使用效率，为资金增值
功能和作用 ──────────┤
                    ├─ 有助于形成     ── 风险投资机构往往愿意将资金投资于高新技术企业，在高新技术、创新企业最为困难的时候起
                    │   高效和创新       到相当大的帮助作用，促进高新技术、创新产业的发展
                    │   的产业
                    │
                    └─ 支持新兴企业 ──── 风险投资对该类企业成长过程起着重要的辅助作用，有力地帮助企业每一个环节的运作与发展
```

图9-4 风险投资（VC）的功能和作用

9.4 私募股权投资（PE）和风险投资（VC）的区别与联系

私募股权投资（PE）和风险投资（VC）在投资理念、投资阶段、投资规模等方面均存在区别，具体见表9-2。

表 9-2　私募股权投资（PE）和风险投资（VC）的区别

投资方式	私募股权投资（PE）	风险投资（VC）
投资理念	帮助被投资企业实现特定目的，如兼并收购、公司上市等，来实现自身的投资收益	比较关注企业是否具有成长性，投资收益来自企业的未来成长
投资阶段	企业较成熟，主营业务已经能产生稳定现金流	企业处于初创阶段
投资规模	单个项目投资规模往往较大	投资规模相对要小，单项投资额往往并不大
风险收益	较低	较高

私募股权投资和风险投资最大的区别是投资企业的阶段不同，一般风险投资比私募股权投资所投资企业的阶段会更早。两者的另一个比较明显的区别是对被投资企业的持股比例，风险投资一般不谋求对被投资企业的控制权，所以对企业的持股比例往往远低于 50%，而私募股权投资往往会谋求对被投资企业的控制权，其通常对被投资企业的持股比例大于 50%。

目前，私募股权投资和风险投资的投资界限越来越模糊，在实务界也越来越难以划分。很多传统意义上的风险投资现在也介入私募股权投资业务，而许多传统意义上的私募股权投资也参与风险投资项目。如国内著名的风险投资机构深圳市创新投资集团有限公司也介入私募股权投资业务，而全球著名的私募股权投资机构凯雷投资集团也在介入风险投资业务。因此，私募股权投资和风险投资的界限变得模糊，甚至经常会被混用。从私募股权投资和风险投资的特点来看，广义的私募股权投资包括风险投资，即风险投资属于广义私募股权投资的一部分。然而，随着全球经济的不断发展，股权投资市场的激烈竞争，私募股权投资和风险投资的区别将越来越小，越来越不好进行区别，两者有逐渐融合的趋势。

第 10 章　新三板融资：服务于中小企业的主战场

10.1　新三板融资概述

10.1.1　新三板发展历程

20 世纪 90 年代，为改善国有企业资本收益率低而陷入低谷的情况，我国全面展开股份制改革，并设立当时的场外交易市场全国证券交易自动报价系统（STAQ）和金融市场报价、信息与交易系统（NET）（以下简称"两网"），以解决国企股份不在二级市场流通的流动性问题。然而两网并没有快速发展，1998 年金融危机爆发，我国金融监管层将其停运。

2001 年 6 月，为解决两网企业去留问题，经中国证监会批准，成立股权代办转让系统（也称为"旧三板"），承接两网公司和退市公司的股份转让。那时，三板初具雏形但备受冷落。

2006 年，三板迎来了转机。为研究我国多层次资本市场体系中场外市场的建设模式，探索利用资本市场支持高新技术等创新型企业的具体途径，中国证券业协会发布《证券公司代办股份转让系统中关村科技园区非上市股份有限公司股份报价转让试点办法》，将北京市中关村科技园区内具备规定资质的非上市高科技公司纳入代办股份转让系统中实现融资，北京中关村园区非上市股份有限公司代办股份转让系统开始进入试点，新三板——全国中小企业股份转让系统成立。

2014 年 10 月，国务院对全国中小企业股份转让系统的定位明确为：全国中小企业股份转让系统是经国务院批准，依据证券法设立的全国性证券交易场所，主要为创新型、创业型、成长型中小企业发展服务。同时《全国中小企业股份转让系统业务规则（试行）》中表明，股份有限公司申请股票在全国股份转让系统挂牌，不受股东所有制性质的限制，不限于高新技术企业，但也需要满足一定条件。

2016年6月，新三板分层制度落地，将新三板挂牌公司分为基础层和创新层；2020年7月，新三板精选层设立；2021年9月，习近平总书记在中国国际服务贸易交易会全球服务贸易峰会视频致辞中宣布，继续支持中小企业创新发展，深化新三板改革，设立北京证券交易所，打造服务创新型中小企业主阵地。

以上所述简要历程见表10-1。

表10-1 新三板发展历程

时间	事件
20世纪90年代	设立"两网"
2001年	成立股权代办转让系统（旧三板）
2006年	成立新三板
2014年	明确新三板定位
2016年	新三板分层制度落地，设立基础层和创新层
2020年	新三板设立精选层
2021年	设立北京证券交易所

10.1.2 新三板市场的特征

（1）挂牌门槛低

挂牌新三板对财务、股东和高新技术没有限制，创业者只要规范企业的经营管理和治理，做好信息公开披露，就可以挂牌新三板，成立非上市公众公司。挂牌新三板之后，企业股票可通过全国中小企业股份转让系统交易流通。挂牌要求见表10-2。

表10-2 挂牌新三板对企业的要求

项目	条件
公司主体	依法设立且存续两年
业务	业务明确，具有持续经营能力
治理机制	公司治理机制健全，合法规范经营
股权	股权清晰，股票发行和转让行为合法合规

（2）效率高

新三板的挂牌程序便捷，一般6个月就能完成，操作流程如图10-1所示。

- 股份制改革。登陆新三板市场的企业必须是非上市的股份有限公司。

- 主办券商尽职调查。尽职调查是指主办券商通过实地考察等方法，对拟挂牌企业进行调查，确保拟挂牌企业符合挂牌条件，而且推荐挂牌备案文件要真实、准确、完整。

- 证券企业内核。主办券商内核委员会议审议拟挂牌企业的《股份报价转让说明书》和《尽职调查报告》等相关备案文件，出具审核意见，并审核券商的尽职调查是否符合规定。如果发现拟挂牌企业存在需要整改的问题，则提出解决思路；如果没有发现问题，同意推荐目标企业挂牌，需要向中国证券业协会出具《推荐报告》。

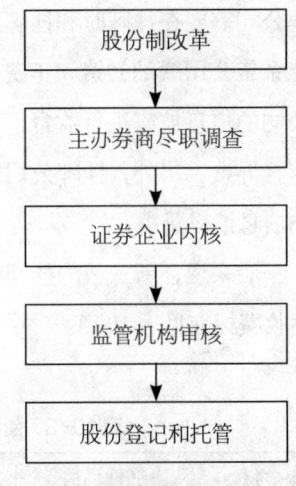

图10-1 新三板挂牌操作流程

- 监管机构审核。这是决定能否在新三板成功挂牌的决定性阶段。通过内核后，主办券商会将备案文件上报至中国证券业协会，协会决定受理则下发受理通知书，并在受理之日起五十个工作日内对备案文件进行审查，在审查过程中，如果协会有异议，可以向主办券商提出书面或口头的反馈意见，由主办券商答复；如果没有异议，则向主办券商出具备案确认函。

- 股份登记和托管。投资人持有的拟挂牌企业股份应当托管在主办券商处，初始登记的股份，托管在推荐其在新三板挂牌的主办券商处。主办券商取得协会备案确认函之后，辅助拟挂牌企业在挂牌前与中国证券登记结算有限责任企业签订服务协议，办理全部股份的集中与登记。

（3）费用低

新三板挂牌费用主要由推荐挂牌费用、挂牌初费和年费、信息披露督导费、信息披露费用四类构成。

由于各地高新园区针对新三板挂牌业务制订了财政补贴计划，所以拟挂牌公司可以在财政支持范围内解决中介机构费用。至于挂牌初费和年费，拟挂牌公司需要在挂牌时和挂牌期内按照总股本数的多少向全国中小企业股份转让系统公司缴纳初费和年费。关于披露督导费用，由于主办券商负责对挂牌公司的信息披露进行监督，所以公司挂牌后每年需要向主办券商缴纳信息披露督导费。另外，挂牌公司每年还需要向全国中小企业股份转让系统公司缴纳信息披露费用。

一般来说，新三板的挂牌费用总体在150~200万元，不包含募资费用，具体收费标准见表10-3。

表10-3 新三板挂牌公司股票转让服务收费

收费对象	收费项目	收费标准
投资人	转让经手费	按股票转让成交金额的0.5‰双边收取
挂牌公司	挂牌初费	总股本2 000万股（含）以下，3万元； 总股本2 000万~5 000万股（含），5万元； 总股本5 000万~1亿股（含），8万元； 总股本1亿元以上，10万元
挂牌公司	挂牌年费	总股本2 000万股（含）以下，2万元/年； 总股本2 000万~5 000万股（含），3万元/年； 总股本5 000万~1亿股（含），4万元/年； 总股本1亿股以上，5万元/年

10.2 新三板交易制度

10.2.1 协议转让制度

协议转让交易机制是买卖双方在线下直接洽谈，然后在新三板实现最终交易。对企业来说，协议转让可以更快、更多地吸收投资。如果公司的资金需求量大，定增、做市交易又面临着股东人数超过200人约束条件，这时候协议转让方式就发挥出了优势。协议转让的交易方式如表10-4所示。

表 10-4　协议转让的交易方式

项目	具体内容
申报时间	交易主机接受申报的时间为每个转让日的 9:15-11:30、13:00-15:00
申报类型	全国中小企业股份转让系统接受主办券商的意向申报、定价申报和成交确认申报 每个转让日的 9:30-11:30、13:00-15:00 为协议转让的成交确认时间；9:15-9:30，全国中小企业股份转让系统仅接受申报，但不对申报进行匹配成交
成交模式	点击成交方式：即投资人根据行情系统上的已有定价申报信息，提交成交确认申报，以指定的定价申报成交
	互报成交确认申报：投资人通过其主办券商、全国中小企业股份转让系统指定交易信息披露平台等途径，寻找欲转让的交易对手方，双方协商好交易要素和约定号，然后双方均通过全国中小企业股份转让系统提交约定号一致的成交确认申报，全国中小企业股份转让系统对符合规定的申报予以确认成交
	自动匹配成交：投资人愿意以一定价格转让一定数量股份，则可以提交定价申报，除了盘中会与成交确认申报成交外，在每个转让日 15:00 收盘时，全国中小企业股份转让系统对价格系统相同、买卖方向相反的定价申报进行自动匹配成交

10.2.2　做市商制度

做市商制度也叫报价驱动制度，在该制度中，股票的库存、买入和卖出价是由做市商构建的，投资者根据做市商所报价位给出买单或卖单。当投资者发出卖出指令时，做市商为了增加库存，就要用自有资金买入；当投资者发出买入指令时，做市商用库存股票执行卖出；如果出现股票库存不足的情况，做市商需要从其他做市商处购买。

《全国中小企业股份转让系统做市商做市业务管理规定（试行）》指出：做市商是指经全国中小企业股份转让系统有限责任公司同意，在全国中小企业股份转让系统发布买卖双向报价，并在其报价数量范围内按其报价履行与投资者成交义务的证券公司或其他机构。

对新三板挂牌企业来说，选择合适的做市商对企业融资能力有着重要影响。创业者需要考察做市商的三个方面：一是估值研究能力，二是资金实力，三是人才储备与服务水平。不同的做市商对挂牌公司的认知能力是不同的，做市商的估值能力越高，挂牌公司越能最大限度地发挥自我价值；做市商的持仓量越大，对自身资金实力的要求越高，挂牌公司可按照1∶1的持仓量配置交易资金，评判做市商的资金实力是否足够强大。一般情况下，做市商的人才储备与服务水平可以通过口碑表现出来。

10.2.3　竞价交易

竞价交易是指两个以上的买方和卖方通过公开竞价的形式来确定证券买卖价格的情形。在这种情况下，既有买者之间的竞争，也有卖者之间的竞争，买卖双方人员都比较多，集中竞价时，当买方中的其中一人提出的最高价和卖方中的其中一人提出的最低价相一致时，证券的交易价格就已经被锁定，即买卖成交。

10.3　新三板挂牌企业的主要融资途径

10.3.1　定向发行股票

根据《全国中小企业股份转让系统有限责任公司管理暂行办法》和《非上市公众公司监督管理办法》规定，企业在申请挂牌新三板的同时或者挂牌后可以采用定向发行股票的方式融资，定向增发的股票可以在全国中小企业股份转让系统公开转让，增强了挂牌企业的股票流动性。

《非上市公众公司监督管理办法》第五十二条规定："股票公开转让的公众公司申请定向发行股票，可申请一次注册，分期发行。自中国证监会予以注册之日起，公司应当在三个月内首期发行，剩余数量应当在十二个月内发行完毕。超过注册文件限定的有效期未发行的，须重新经中国证监会注册后方可发行。首期发行数量应当不少于总发行数量的百分之五十,剩余各期发行的数量由公司自行确定,每期发行后五个工作日内将发行情况报送全国股转系统备案。"

10.3.2 发行优先股

优先股是指股份持有人有优先于普通股股东分配公司利润和剩余资产的权利,但参与公司决策管理等权利受到限制。新三板挂牌公司发行优先股不仅解决了管理层对公司实际控制权的要求,而且给投资人以有保障的回报。

2016年3月23日,新三板挂牌公司中视文化发行优先股完成备案审查,它是新三板挂牌公司中首家完成优先股发行的挂牌公司。

10.3.3 股权质押融资

除了定向发行股票、发行优先股以外,新三板挂牌公司还可以通过股权质押的方式融资。通常来说,处于成长期的中小企业比较容易在新三板挂牌,这样可以增强企业股权的流动性,由市场对其进行定价和估值,相较于银行股权质押更加容易一些。

股权质押为那些在新三板挂牌的企业提供了一条很好的融资途径,除了市场监管,主办券商的督导也为股权质押提供了变相担保,所以,新三板挂牌企业可以有效利用这种融资方式,为企业争取更多的融资机会。

【案例】百合网并购世纪佳缘

2015年,婚恋平台世纪佳缘宣布与百合网间接全资子公司Love World Inc.及其全资子公司Future World Inc.达成合并协议,2016年6月14日,世纪佳缘宣布完成与百合网的合并交易。十多年来,百合网和世纪佳缘共同在婚恋领域相爱相恨,最终形成了强强联合的局面。

(1)并购方:百合网

百合网于2015年11月20日登陆新三板。百合网属于互联网信息服务业，致力于在婚恋产业链提供产品和服务，包括线上线下婚恋交友、情感咨询服务、婚礼相关业务、婚恋/婚礼消费金融服务等，依托自身品牌、信用、数据和规则打造婚恋产业生态圈。根据百合网于2015年12月公布的重大资产重组预案，百合网2013年、2014年以及2015年前4个月的资产总计分别为11,274.51万元、6,871.95万元、144,708.32万元。百合网成立于2004年，在2005年9月至2010年5月期间，公司曾搭建VIE架构（后文将对此架构进行解释），拟海外上市。期间成立了Baihe Holding（公司注册于开曼，是境外拟上市主体）；设立境内境外独资企业天赐良缘，通过一系列的协议，控制百合在线（即百合网前身）。

然而，百合网并没有真正地踏上境外上市的道路。不久后，百合在线就拆除了VIE架构，转而登陆新三板。经过几轮融资后，Baihe Holding的股权变得分散，而在随后的私有化过程中，股权结构分散的情况依然没有改变。在百合网挂牌新三板的《公开转让说明书》中提到，百合网有12个投资机构股东，两个自然人股东。由于股权分散而股东之间没有一致行动协议，故百合网没有实际控股股东。

（2）标的方：世纪佳缘

世纪佳缘是一家注册于开曼的公司，是一个典型的通过VIE架构实现海外上市的中国公司。公司于2011年5月11日成功登陆美国纳斯达克全球精选市场。世纪佳缘在中国境内的实际运营主体包括上海花千树信息科技有限公司（成立于2004年）等多个境内公司。

世纪佳缘2014年资产总额为1.09亿美元（约为6.51亿元人民币），而百合网2014年资产总额为6871.95万元人民币，约为世纪佳缘的十分之一。百合网之所以能够顺利并购世纪佳缘，不得不提世纪佳缘的海外市场。实际上，国外交友网站在资本市场一直是不温不火的状态，外国人对交友、电商、秀场等看不懂的概念股兴趣寥寥，世纪佳缘在纳斯达克遇冷可想而知。如此一来，百合网并购世纪佳缘，一方面是蛇吞象，另一方面也是世纪佳缘的回归之路。

（3）并购背景

单身人口众多，网络婚恋具有较大的发展潜力，面对这样的行业环境，百合网与世纪佳缘两家公司为了提升综合影响力，改善盈利能力，成为中国婚恋市场的领导者并进入更加广阔的婚恋上下游产业，实施了此次并购，变竞争为合作，实现交易双方和用户的三赢局面。

此次并购可以看成两大步。

第一步，方案设计。在这起并购案中，世纪佳缘作为以VIE架构海外上市的公司，百合网要对其收购以及世纪佳缘想要回归，都绕不开世纪佳缘的境外上市主体——Jiayuan.com International Ltd.（开曼）这一投资机构。

说到对上市主体的收购，首先要对VIE架构进行说明。

VIE（Variable Interest Entities的简写，直译为"可变利益实体"）架构或VIE模式，在国内，我们称其为"协议控制"，是指境外注册的上市实体与境内的业务运营实体相分离，境外的上市实体通过协议的方式控制境内的业务实体，业务实体就是上市实体的VIE（可变利益实体）。中国公司实现海外上市的有效办法之一就是构建VIE。

通俗地说，VIE上市过程就是国内实际经营主体公司为了实现海外上市，在开曼群岛、维尔京群岛或百慕大群岛设立一个离岸公司，以这个离岸公司作为未来上市或融资的主体。之后，离岸公司通过各种资本运作，在香港设立公司，再在香港公司下成立外商独资企业（WFOE）。境内实际运营主体通过与WFOE签订一系列协议、将全部利益传输给WFOE，这样，最顶层的离岸公司就成为境内实际运营公司的影子公司，就可以登陆国外资本市场。

拆除VIE架构的过程就是其建立的反过程。由于境外上市主体才是真正反映国内运营主体股权结构的公司，首要的就是找到对境外上市公司股份进行收购的投资人。这时，要注意解决境外股东的去留问题，以及员工的期权问题。如果解决不够妥善则可能产生一系列法律纠纷。

那么，回到本次收购，我们知道了收购对象是Jiayuan.com International Ltd.（开曼）的投资机构的来龙去脉。针对收购对象的特点，百合网开始了一系列动作：百合网在天津自由贸易试验区设立全资子公司——百合时代资产，并通过百合时代资产在开曼设立境外特殊目的公司Love World，再由Love World在开曼设立子公司Future World。

根据百合网公告，由于原有交易方案存在进一步论证问题，2016年3月

9日，公司参股天津自由贸易试验区的幸福时代企业管理有限公司（以下简称"幸福时代"），并将百合时代的全部股权转让给幸福时代，然后，通过幸福时代完成与世纪佳缘的合并。

Love World 按照 7.56 美元每 ADS 的价格或 5.04 美元每普通股的价格（合计约 2.4 亿~2.5 亿美元现金）购买世纪佳缘发行的全部 ADS 和普通股，此后 Future World 和世纪佳缘依据当地法律吸收、合并。

第二步，交易资金筹集。根据世纪佳缘 2014 年年报财务数据（根据美国会计准则编制），世纪佳缘 2014 年资产总额为 108,540,000.00 美元（约为 651,240,000.00 元人民币）。经审计，百合网 2014 年的资产总额为 68,719,466.69 元人民币。显然，交易金额超过百合网 2014 年度经审计的合并财务会计报表期末资产总额的 50% 以上，故构成重大资产重组。

那么，百合网 2.5 亿元的收购资金到底从哪里来的？

2016 年 3 月 29 日，百合网参股公司幸福时代，向招商银行天津自贸区分行和天津金城银行办理了为期一年的 11 亿元和 5 亿元的并购贷款，该并购贷款仅限用于幸福时代向其全资子公司百合时代资产增资以完成其境外子公司 Love World 和 Future World 与 Jiayuan.Com International Ltd. 的合并交易。

方案、资金俱备之后，2016 年 5 月 13 日，百合网通过 Love World 和 Future World 正式完成与世纪佳缘的合并交易。其后，世纪佳缘从美国纳斯达克退市，成为百合网参股公司的全资子公司。

至此，百合网这个行业老二完成了对行业老大的收购，成为婚恋行业的大佬。

第 11 章 IPO 融资：
注册制推动企业上市融资常态化

首次公开发行股票（Initial Public Offerings，简称 IPO）是指具备发行条件的非上市公司第一次向投资者公开发行股份的行为，也称新股发行。公司成功 IPO 后，即成为上市公司，其股份可进入资本市场进行交易与流通。IPO 融资与配股、增发融资不同，配股、增发均是上市公司为了融资而再次发行股票的行为，配股是仅对原有股东进行配售股份，增发是既可对原有股东也可对所有投资者进行股份配售，而 IPO 融资仅指企业首次上市发行股票融资。

11.1 IPO 融资三大方式

11.1.1 境内上市

（1）中国股票发行制度改革历程

改革开放以来，中国股市由无到有，由有到强，股票发行制度也历经多次改革：从地方审批制到额度管理再到指标管理，从核准制下的通道制到保荐制，再到核准制向注册制的过渡阶段，再到现如今的注册制。

从时间维度看，中国股票发行制度主要经历了五个阶段[1]（如图 11-1 所示）：第一阶段是 1990 年~2001 年 2 月，该阶段实行严格的行政审批制，其中，1990 年~1995 年实行额度管理[2]，1996 年~2001 年 2 月实行"总量

---

[1] 本部分内容根据国家相关法律法规、政策文件、证监会官网公开信息等相关内容整理。

[2] 1993 年，国务院颁发《股票发行与交易管理暂行条例》，全国统一的股票发行审核制度正式建立，从此开启了行政主导的审批制。

控制、限报家数"的指标管理[1]；第二阶段是2001年2月~2004年2月，该阶段实行核准制下的"通道制"[2]；第三阶段是2004年2月~2013年11月，该阶段实行核准制下的"保荐制"[3]；第四阶段是2013年11月~2018年11月，该阶段是核准制向注册制的艰难过渡阶段；第五阶段是2018年11月至今，开启了注册制改革，并已见成效[4]。2018年11月5日，习近平总书记在首届中国国际进口博览会开幕式上宣布，将在上交所设立科创板并试点注册制，注册制改革正式开启。2019年7月，首批试点的25家企业在科创板挂牌上市。2020年8月，存量市场的创业板改革并试点注册制，首批企业上市，注册制改革初见成效。2019年下半年试点以来，新股发行数量从2019年的203家增至2020年的437家，2021年更是达到了522家[5]。中国股票发行制度的历次改革详细情况整理为表11-1。

---

[1] 1996年，国务院证券委员会公布了《关于1996年全国证券期货工作安排意见》，推行"总量控制、限报家数"的指标管理办法。

[2] 1999年7月1日，我国颁布实施《证券法》，其中第十一条规定，公开发行股票，必须依照《公司法》规定的条件，报经国务院证券监督管理机构核准。1999年9月16日，中国证监会发布《中国证券监督管理委员会股票发行审核委员会条例》，正式设立股票发行审核委员会，即发审委。
2000年3月16日，中国证监会发布《中国证监会股票发行核准程序》，标志着我国股票发行体制开始从审批制转变为核准制。2001年3月17日，股票发行核准制正式启动，证监会宣布取消股票发行审批制，正式实施股票发行核准制下的"通道制"。

[3] 2003年12月，证监会制定了《证券发行上市保荐制度暂行办法》等规定，主要内容包括：建立保荐机构和保荐代表人的注册登记管理制度；明确规定保荐期限；明确划分保荐责任；引进持续信用监管和"冷淡对待"的监管措施等四个方面。

[4] 2015年12月9日，国务院常务会议通过了提请全国人大常委会授权国务院在实施股票发行注册制改革中调整适用《证券法》有关规定的决定草案。草案明确，在决定施行之日起两年内，授权对拟在上海证券交易所、深圳证券交易所上市交易的股票公开发行实行注册制度。2018年11月5日，习近平主席在上海举行的首届中国国际进口博览会开幕式上宣布，将在上海证券交易所设立科创板并试点注册制；2019年12月28日，十三届全国人大常委会第十五次会议审议通过了修订后的《证券法》，并于2020年3月1日起施行。

[5] 本部分数据根据证监会官网公开信息汇总统计。

第一阶段	第二阶段	第三阶段	第四阶段	第五阶段
1990年~2001年2月，该阶段实行严格的行政审批制	2001年2月~2004年2月，该阶段实行核准制下的"通道制"	2004年2月~2013年11月，该阶段实行核准制下的"保荐制"	2013年11月~2018年11月，该阶段是核准制向注册制的艰难过渡阶段	2018年11月至今，开启了注册制改革，并已见成效

图 11-1 中国股票发行制度的五个阶段

表 11-1 中国股票发行制度的改革历程详情表 ①

时间	发审制度	定价方式	定价类型	配售方式
1990~1995年	"总量控制，限报家数"的审批制阶段：内部认购→与银行储蓄存款挂钩→全额预缴款	行政定价发行阶段	拍卖	现金配售
1999年以前		上网竞价发行	固定价格	现金配售
		固定价格公开发售		
2000~2001年		法人配售和上网定价结合	询价发行	现金配售

① 本部分内容根据有关法律法规、相关政策文件、证监会官网公开信息等整理汇总。

第 11 章 IPO 融资：注册制推动企业上市融资常态化　157

（续表）

时间	发审制度	定价方式	定价类型	配售方式
2001年2月	以"通道制"为特色的核准制阶段：按市值配售	上网定价发行	询价发行	市值配售和现金配售
2001~2002年		初次市场化改革	拍卖	现金配售
2002~2004年		定价阶段	固定价格	
2004年2月~2006年5月	逐步建立上市保荐制度	固定市盈率发行		市值配售和现金配售
2006年5月~2009年6月				市值配售和现金配售
2009年6月~2010年8月	以"保荐制"为特色的核准制阶段	累计投标询价发行阶段	累计投标询价	
2010年8月~2012年4月	第一轮发行体制改革			现金配售
2012年4月~2013年11月	第二轮发行体制改革			
	第三轮发行体制改革			
2013年11月~2018年11月	核准制向注册制过渡阶段	第四轮发行体制改革	网下询价和直接定价	累计投标询价	券商自主配售与市值配售相结合
2018年11月至今	开启注册制改革并见成效	网下询价和直接定价		

158　企业融资实战手册

（2）审批制、核准制和注册制

审批制是我国股票市场发展初期采用的股票发行制度，主要以行政和计划的方式分配股票发行的指标和额度，由地方或者行业主管部门推荐企业发行股票。审批制对于维护上市企业的稳定和平衡复杂的社会经济关系有重要意义。在审批制下，企业发行股票的首要条件是取得指标和额度。只要获得了地方或者行业主管部门的推荐，获得指标和额度，发行股票就没有什么问题了，余下的仅仅是走流程。所以，审批制下发行股票的竞争焦点是指标和额度。

而核准制是审批制向注册制过渡的中间形式。核准制取消了审批制的指标和额度管理，由证券中介机构行使责任，让证券中介机构判断企业是否达到发行股票的条件；另外，证券监管机构还需要对申请发行股票的企业的营业性质、财力、素质、发展前景、股票发行数量和发行价格等进行实质性审查，有权否决企业发行股票的申请。

注册制是股票市场相对成熟时采用的股票发行制度。在注册制下，证券监管部门首先将发行股票的必要条件公布出来，如果企业满足所公布的条件，就可以申请发行股票。企业申请发行股票时，需要依法将公开的各种资料完全准确地向证券监管机构申报。证券监管机构承担监管职责，对申报文件的完整性、准确性、真实性和及时性做合规审查。至于发行股票的企业的质量，需要由证券中介机构判断。注册制对发行股票的企业、证券中介机构以及投资人的要求都比较高。

上述三者的区别见表 11-2。

表 11-2 审批制、核准制、注册制的区别

对比项目	审批制	核准制	注册制
指标和额度	有	无	无
上市标准	有	有	有
保荐人	政府或行业主管部门	中介机构	中介机构
对发行做出实质判断的主体	中国证监会	中介机构和中国证监会	中介机构

(续表)

对比项目	审批制	核准制	注册制
发行监管制度	中国证监会实质性审核	中介机构和中国证监会分担实质性审核职责	中国证监会形式审核,中介机构实质审核
市场化程度	行政体制	半市场化	完全市场化
发行效率	低	一般	高

（3）A股上市和B股上市

A股的正式名称为"人民币普通股",是指中国境内企业发行的、供境内机构、个人以及在境内居住的港澳台居民以人民币认购和交易的普通股股票。用人民币买卖上海证券交易所和深圳证券交易所发行的股票的市场统称为A股市场。在国内A股上市要求严、门槛高,且周期相对较长。但是中国境内企业纷纷将在A股上市作为长期目标,原因有四个：市盈率高、融资能力强、发行成本较低以及在国内知名度高。

与A股相对而言,B股是指人民币特种股票,又称"境内上市外资股"。它由中国境内企业发行,以人民币标明面值,以外币（在上海证券交易所以美元,在深圳证券交易所以港元）认购和买卖。B股主要供中国港澳台地区及外国的自然人、法人和其他组织,以及定居在国外的中国公民等投资人买卖。

下面对比A股和B股,如表11-3。

表11-3 A股和B股对比

	名称	定义	交易币种	记账方式	交割制度	涨跌幅限制	参与投资者
A股	人民币普通股票	指那些在中国内地注册、在中国内地上市的普通股票	以人民币认购和交易	A股不是实物股票,以无纸化电子记账	实行"T+1"交割制度	±10%	境内机构、个人以及在境内居住的港澳台居民

（续表）

名称	定义	交易币种	记账方式	交割制度	涨跌幅限制	参与投资者
B股 人民币特种股票	指那些在中国内地注册、在中国内地上市的特种股票	以人民币标明面值，只能以外币认购和交易	B股不是实物股票，以无纸化电子记账	实行"T+3"交割制度	±10%	中国港澳台地区和外国的自然人、法人、其他组织，以及定居在国外的中国公民

11.1.2 直接境外上市

直接境外上市是指中国企业以境内股份有限公司的名义向境外证券主管部门申请登记注册、发行股票，并向当地证券交易所申请挂牌上市交易。我们通常所说的H股、N股、S股就是直接境外上市的代表。

（1）H股

H股也叫作"国企股"，是指那些注册地为内地、上市地为中国香港的中资企业股票。由于香港一词的英文为"Hong Kong"，首字母为"H"，所以此类股票得名H股。H股为实物股票，实行"T+0"交割制度，涨跌幅无限制。目前，中国大陆地区机构投资者和个人投资者均可以投资H股，但对于大陆地区个人投资者有"证券账户和资金账户之和需超过50万元"的要求。此外，在天津，个人投资者可以在各大证券公司网点开办"港股直通车"业务，从而直接投资于H股。国际资本投资者可以投资H股。

① H股上市融资条件

根据香港联合证券交易所有关规定，内地企业在中国香港发行股票、上市应满足一定条件，包括盈利和市值要求、最低市值要求、公众持股市值和持股量要求、股东人数要求等，具体如表11-4所示。

表 11-4　H 股上市融资条件

H 股上市规则	
盈利和市值要求	必须在相同的管理层人员的管理下有连续 3 年的营业记录，以往 3 年盈利合计 5 000 万港元（最近 1 年的利润不低于 2 000 万港元，在此之前两年的利润之和不少于 3 000 万港元），并且市值（包括该公司所有上市和非上市证券）不低于 2 亿港元
	有连续 3 年的营业记录，且于上市时市值不低于 20 亿港元，最近 1 个经审计财政年度收入至少 5 亿港元，并且前 3 个财政年度来自营运业务的现金流入合计至少 1 亿港元
	上市时市值不低于 40 亿港元且最近 1 个经审计财政年度收入至少 5 亿港元
最低市值要求	新申请人预期上市时的市值须至少为 2 亿港元
公众持股市值和持股量要求	新申请人预期证券上市时，由公众人士持有的股份的市值须至少为 5000 万港元。无论任何时候，公众人士持有的股份须占发行人已发行股本至少 25%
	若发行人拥有超过一种类别的证券，其上市时由公众人士持有的证券总数必须占发行人已发行股本总额至少 25%；但正在申请上市的证券类别占发行人已发行股本总额的百分比不得少于 15%，上市时的预期市值也不得少于 5 000 万港元
	如发行人预期上市时市值超过 100 亿港元，则本交易所可酌情接纳一个介乎 15%~25% 之间的较低百分比
股东人数要求	按"盈利和市值要求"第 1、2 条申请上市的发行人公司至少有 300 名股东；按"盈利和市值要求"第 3 条申请上市的发行人至少有 1000 名股东
	持股量最高的 3 名公众股东，合计持股量不得超过证券上市时公众持股量的 50%

② H 股发行程序

● 申请发行 H 股的企业向所在地的省级人民政府或者向所属国务院有关企业主管部门（直属机构）提出申请。

● 地方企业由企业所在地的省级人民政府，中央部门直属企业由国务院有关企业主管部门（直属机构）以正式文件向中国证监会推荐。省级人民政府和国务院有关企业主管部门可联合推荐企业。

● 中国证监会在征求行业主管部门的意见后初步确定预选企业，报国务院批准。

● 国务院同意后，由中国证监会发文通知省级人民政府或国务院企业主管部门，企业开始进行发行、上市准备工作。

（2）N 股

N 股是指那些注册地为内地、在美国纽约证券交易所上市的外资股，取纽约的英文单词"New York"的第一个字母"N"作为名称。

美国有三大证券交易所，分别为纽约证券交易所、美国证券交易所、纳斯达克证券交易所。内地企业除了赴美在 N 股上市以外，还可以在美国证券交易所或者纳斯达克证券交易所上市。在纽约证券交易所上市，企业需要满足以下条件，如表 11-5 所示。

表 11-5　纽约证券交易所上市条件

项目	纽约证券交易所上市
财务要求	上市前两年，每年税前收益要达到 200 万美元，最近 1 年税前收益要达到 250 万美元；或 3 年必须全部盈利，税前收益总计达到 650 万美元，最近 1 年最低税前收益达到 450 万美元；或上市前 1 个会计年度市值总额不低于 5 亿美元且收入达到 2 亿美元的公司；3 年调整后净收益合计 2 500 万美元（每年报告中必须是正数）
最低市值	公众股市场价值为 4 000 万美元；有形资产净值为 4 000 万美元
最低公众持股数量和业务记录	公司最少要有 2000 名股东（每名股东拥有 100 股以上）或 2200 名股东（上市前 6 个月月平均交易量为 10 万股）；或 500 名股东（上市前 12 个月月平均交易量为 100 万股）；至少有 110 万股的股数在市面上为投资者所拥有（公众股 110 万股）

（续表）

项目	纽约证券交易所上市
企业类型	主要面向成熟企业
会计准则	美国公认会计原则
信息披露规定	遵守纽约证券交易所的年报、季报和中期报告制度
其他要求	对公司的管理和操作有多项要求：详细说明公司所属行业的相对稳定性，公司在该行业中的地位，公司产品的市场情况

（3）S股

S股是指那些注册在内地，但是在新加坡证券交易所上市的外资股。在新加坡证券交易所上市的企业以制造业和高科技企业为主，尤其是在新加坡上市的外国企业，制造业占比超过50%。新加坡证券交易市场的总市值相当于香港证券交易市场的1/3，交易量却达到中国香港证券交易市场的1/2。可以看出，新加坡证券市场的活跃度比中国香港的还要高。新加坡证券交易所对国外企业的上市要求如表11-6所示。

表11-6 新加坡证券交易所对国外企业的上市要求

项目	新加坡主板	新加坡创业板
营运记录	需具备3年业务记录，发行人最近3年主要业务和管理层没有发生重大变化，实际控制人没有发生变更	有3年或以上连续、活跃的经营纪录，所持业务在新加坡的公司须有2名独立董事
盈利要求	1. 过去3年的税前利润累计750万新元，每年至少100万新元。 2. 过去1~2年的税前利润累计1 000万新元。 3. 3年中任何一年税前利润不少于2 000万新元且有形资产价值不少于5 000万新元。 4. 无盈利要求	并不要求一定有盈利，但会计师报告不能有重大保留意见，有效期为6个月

（续表）

项目	新加坡主板	新加坡创业板
最低公众持股量	至少有1000名股东持有公司25%的股份，如果市值大于3亿新元，股东的持股比例可以降低至10%	公众持股至少为50万股或发行缴足股本的15%（以高者为准），至少500个公众股东
最低市值	8 000万新元或无最低市值要求	无具体要求
证券市场监管	如果公司计划向公众募股，该公司必须向社会公布招股说明书；如果公司已经拥有足够的合适股东，并且有足够的资本，无须向公众募集股份，该公司必须准备一份与招股说明书类似的通告交给交易所，以备公众查询	全面信息披露，买卖风险自担
公司注册和业务地点	自由选择注册地点，无须在新加坡有实质的业务运营	所持业务在新加坡的公司，须有2名独立董事；业务不在新加坡的控股公司，须有2名常住新加坡的独立董事，1位全职在新加坡的执行董事，并且每季开1次会议
会计准则	采用新加坡或国际或美国公认的会计准则	无

自中远投资于1993年率先在新加坡上市以来，越来越多的中国企业选择到新加坡上市。这些中国企业的股票在新加坡市场的换手率非常高，大多是一些制造业、交通、基建、通信、商业贸易、服务业和房地产公司。

11.1.3　间接境外上市

间接境外上市其实就是国内企业在海外"借壳上市"，实现中国境内企业境外上市，境内企业与境外上市公司的联系是境内企业向境外上市公司注入资产或业务，并控股。境外借壳上市包括境外买壳上市和境外造壳上市。

（1）境外买壳——收购海外上市公司

境外买壳上市行为中有两个主体，一个是境内企业；另一个是海外上市公司。首先，境内企业需要找到合适的海外上市公司作为壳公司；然后，境内企业完成对海外上市壳公司的注资，获得其部分或全部股权，这样境内企业就实现了海外间接上市的目的。

所谓的美国的反向收购上市，大多实质上就是买壳上市，分为两个交易步骤。首先是买壳交易，拟上市企业的股东通过收购上市壳公司股份的形式，绝对或相对地控制一家已经上市的股份公司；然后由这家上市壳公司反向收购拟上市企业的资产和业务，拟上市企业从而实现间接上市。在反向收购上市交易中，上市壳公司向拟上市企业的股东定向增发的股票数量远大于壳公司原来累计发行的股票数量。因此，表面上看是上市壳公司收购了拟上市企业，实际是拟上市企业因获得上市公司定向增发的控股数量的股票而控制了上市壳公司。

通常情况下，挑选壳公司应遵守以下原则。

● 选择规模较小，股价较低的壳公司。这样做的目的是降低购买壳公司的成本，有利于收购成功。

● 选择股东人数在 300～1000 人的壳公司。因为股东如果在 300 人以下，则公众股东太少，没有公开交易的必要；但是如果股东超过 1000 人，那么新公司需要与这些人联系并递交资料报告，无形中增加了成本。

● 尽量选择不涉及任何法律诉讼的壳公司。

● 尽量选择没有负债的壳公司。负债越多，收购成本就越高。

● 选择与拟上市公司业务接近的壳公司，结构越简单越好。

（2）境外造壳——海外注册中资控股公司

境外造壳上市是指境内企业在境外证券交易所所在地或其他允许的国家与地区开一家公司，境内企业以外商控股公司的名义将相应比例的权益及利润并入海外公司，以达到境外上市目的。境内企业在境外注册公司的地区一般包括中国香港、百慕大群岛、开曼群岛、库克群岛、英属维尔京群岛等。

境外造壳上市不仅可以规避政策监控，实现上市的目的，还可以利用避税岛政策实现合理避税。与境外直接上市相比，所用时间更短；与境外买壳上市相比，构造出的壳公司更满意。而且没有发起人股限制，公司全部股份均可流通买卖，增强上市公司的资金流动性。

【案例】中信泰富香港买壳上市

荣智健选择泰富发展作为壳公司，实现了中信香港的间接上市。这是企业在香港买壳上市的经典案例，过程如下。

1988年，国务院下达命令，对在港华资公司进行重整。在政策利好下，时任中信香港董事长的荣智健开始寻找在香港证券交易所上市融资的方法。由于法律法规的限制，中信香港无法造壳上市，只能选择买壳上市这条捷径。中信香港对于泰富发展的买壳上市是按照"买壳—净壳—装壳"这个思路操作的。

首先是买壳。1990年1月，在香港首富李嘉诚和马来西亚首富郭鹤年的支持下，荣智健和泰富发展控股股东曹光彪通过定向洽谈达成交易。双方约定，中信香港以1.2港元/股的定价购得曹氏家族所拥有的泰富发展49%的股份，股份总价值为3.97亿港元。自此，中信香港顺利入主泰富发展，成为其第一股东，完成了买壳操作。

其次是净壳。越是良好的壳资源，净壳的过程就越简单。由于泰富发展成立于1985年，1986年上市，被中信香港收购时不存在不良资产，所以净壳过程非常简单。中信香港只是按照原来与曹光彪的约定，将泰富发展持有的永新集团8%的股权以1.5港元/股的价格转让给了曹光彪，泰富回收资金7337.85万港元。

最后是装壳。装壳是买壳上市的难点和实现目的的关键步骤。1990年2月中信香港将其持有的港龙航空38.3%的股权以及名下裕林工业中心、大角咀中心等资产注入泰富发展，进一步将其在泰富发展的股权扩大至85%左右。其直接结果是：中信香港通过向泰富发展注入资产，获得了55亿港元的现金流入。

11.2 IPO融资的基本流程

IPO融资的基本流程主要包括融资前的准备工作、设立股份公司、历经三个月辅导期、申报上市、发行股票完成上市以及上市后维护客户等，流程的具体内容见表11-7。

表11-7 IPO融资的基本流程

IPO融资的基本流程	融资前的准备工作	组建上市工作小组，选择相关的中介机构	①上市工作小组成员应当是企业内部懂专业而且有经验的人员，一般由董事长任组长，由董事会秘书、公司财务负责人、办公室主任、相关政府人员作为组员 ②找4个中介机构合作，包括证券公司（保荐机构/主承销商）、会计师事务所、律师事务所以及资产评估师事务所
		尽职调查	尽职调查是指拟上市公司在开展上市工作之前，由中介机构按照本行业公开的执业标准、职业道德等从法律、财务两方面对公司各个有关事项进行现场调查和资料审查的过程。尽职调查的内容主要包括公司成立、组织和人事等基本信息；公司业务和产品状况；公司经营现状以及可持续发展状况；公司的财务状况；公司的资产状况；公司重要合同、知识产权、诉讼状况；公司纳税、社保、环保、安全状况等
		制订上市工作方案	完成尽职调查后，公司上市工作小组应和保荐人、律师、注册会计师、评估师等对尽职调查的结果进行分析，找到拟上市公司当前存在的问题以及解决思路和解决方案，然后制订上市工作方案。上市工作方案的主要内容包括公司目前现状分析、公司改制和重组的目标、股权结构的调整、资产重组的原则和内容、重组中应当注意的问题、公司上市操作的相关事宜、工作程序、时间安排以及组织实施和职责划分等
		增资扩股	增资扩股不是企业上市之前的必然选择，但因为好处非常多，所以大多数拟上市公司选择了增资扩股。上市前增资扩股可以提前获取一部分资金，提升经营业绩。常见的三种增资扩股方式包括公司未分配利润、公积金转增资本；公司原股东增加投资；新股东入股

(续表1)

IPO融资的基本流程	改制为股份公司	净资产折股和验资	①只有股份有限公司才能发行上市，所以有限责任公司在申请上市之前必须改制为股份有限公司。改制是上市进程中的重要环节，直接影响着公司能否顺利上市 ②按照《公司法》第九十五规定："有限责任公司变更为股份有限公司时，折合的实收股本总额不得高于公司净资产额。有限责任公司变更为股份有限公司，为增加资本公开发行股份时，应当依法办理。"这一规定有效避免了公司虚增股本、虚报注册资本的情况。有限责任公司的净资产主要包括实收资本、未分配利润、资本公积和盈余公积。有限责任公司股改时，以改制基准日有限责任公司的净资产折股至股份有限公司的股本和资本公积。关于折股比例，国有资产有65%下限的规定，这一规定是为了避免国有资产流失；非国有资产的折股比例没有明确规定，但实际操作中一般不低于70% ③在股改过程中，拟上市公司需要委托验资机构对公司的出资情况进行验资，出具验资报告，确保公司的注册资本为实缴
		召开创立大会及第一届董事会、监事会会议	①注资、验资完成后，发起人需要在30天内主持召开公司创立大会。创立大会的组成人员是参与公司设立并认购股份的人。发起人需要在创立大会召开15日前将会议日期通知各认股人或者予以公告 ②如果出席创立大会的发起人、认股人代表的股份总数少于50%，那么创立大会则无法举行 ③创立大会顺利结束意味着董事会、监事会成员的诞生。然后，发起人需要组织召开股份有限公司的第一届董事会会议、第一届监事会会议，并在会议上选举董事长、董事会秘书、监事会主席、公司总经理等高级管理人员

(续表2)

IPO融资的基本流程	改制为股份公司	申请登记注册	①根据《公司法》第九十二条规定："董事会应于创立大会结束后三十日内，向公司登记机关报送下列文件，申请设立登记：（一）公司登记申请书；（二）创立大会的会议记录；（三）公司章程；（四）验资证明；（五）法定代表人、董事、监事的任职文件及其身份证明；（六）发起人的法人资格证明或者自然人身份证明；（七）公司住所证明。以募集方式设立股份有限公司公开发行股票的，还应当向公司登记机关报送国务院证券监督管理机构的核准文件。"因此，公司登记机关收到股份有限公司的设立登记申请文件后，对文件进行审核，并在30天内做出是否予以登记的决定。如果登记申请文件符合《公司法》的各项规定条件，公司登记机关将予以登记，并给公司下发营业执照；如果登记申请文件不符合《公司法》相关规定，则不予登记 ②股份有限公司的成立日期就是公司营业执照的签发日期 ③公司成立后应当进行公告
	历经三个月辅导期	上市辅导程序	①按照中国证监会的有关规定，拟上市公司在向中国证监会提出上市申请前，均需由具有主承销资格的证券公司进行辅导，辅导期限至少三个月 ②上市辅导程序： 聘请辅导机构→辅导机构提前入场→签署辅导协议→报送辅导工作备案报告→整改现存问题→公告准备上市事宜→辅导书面考试→提交辅导评估申请→辅导工作结束

(续表3)

IPO融资的基本流程	历经三个月辅导期	上市辅导内容	在上市辅导过程中，辅导机构会在尽职调查的基础上根据上市相关法律法规进行以下辅导内容： ①核查股份有限公司的合法性与有效性：包括改制重组、股权转让、增资扩股、折股/验资等方面是否合法，产权关系是否明晰，商标、专利、土地、房屋等资产的法律权属处置是否妥善等 ②核查股份有限公司人事、财务、资产及供产销系统独立完整性：督促公司实现独立运营，做到人事、财务、资产及供产销系统独立完整，形成核心竞争力 ③组织公司董事、监事、高级管理人员及持有5%以上（包括5%）股份的股东进行上市规范运作和其他证券基础知识的学习、培训和考试，督促其增强法制观念和诚信意识 ④监督建立健全公司的组织机构、财务会计制度、公司决策制度和内部控制制度以及符合上市公司要求的信息披露制度，实现有效运作 ⑤规范股份有限公司和控股股东及其他关联方的关系：妥善处理同业竞争和关联交易问题，建立规范的关联交易决策制度 ⑥帮助拟上市公司制订业务发展目标和未来发展计划，制订有效可行的募股资金投向及其他投资项目规划 ⑦帮助拟上市公司开展首次公开发行股票的相关工作。在辅导前期，辅导机构应当协助公司进行摸底调查，制订全面、具体的辅导方案；在辅导中期，辅导机构应当协助企业集中进行学习和培训，发现问题并解决问题；在辅导后期，辅导机构应当对公司进行考核评估，完成辅导计划，做好上市申请文件的准备工作

(续表4)

IPO融资的基本流程	申报上市	制作申报材料	拟上市公司顺利通过上市前的三个月辅导之后，就可以向中国证监会发出上市申请了。在申报阶段，拟上市公司首先需要制作申报上市的正式材料。申报材料主要由各中介机构分工制作，然后由主承销商汇总并出具推荐函。主承销商核查通过后，会将申报材料报送中国证监会审核
		申请报批	①中国证监会收到拟上市公司的上市申请文件后，会在5个工作日内做出是否受理的决定。如果同意受理，拟上市公司需要按照相关规定向中国证监会交纳审核费 ②受理拟上市公司的上市申请后，中国证监会开始初审。一般情况下，中国证监会至少向拟上市公司反馈一次初审意见，主承销商与上市公司根据初审意见补充完善申请文件，然后第二次报至中国证监会；中国证监会对补充完善的申请文件进一步审核，并将初审报告和申请文件提交至发行审核委员会审核。中国证监会根据发行审核委员会的审核意见对拟上市公司的申请做出核准或不予核准的决定 ③如果中国证监会做出核准决定，会出具核准文件；反之，出具书面意见并说明不予核准的理由。上市申请不予核准的公司可以在接到中国证监会书面决定之日起两个月内提出复议申请。中国证监会收到复议申请后两个月内重新做出决定
	发行股票完成上市	刊登招股说明书	公司首次公开发行股票，上市交易之前需要刊登招股说明书。招股说明书包括封面、目录、正文、附录和备查文件五个部分

（续表5）

IPO融资的基本流程	发行股票完成上市	询价与路演	①刊登招股说明书以后，拟上市公司与其保荐机构需要开展询价路演活动，通过向机构投资者询价的方式确定股票的最终发行价格 ②询价包括初步询价和累计投标询价两个步骤。初步询价即拟上市公司及其保荐机构向机构投资者推介和发出询价函，以反馈回来的有效报价上下限确定的区间为初步询价区间。其次是累计投标询价。如果投资人的有效申购总量大于本次股票发行量但是超额认购倍数小于5，那么以询价下限为发行价；如果超额认购倍数大于5，那么从申购价格最高的有效申购开始逐笔向下累计计算，直至超额认购倍数首次超过5倍为止，以此时的价格为发行价 ③在询价期间，拟上市公司会通过路演活动向社会对拟上市公司的股票进行推广。通俗地讲，路演是指公开发行股票的公司通过公开方式向社会推介自己的股票的说明会，目的是吸引投资人。路演一般包括一对一路演、三地公开路演和网上路演
		刊登上市公告书	询价与路演环节结束之后，公司就可以刊登上市公告书并进行上市交易了。上市公告书是拟上市公司在股票上市前按照《证券法》和证券交易所业务规则相关要求向公众公告发行与上市有关事项的信息披露文件。上市公告书主要包括以下几个部分：证券获准在证券交易所交易的日期和批准文号；企业概况；股票发行与承销情况；公司创立大会或股东大会同意公司证券在证券交易所交易的决议；公司董事、监事及高级管理人员简历和持股情况；公司近三年来或成立以来的经营业绩和财务状况以及下一年的溢利预测等文件；主要事项揭示；上市推荐意见；备查文件目录等

11.3 IPO红线

11.3.1 IPO被否原因分析

2019年6月13日,科创板在上交所设立,并开始试行注册制。2020年8月24日,创业板开始实行注册制。2021年11月15日,北交所正式开市,新三板实行注册制。2020年共有691家企业参加上会审核,其中657家企业通过审核,9家企业被否,20家企业被暂缓表决,5家企业被取消审核,过会率为95.08%。2021年,股票发行审核委员会(以下简称"发审委")、上市审核委员会(以下简称"上市委")共收到503家企业的首发申请,443家企业获通过,过会率为88.07%,29家企业未通过审核,21家企业被暂缓表决,10家企业被取消审核。相较2020年,2021年IPO上会企业数量减少近200家,审核速度显著降低,过会率也降低了7个百分点[1]。

通过研究2021年被否的29家企业,可以发现这29家被否企业中,主板有13家,分别是正和科技、才府玻璃、派特罗尔、运高股份、林华医疗、丁点儿股份、华南装饰、梦金园、涧光股份、老铺黄金、德纳股份、九恒条码、垦丰种业;创业板和科创板有16家,分别是扬瑞新材、世佳科技、华泰永创、菲仕技术、鲁华泓锦、吉凯基因、海和药物、天地环保、赛赫智能、珈创生物、鸿基节能、华夏万卷、汇川物联、康鹏科技、灿星文化、速达股份。以下是汇总整理的这29家被否企业在IPO上市审核过程中被发审委和上市委质疑的问题,见表11-8。

表11-8　29家被否企业在IPO上市审核过程中被质疑的问题汇总表

企业简称	被质疑的问题或点			
正和科技	客户集中度较高	毛利率远高于同行业	业务是否稳定	产能利用率下降却募资扩产

---

[1] 本部分内容根据中国证券监督管理委员会官网中相关发审会公告整理。

(续表1)

企业简称	被质疑的问题或点				
才府玻璃	是否存在放宽信用政策调节收入	终端销售的真实性	净利润不及预测的原因	申报前引入的新股东	毛利率远高于同行业
派特罗尔	收入确认是否准确	内控是否完善	客户集中度较高		
运高股份	业务是否稳定	客户集中度较高	是否存在代持		
林华医疗	毛利率远高于同行业	销售费用率远高于同行业	异常收购	经销模式的收入是否真实准确	
丁点儿股份	经销模式的收入是否真实准确	存货波动较大	内控是否完善	信息是否充分披露	
华南装饰	是否涉及国有资产流失	应收账款是否存在重大信用风险	是否存在商业贿赂		
梦金园	加盟模式的收入是否真实准确	内控是否完善	业务是否稳定		
涧光股份	是否存在商业贿赂	业务是否稳定	收入确认是否准确	是否涉及国有资产流失	
老铺黄金	关联交易	毛利率远高于同行业	关联方与委外加工商均存在较大资金往来		
德纳股份	产品超产	股东入股资金来源及合法性	不同模式下毛利率差异较大	独立董事任职是否合规	
九恒条码	供应商异常	应收账款是否存在重大信用风险	用电量与营业收入不匹配	对赌协议	
垦丰种业	关联交易	业务是否稳定			
扬瑞新材	客户集中度较高	业务是否稳定	关联方认定	竞业禁止	关联方是否承担成本

(续表2)

企业简称	被质疑的问题或点				
世佳科技	终端客户情况	内控是否完善	毛利率远高于同行业	业务是否稳定	
华泰永创	股权清晰度	应收账款坏账计提	客户低价入股	关联交易较多	竞业禁止
菲仕技术	产能利用率下降却募资扩产	业务是否稳定	在建工程		
鲁华泓锦	业务是否稳定	客户集中度较高	私下大额资金往来	大额减值准备	
吉凯基因	技术先进性	销售费用率远高于同行业	收入确认是否准确		
海和药物	风险是否充分披露	是否符合科创板定位			
天地环保	技术先进性	关联交易较多	业务是否稳定	是否涉及国有资产流失	
赛赫智能	业务是否稳定	银行授信是否存在不确定性	风险是否充分披露	是否符合科创板定位	
珈创生物	技术先进性	业务是否稳定	内控是否完善		
鸿基节能	是否符合创业板定位	经营性现金净流量较低			
华夏万卷	业务是否稳定	诉讼			
汇川物联	无				
康鹏科技	曾经关联方涉污染环境罪	多起安全事故和环保违法	是否存在被追缴风险		
灿星文化	控制权变动风险	股权清晰度	商誉减值计提	诉讼	
速达股份	关联交易较多	业务是否稳定	同业竞争	实控人认定	

从上表中，我们可以发现，发审委和上市委在进行企业IPO上市审核时，主要关注财务指标异常、业务是否稳定、关联交易较多、技术先进性、风险是否充分披露、股权清晰度、竞业禁止、客户集中度较高、内控是否完善、是否符合科创板定位以及诉讼等方面。而这正是拟上市企业需重点关注的IPO被否原因。

接下来详细介绍独立性无法保证和财务指标异常这两大原因。

（1）独立性无法保证

关联交易、同业竞争等都会导致独立性问题。独立性存在疑问是企业在IPO上市审核时被否的重要原因。

独立性是影响企业持续盈利能力的最核心因素，所以中国证监会将企业的独立性作为审查重点。中国证监会明确提出，拟上市企业应该与控股股东、实际控制人及其控制的其他企业保持资产、人员、财务、机构和业务的独立。

独立性问题一般分为对内独立性不足和对外独立性不足。对内独立性不足表现为企业对独立股东的依赖，或发生资金占有、公司治理结构不健康、产生关联交易、同业竞争等问题；对外独立性不足表现为对其他公司的依赖，包括在商标、技术、客户业务或市场方面对其他公司的严重依赖。如果存在对其他公司的严重依赖，公司会陷于极大的被动地位，持续盈利能力难以保证。

以2021年第一家IPO被否企业速达股份为例，发审委在审核时指出"速达股份股东李锡元与贾建国、李优生形成一致行动关系的背景，是否系为避免将郑煤机认定为实际控制人或共同实际控制人而进行的相关安排"，也就是说速达股份存在"业务不具有完全独立性"的问题。细究速达股份招股说明书，可以发现速达股份主要存在"股东关系存疑，关联销售占比高"的问题。从招股说明书中可知郑煤机竟然同时是速达的第二股东和第二大客户。在速达申请上市的前三年，也就是2017年至2019年，速达与郑煤机的关联销售金额高达1.03亿元、0.9亿元、1.16亿元，占速达营业收入的比例分别达22.84%、14.32%、18.82%[①]。

---

① 数据引自速达股份招股说明书。

表 11-9 速达股份前五名股东

序号	股东名称	总持股数（万股）	持股比例（%）
1	李锡元	1715	30.09
2	郑煤机	1700	29.82
3	琪韵投资	750	13.16
4	贾建国	637	11.18
5	新余鸿鹄	284	4.99

数据来源：速达股份招股说明书。

（2）财务指标异常

财务会计数据是拟上市企业披露的基础性信息，必须真实、准确、完整。一些企业寄希望于通过粉饰财务报表、故设关联交易迷宫等使财务指标达到上市要求，最终被否；还有少数企业财务指标异常却没有合理解释导致被否。

中国证券监督管理委于 2023 年 2 月 17 日《首次公开发行股票注册管理办法》在"发行条件"第十一条规定："发行人会计基础工作规范，财务报表的编制和披露符合企业会计准则和相关信息披露规则的规定，在所有重大方面公允地反映了发行人的财务状况、经营成果和现金流量，最近三年财务会计报告由注册会计师出具无保留意见的审计报告。发行人内部控制制度健全且被有效执行，能够合理保证公司运行效率、合法合规和财务报告的可靠性，并由注册会计师出具无保留结论的内部控制鉴证报告。"

分析近年来拟上市企业上市被否的情况可知，因为销售毛利率异常、经营活动净现金流与净利润差异明显导致上市被否的企业非常多。

以 2021 年被否企业垦丰种业为例，发审委在审核过后要求垦丰种业说明"公司是否存在与 KWS 合作中断的风险，公司持续经营及盈利能力是否存在重大不确定性，相关风险是否充分披露"。通过分析垦丰种业的招股说明书，发现其存在净利润连续三年显著下降的问题。如图 11-2，从垦丰种业 2018 年至 2020 年的财务数据可以发现，垦丰种业连续三年净利润大幅下滑，从 2018 年的 1.4 亿元，断崖式下跌至 2020 年的 3300 万元，如此大的降幅暴露出垦丰种业经营不稳定、财务风险较大等问题。

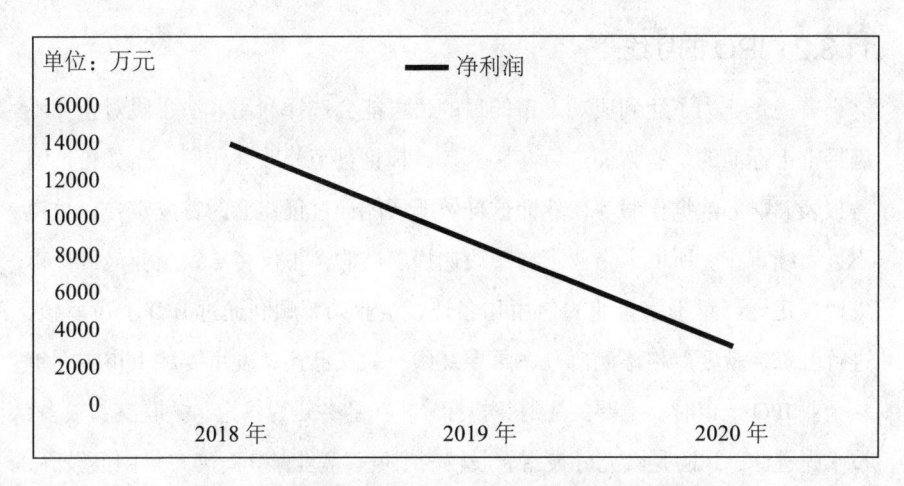

图 11-2　垦丰种业 2018~2020 年净利润波动情况

以 2022 年审核未通过的青蛙泵业股份有限公司（以下简称青蛙泵业）为例。根据中国证券监督管理委员会第十八届发审委 2022 年第 50 次会议审核结果公告，发审委对青蛙泵业提出的问题"请发行人代表说明深井泵产品外销毛利率与同行业可比公司相当、但内销毛利率明显高于同行业可比公司的原因及合理性；深井泵产品销售价格高于同行业可比公司的原因及合理性；发行人主要原材料消耗量与主要产品产量的匹配关系。"通过分析青蛙泵业的招股说明书，发现其确实存在毛利率、销售价格异常的问题。其招股说明书显示，2018 年至 2021 年，青蛙泵业的综合毛利率都高于同行业可比上市公司综合毛利率均值，如图 11-3。

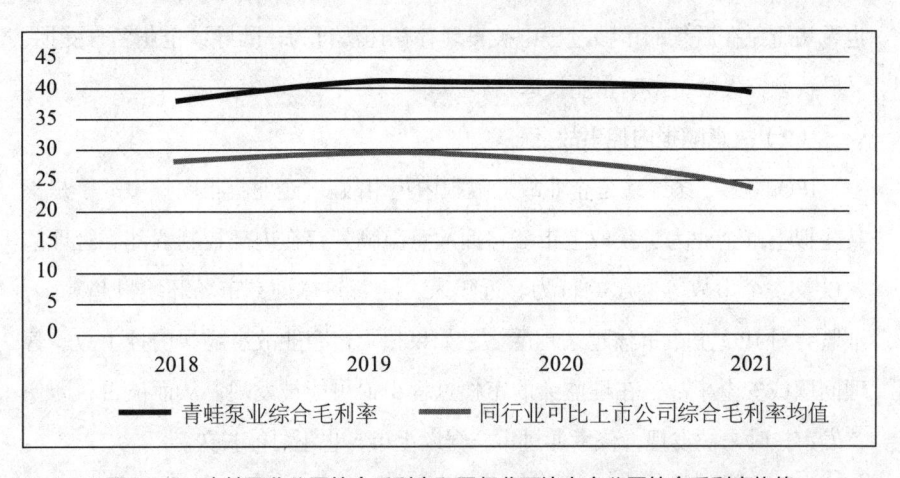

图 11-3　青蛙泵业公司综合毛利率和同行业可比上市公司综合毛利率均值

11.3.2　IPO 的红线

有些企业为了达到成功上市的目的，可能会选择利用非法手段对企业不满足上市标准的一些方面进行各种遮盖、掩饰甚至修改、作假，比如粉饰财务报表、财务数据作假等，然而这样做即便能通过证监会的首发审核，也逃不过后续审查。所以，企业不择手段遮掩、造假，不仅将导致企业最终上市失败，还会严重损害企业的信用和名誉。企业如想顺利通过 IPO 上市审核，进行融资，就要严格不触碰几条重要红线。前文已述，发审委和上市委在审核企业 IPO 上市时，主要关注财务指标异常、业务是否稳定、关联交易较多、技术先进性、风险是否充分披露、股权清晰度、竞业禁止、客户集中度较高、内控是否完善、是否符合科创板定位、诉讼等方面。IPO 红线与企业 IPO 上市被否息息相关，以下将主要介绍四个方面。

（1）粉饰财务报表

IPO 的第一大红线是粉饰财务报表。大多数人可能听说过某企业财务造假、财务舞弊的新闻或事件，却很少听说"粉饰财务报表"。其实，"粉饰财务报表"就是企业管理层为了达到上市目的、吸引投资者等进行财务造假时常用的舞弊手段。粉饰财务报表的操作手法有多种，比如通过调节营业外收入骗取虚假补贴，调节公允价值以及虚增应收账款等。

拟通过 IPO 上市融资的企业需要注意不要触及这一红线。为了达到成功上市的目的而选择粉饰财务报表这一手段，即便能通过证监会的首发审核，也无法避免在后续的审核过程中被发现存在违法行为，既导致企业名誉受损，又导致融资失败，影响企业长远发展。

（2）故意瞒报内控事故

IPO 的第二条红线是企业故意瞒报内控事故。"企业瞒报内控事故"是指某些拟上市企业为了获取上市资格而故意隐瞒其存在内部控制混乱、管理问题以及安全事故等问题的行为。近年来，随着整体证券市场环境日趋复杂，证监会对 IPO 上市审核越来越严格，如果拟上市企业故意瞒报内控事故、管理问题或安全事故，在证监会的审核过程中很可能被发现，从而被否；即便首发审核时未被发现，侥幸通过审核得以上市，也不可能长久。

以 2022 年审核时被否企业江河纸业为例，中国证券监督管理委员会第十八届发审委在 2022 年第 142 次发审委会议上公布"河南江河纸业股份有限公司（首发）未通过"这一审核结果，证监会要求江河纸业说明相关内控制度是否健全且有效运行。通过分析江河纸业的招股书，可以发现在招股书报告期内，江河纸业确实存在部分财务内控不规范的情形，具体包括转贷、开具无真实交易背景票据融资、与关联方或第三方直接进行资金拆借、第三方代收货款、利用个人账户对外收付款项等情况。

（3）隐藏实际控制人

IPO 的第三条红线是企业故意隐藏实际控制人。根据《〈首次公开发行股票并上市管理办法〉第十二条"实际控制人没有发生变更"的理解和适用——证券期货法律适用意见第 1 号》的表述，"公司控制权是能够对股东大会的决议产生重大影响或者能够实际支配公司行为的权力，其渊源是对公司的直接或者间接的股权投资关系"；《公司法》中将实际控制人表述为"是指虽不是公司的股东，但是通过投资关系、协议或者其他安排，能够实际支配公司的人"。而"隐藏实际控制人"指的是企业通过复杂的股权转让操作、分散的股权设置或极度分权的董事会达到让外界看不清实际控制人的目的。

中国证券监督管理委员会在第十八届发审委 2022 年第 2 次发审委会议上发布了"上海博隆装备技术股份有限公司（首发）未通过"的审核结果。发审委要求发行人说明邓喜军及博实股份参与公司经营管理决策情况，是否曾实际控制发行人，双方是否存在同业竞争，是否存在通过实际控制人认定规避同业竞争或潜在竞争的情形，未将博实股份认定为公司共同实际控制人的依据是否充分，是否符合相关规定。通过分析该企业的招股书可以发现，该企业单一第一大股东并非公司实控人。招股书还显示，博实股份持有该企业 19.2% 的股份，作为第一大股东，却不是该企业的实控人。而且，该企业股权结构较为分散，公司控股股东、实控人为张玲珑、彭云华、林凯、林慧、刘昶林、陈俊及梁庆 7 人，这 7 人持有该企业 55.17% 的股份，实际控制公司 2858.42 万股股份，实际控制比例高达 57.17%。

近些年来，被否企业主体资格问题越来越多，通常表现为历史出资问题、实际控制人有变化、管理层有重大变化、股权结构复杂分散等。而中国证监会在上市审核时会重点审查拟上市公司的主体资格。对拟上市公司来说，管理层必须有一定的连续性和稳定性。如果存在股权结构复杂分散、实际控制人有变动等问题，都很可能影响企业持续经营的稳定性。所以，如果证监会在审核时发现拟上市企业存在"隐藏实际控制人"这类问题，就会以该企业"主体资格不符合上市要求"为由否决其上市申请。

（4）故设关联交易迷宫

IPO的第四条红线是企业故设关联交易迷宫。故设关联交易迷宫是指拟上市企业通过与关联企业以不公允的价格买卖产品进行关联交易，从而调节企业收入或支出。企业故设关联交易迷宫的具体手段通常包括关联交易非关联化、隐蔽的非关联方利益输送以及明显的关联方利益输送等三种，如图11-4。

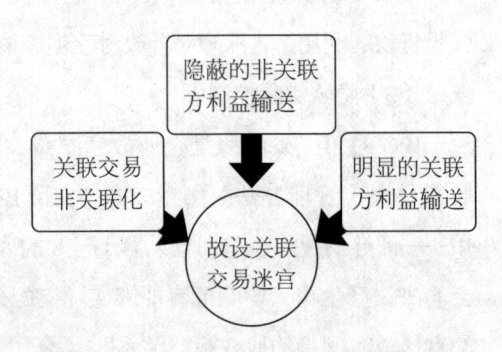

图11-4　企业故设关联交易迷宫的具体手段

其中，"关联交易非关联化"指的是拟上市企业先把关联企业的股权转让给第三方，造成非关联化表象，然后与转让后的企业展开隐蔽的大宗交易。"隐蔽的非关联方利益输送"指的是拟上市企业为了规避对重大关联交易进行详细披露的义务，采取隐蔽的、灰色的非关联方交易，包括通过操作供应商减价供应、经销商加价拿货甚至囤货、员工减薪等方式来实现降低费用或虚增收入等手段，以实现利润操纵。"明显的关联方利益输送"指的是拟上市公司多次与关联公司签订大额销售合同。

以2022年被否企业浙江珊溪水利水电开发股份有限公司（以下简称珊溪水利）为例，中国证券监督管理委员会第十八届发审委2022年第46次发审委会议公布了"浙江珊溪水利水电开发股份有限公司（首发）未通过"的审核结果，发审委要求珊溪水利说明其向关联方温州市自来水有限公司销售原水占营业收入的比例较大的相关问题，具体包括：与控股股东及其关联方之间交易的必要性和合理性，定价的公允性；采购及销售系统是否具备独立性，业务是否严重依赖关联方；珊溪水利采取的减少与控股股东及其关联方发生关联交易的具体措施是否得到有效执行。通过分析珊溪水利的招股说明书，可以发现其存在较大关联交易风险。珊溪水利实际控制人是温州市国资委，温州市国资委通过温州公用事业投资集团持股。2018年12月起，招股书报告期内，温州公用事业投资集团组建全资子公司温州市自来水有限公司，后温州市自来水有限公司成为珊溪水利原水销售对象。招股说明书中披露的2017年至2020年6月，珊溪水利向关联方温州市自来水有限公司销售原水的交易总金额超过6亿元，占营业收入比重颇高，如图11-5和表11-10所示。

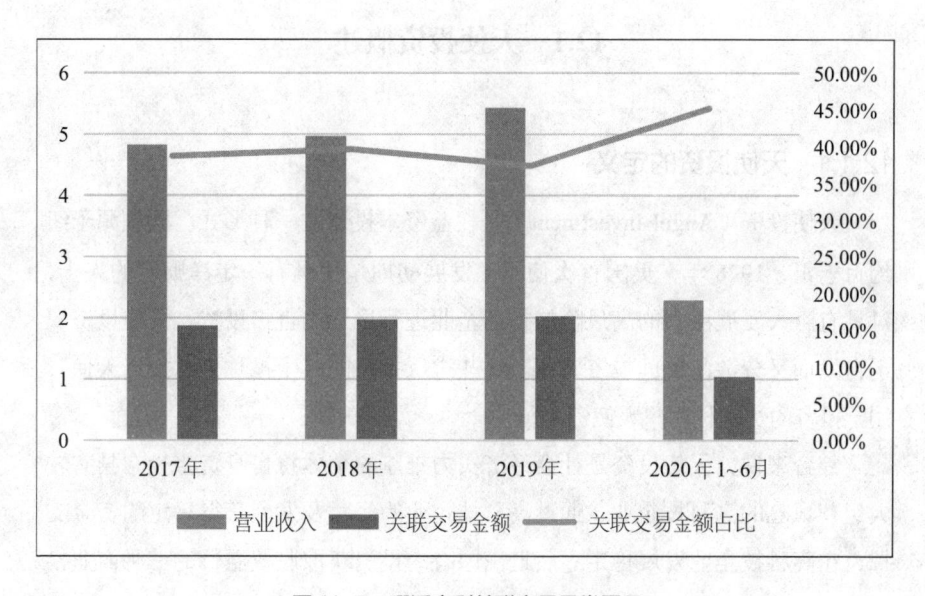

图11-5　珊溪水利关联交易异常图示

表11-10　珊溪水利关联交易异常数据表

年份	营业收入	关联交易金额	关联交易金额占营业收入比重
2017年	4.83	1.87	38.72%
2018年	4.97	1.97	39.64%
2019年	5.43	2.03	37.38%
2020年1~6月	2.29	1.04	45.41%

第 12 章　天使投资：高科技企业快速获取大额资金的融资方式

12.1　天使投资概述

12.1.1　天使投资的定义

天使投资（Angel Investment）是权益资本投资的一种形式。此词源于纽约百老汇，1978 年在美国首次使用。发展初期是指具有一定净财富的人士，对具有巨大发展潜力的高风险的初创企业进行早期的直接投资。天使投资属于自发而又分散的民间投资方式。这些进行投资的人士被称为"投资天使"，用于投资的资本称为"天使资本"。

综合来说，天使投资是社会经济实力雄厚的个体将自身资金投向具有较大经营风险的高科技企业，通过高科技企业的经营及发展获得一定的资金支撑，在高科技企业发展稳定之后退出原有的投资获取股权溢价的一种商业投资行为。

在天使投资中，有些投资人会积极参与投资企业的经营及管理工作，从而逐步为企业创造丰富的增值服务，同时在企业发展稳定之后通过资本运作的方式撤出投资资本，并获得相应的资金回报。天使投资是一种创新性的商业运作模式，由于这种投资行为具有高风险、高收益的特性，因此在市场发展中受到广大风险投资者的青睐。投资者通常会选取市场发展前景较好的企业，通过投资强化被投资企业的增长潜力，保障自身投资行为的有效性，获得丰厚的预期回报。

12.1.2　天使投资人

如前所述，天使投资是指个人出资，协助具有专门技术或独特概念而缺少自有资金的创业家进行创业,并承担创业中的高风险和享受创业成功后的高收益;或者说是自由投资者或非正式风险投资机构对处于构思状态的项目或小型初创企业进行的一次性前期投资。而"天使投资人(Angel Investor)"通常是指投资于非常有发展潜力的初创企业,帮助这些企业迅速启动的投资人。当前,我国天使投资人主要包含四种类型。

①天使投资人原本为风险投资专家,其在投资过程中看重市场中的某个项目,并且明确表示自身的基金或其他基金会投这个项目,自己先投资一定的资金到该项目中,进而占据一定的原始股份,从事这一类风险投资的人也被称为天使投资人。

②天使投资人为互联网界的创业者、企业家或跨国公司的高管,这些人因为保有大量资金,同时对行业发展方向拥有清晰的研判,所以会充分利用其在行业中的人脉,基于互联网的发展方向进行投资,获得丰厚的回报,在我国发展过程中,这种投资形式逐步成为一大特色。

③在我国投资市场发展过程中,还存在一部分专门从事天使投资的投资机构,其综合运用自身的专业知识及对市场发展方向的研判而展开天使投资,这些机构的投资资金主要是由民资或民营企业家提供,用于在天使投资中获得一定回报。

④还有一些较成熟的海外天使投资人,其在国外接触并获得丰富的天使投资经验,也拥有一定的投资眼光,以自身雄厚的背景资源作为支撑进行天使投资。

12.1.3 区分天使投资、风险投资和私募股权投资

通常来说,天使投资主要发生在企业的初创期,风险投资(VC)主要是发生在企业的成长期,私募股权投资(PE)主要是发生在企业成长的中后期。企业发展路径与各项融(投)资方式之间的关系如图12-1所示。

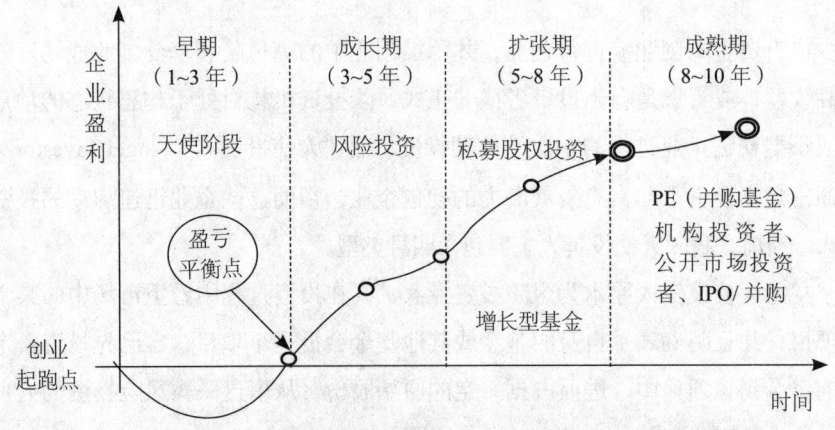

图 12-1 企业发展路径与各项融（投）资方式之间的关系

天使投资、风险投资和 PE 投资在投资阶段、投资规模、资金来源、融资目的方面都有一定的差别，见表 12-1 及图 12-2 所示。

表 12-1 各项融（投）资方式之间的对比分析表

投资方式	天使投资	风险融/投资	PE 融/投资
概念	天使投资是社会经济实力雄厚的个体将自身资金投向具有较大经营风险的高科技企业，通过高科技企业的经营及发展获得一定的资金支撑，在高科技企业发展稳定之后退出原有的投资获取股权溢价的一种商业投资行为	风险投资（Venture Capital，可写作为 VC）简称风投，一般指的是大型的风投机构介入，投资的对象一般是处于成长期的公司，投资金额比较大	即私募股权投资（Private Equity，简称 PE），是指投资于非上市股权，或者上市公司非公开交易股权的一种投资方式
投资阶段	企业种子期、初创期	企业成长期	企业成熟期
投资规模	投资额度通常在 50~100 万	通常投资资金在百万级、千万级	投资额度通常比较大，亿级以上规模
资金来源	天使投资人、天使投资机构	专业风险投资公司	基金投资公司
融资目的	解决企业建立最初的资金需求	获取专业指导，实现更高利润	通过融资使企业更上台阶，实现企业规范上市和产业整合并购等战略目标
代表	个人天使机构——如徐小平的真格基金，吴世春的梅花创投，张野的青山资本等。天使+孵化器——美国 YC 风险投资、国内创新工场、联想之星等	知名 VC 有红杉资本、IDG、深创投、DCM、纪源资本（GGV）、斯道资本、五源资本、今日资本等	知名 PE 有高瓴资本、腾讯投资、华平投资、鼎晖投资、中金资本等

投资机构分类图

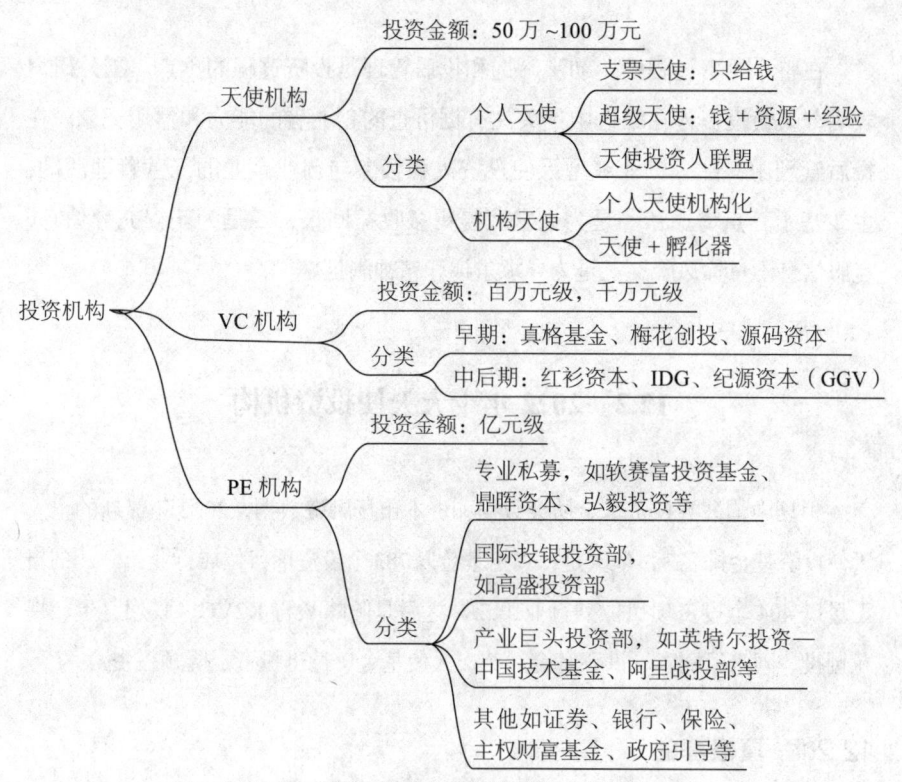

- 投资机构
  - 天使机构
    - 投资金额：50万~100万元
    - 分类
      - 个人天使
        - 支票天使：只给钱
        - 超级天使：钱+资源+经验
        - 天使投资人联盟
      - 机构天使
        - 个人天使机构化
        - 天使+孵化器
  - VC机构
    - 投资金额：百万元级，千万元级
    - 分类
      - 早期：真格基金、梅花创投、源码资本
      - 中后期：红衫资本、IDG、纪源资本（GGV）
  - PE机构
    - 投资金额：亿元级
    - 分类
      - 专业私募，如软赛富投资基金、鼎晖资本、弘毅投资等
      - 国际投银投资部，如高盛投资部
      - 产业巨头投资部，如英特尔投资—中国技术基金、阿里战投部等
      - 其他如证券、银行、保险、主权财富基金、政府引导等

图12-2 投资机构在各个投资阶段的对比分析图

12.1.4 天使投资的主要流程

天使投资过程分为：项目征集、初步筛选、尽职调查、项目评估、估值谈判、实施投资、投后管理、投资退出等八个主要步骤，如图12-3所示。

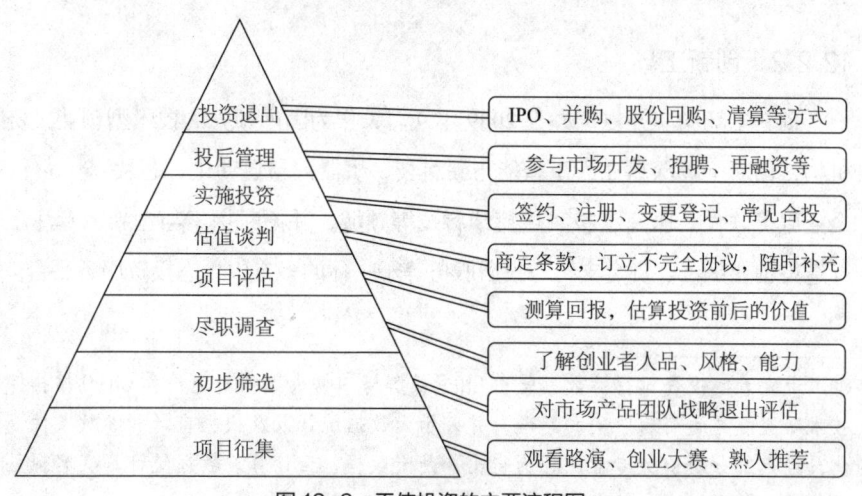

天使投资流程（金字塔图）

- 投资退出 —— IPO、并购、股份回购、清算等方式
- 投后管理 —— 参与市场开发、招聘、再融资等
- 实施投资 —— 签约、注册、变更登记、常见合投
- 估值谈判 —— 商定条款，订立不完全协议，随时补充
- 项目评估 —— 测算回报，估算投资前后的价值
- 尽职调查 —— 了解创业者人品、风格、能力
- 初步筛选 —— 对市场产品团队战略退出评估
- 项目征集 —— 观看路演、创业大赛、熟人推荐

图12-3 天使投资的主要流程图

第12章 天使投资：高科技企业快速获取大额资金的融资方式

在整个投资过程中，初步筛选和投后管理是投资过程的重点。国外研究表明，天使投资人在筛选中更关注有据可查的创业者的能力和信用记录。在投后管理中，部分创业者型天使投资人积极参与创业企业的经营管理活动，主要基于三点考虑：一是为谋求获得更多收益回报；二是为获得充分信息，克服信息不对称风险；三是为寻求乐趣和精神满足。

12.2 2022年十大天使投资机构

根据中国证券投资基金协会数据和资本市场融资数据，2022年最新的十大天使投资基金排名[①]，依次是：真格基金以783个投资项目位居行业第一，创新工场以404个投资项目位列行业第二，之后是险峰长青K2VC、联想之星、梅花创投、阿米巴资本、洪泰基金、英诺天使基金、德迅投资、隆领投资。

12.2.1 真格基金

真格基金是由徐小平、王强于2011年联合红杉资本中国创立的天使投资基金，累计管理资金总规模超过120亿元人民币。自创立伊始，一直积极在互联网、移动互联网、未来科技、人工智能、企业服务、医疗健康、大消费等领域寻找优秀的创业团队和引领时代的投资机会。

12.2.2 创新工场

创新工场由李开复创办于2009年9月，作为国内领先的技术型创业投资机构，创新工场深耕在人工智能与硬科技、机器人与自动化、芯片/半导体、企业服务软件、医疗科技、可持续科技等领域，并不断探索与创新，专注于打造集创业平台、资金支持、投后服务等于一体的多方位生态投资服务平台。

[①] 十大天使投资排行榜数据是由CNPP品牌榜中榜大数据研究院和CN10排排榜技术研究院通过资料收集和整理，并基于大数据统计以及根据市场和参数条件变化，经人工分析研究专业测评而得出，是大数据、云计算、数据统计真实客观呈现的结果。

12.2.3 险峰长青 K2VC

险峰长青 K2VC 创始于 2010 年，聚焦产业天使投资，专注于国内科技创新企业的早期投资，关注技术进步、先进制造、产业数字化和新经济等领域。

12.2.4 联想之星

联想之星是联想控股成员企业，知名天使投资机构，立足于前沿科技、TMT、医疗健康领域，专为创业者提供早期投资+深度孵化的特色服务，同时管理和运营"创业 CEO 特训班"。联想之星创立于 2008 年，目前管理着 12 支、总额近 50 亿元人民币的早期投资基金，已投资近 400 个项目。

12.2.5 梅花创投

梅花创投成立于 2014 年，是国内知名天使投资机构，专注 TMT 领域的种子天使期投资，负责梅花天使成长基金的投资；是国内活跃、懂互联网的投资机构之一，宗旨是帮助聪明的年轻人成为伟大的企业家，专注智能制造、新能源、半导体、军工、数字化、商业航天等领域的投资。目前管理着约 100 亿元人民币基金和 1 亿美元基金。

12.2.6 阿米巴资本

阿米巴资本由上海阿米巴佰晖创业投资合伙企业（有限合伙）于 2011 年成立，专注于中国企业服务及新一代信息技术行业的风险投资，阶段覆盖早期至成长期，投资方向包括但不限于教育、医疗、互联网金融、人工智能、大数据等领域。

12.2.7 洪泰基金

洪泰基金由新东方创始人俞敏洪和华泰联合证券首任董事长盛希泰于 2014 年共同创立，是国内知名的投资机构，专注于天使和成长阶段企业的投资，投资方向聚焦信息技术、先进制造、医药医疗、新能源新材料、新消费等领域，在天使、VC、PE、母基金方向均有成熟的投资布局。目前管理规模超 300 亿元人民币，已投资 300 家企业，在中国投资界和实业界有广泛影响力。

12.2.8 英诺天使基金

英诺天使基金成立于 2013 年 4 月，是国内知名的天使投资机构，主要关注新能源、先进制造、生命科技、新一代信息技术等领域，建立了跨地域的投资及创业服务网络，提供天使期、Pre-A 阶段的投资服务以及后期的助推服务。目前已投资超过 500 个创新项目。

12.2.9 德迅投资

德迅投资是由腾讯控股联合创始人曾李青于 2007 年创立的一家天使投资机构，是国内知名的天使投资机构，主要集中于互联网新消费以及高科技领域的早期投资，以其出色的业绩和业内美誉深受创业者及投资者的信赖。

12.2.10 隆领投资

隆领投资是由著名天使投资人蔡文胜创办的股权投资机构，先后投资了 4399 游戏、美图秀秀、暴风影音、58 同城等项目。专注于互联网及 TMT 领域的投资方向，致力于互联网金融、互联网医疗、互联网教育及人工智能方面的企业投资。

12.3 如何找到天使投资人

12.3.1 利用一切人脉资源，首选找"五同"

所谓的"五同"，就是五种熟人，具体包括同学、同事、同好、同乡、同业。对于一个普通的创业者来说，利用自己身边的人脉资源，在朋友圈寻找项目的天使投资人，这是相对而言一种靠谱的途径。通过熟人或者是熟人推荐，自然地有一定的信任度，在这种方式下，不管能不能真的获得资金，能获得与投资者深入交流的机会也很重要。所以说，一个创业者，必须学会利用自己身边的一切资源，包括人脉圈、朋友圈，首选通过"五同"寻找天使投资人，他们对你肯定比对陌生投资人更熟悉，信任程度自然更高，这样融资会事半功倍。

12.3.2　积极参加活动，努力进入创投圈，搜集潜在天使投资人

试想，天使投资人这样一种特殊群体，他们必然有其存在方式和活动圈子。通常情况下，各种投资论坛、投资研讨会、投融界沙龙活动，以及创业园、孵化园的路演比赛等都是集聚各类投资人的地方。在各种活动中勇于展示自己，努力进入创投圈，主动搜集潜在天使投资人联系方式，找机会当面沟通，向潜在天使投资人讲述自己的创业想法，争取获得他们的青睐，拿到投资，这也是比较靠谱的一条途径。

另外，还可以通过知乎专栏、微博大 V，甚至通过一些招聘网站也可能获取潜在投资者信息、联系方式，甚至实现面谈。很多天使投资人都在新浪微博、个人博客等渠道公开了自己的联系方式（电子邮箱）。创业者只要有心，收集这类联系方式并不难。

最后，在项目融资阶段，多认识一些投资领域的人一定是有用的，要敢于向他们推荐自己的项目，说不定其中就有天使投资人对你的项目感兴趣。所以必须要有百分百的勇气，不断地向那些陌生的"潜在天使投资人"重复你的项目蓝图，实现融资目标。

12.3.3　选择与专业平台合作，委托其帮助寻找天使投资

如果创业者确实有好项目，又有一定的启动经费，但缺乏直接或者间接天使投资人资源，可以选择与专业平台合作，委托其帮助寻找天使投资人，这不失为一条有效的途径。但是，找专业平台需要支付中间费用，所以选择此方式的创业者需要有一定启动经费。选择与专业平台合作，对于创业者的好处在于：省心省力；专业的顾问可以帮助创业者重新梳理、优化商业计划书；平台可根据项目所在行业、阶段以及项目风格，为创业者推荐合适的投资人。

随着社会化投资平台的兴起，天使投资人也可以通过这样的平台来了解创业者并研究项目的前景。所以，利用好投融资平台非常重要，可以为广大创业者开辟更广阔的融资渠道，比如企业孵化器，指导企业不用或很少借用其他帮助将产品或服务成功地打入市场。企业孵化器其实就是高新技术创业服务中心，其通过为新创办的科技型中小企业提供物理空间、基础设施以及服务支持，降低创业企业的创业风险和成本，提高创业企业的成活率和成功

率,促进科技成果转化。所以,创业者利用好企业孵化器,有助于尽快找到天使投资人,获取天使投资。

12.3.4 有策略地接触天使,减少无用功,提升成功率

在寻找合适的天使投资人的过程中,创业者要学会制定阶段性目标,确定融资目标以及接触天使投资人的优先级顺序,因为接触天使投资人的先后顺序与创业者的融资目标有直接关系。根据融资目标来调整接触天使投资人的先后顺序,可以减少创业者在接触天使投资人这个阶段所耗费的时间。具体来说,如果创业者的目标是获取更多资金,那么在接触投资者阶段就要尽量多地接触潜在天使投资人,接触的天使投资人越多,获得更多资金的可能性就越大。如果创业者的目标是获得天使投资人背后的资源和背书,那么在接触投资者阶段就主攻少数几个主要天使投资人就够了,然后针对这几个少数天使投资人制定不同的接触方案,逐个击破。在接触过程中,想办法提升"目标投资人"对创业者的好感,比如通过可靠第三方推荐接触投资人。

聚美优品创始人陈欧正是通过第三方推荐认识徐小平的。2006年年底,陈欧为新加坡创业项目游戏对战平台 Garena 寻找投资人的时候,他的斯坦福校友、兰亭集势创始人郭去疾就把陈欧引荐给徐小平。徐小平立即决定投资50万美元,占股10%,但条件是陈欧放弃斯坦福的学业,留在公司全力创业。迫于父母的压力,陈欧选择了继续读书,没有拿徐小平的投资。两年后,陈欧从斯坦福大学深造回来,又一次遇到徐小平。陈欧简单介绍自己的游戏广告项目后,徐小平没有任何疑问,就向陈欧的项目投资了18万美元,甚至将自己在海淀黄庄的房子低价租给陈欧作为办公场地。随着创业项目的深入开展,陈欧发现线上化妆品行业是个不错的发展方向,还不存在权威性的企业。但是由于公司的流动资金只有几十万元,所以陈欧一边继续做着游戏广告业务,一边上线了团美网(聚美优品前身)。团美网正品平价的形象通过口碑相传,在短期内发展迅速,而后更名为聚美优品。随后,在徐小平的支持下,陈欧将之前的游戏广告业务全部停掉,专注于聚美优品的发展,并且徐小平再次投资了200万元。

陈欧借助朋友的推荐找到天使投资人是极其幸运的。所以,对于创业者

来说，应尽可能将项目融资计划传遍自己的人际交往圈。不管是家人、朋友还是同事，只要他们信任你，愿意把你引荐给他们认识的天使投资人，那你就有了一半成功融资的机会。而对那些天使投资人来说，如果引荐人恰好是他信任的熟人，他们自然会更愿意投资，这正是信任背书的力量。

【案例】咸鱼游戏获过亿风险资本，华谊兄弟等纷纷持股

2016年10月底，咸鱼游戏完成过亿B轮融资，由金科娱乐和澜亭资本领投，华谊兄弟跟投。值得注意的是，金科娱乐在2015年一轮定增中引入了明星股东汪峰和那英以及银泰集团董事长沈国军。这就意味着，这些明星都已经间接持有咸鱼游戏的股份。

咸鱼游戏品牌所属的深圳市星河互动科技有限公司注册成立于2013年12月，卫东冬是该公司的创始人兼CEO。分析咸鱼游戏创业团队履历可以发现，咸鱼游戏具有腾讯游戏的优良基因——咸鱼游戏共有5位合伙人，其中有4位都来自腾讯游戏公司。

咸鱼游戏的定位并不仅仅是做发行商，而是致力于成为一家横跨动漫、体育、影视等多个领域的游戏公司。具体来说，咸鱼游戏的整体战略是在体育手游细分领域市场尚未爆发、潜力待发掘之时提前布局。咸鱼游戏将体育手游市场的潜力称为"双6红利"，即有6亿体育受众、6亿手游用户。全球体育市场已经形成千亿规模，仅三大世界级球类赛事就有数亿粉丝，而其他分支领域的开发价值也非常大。咸鱼游戏坚信，只要形成先发优势，加速"体育+游戏"的产业链深度整合，就能在未来手游市场中占据一席之地。

在体育游戏领域，咸鱼游戏已经晋升为第一梯队公司。2015年年底，咸鱼游戏发行的足球游戏《最佳阵容》登陆苹果商店，在体育类游戏畅销榜的排名一度保持在TOP3。截至2016年10月，《最佳阵容》的单月流水稳定在2 000万元以上，累计流水超过两亿元。为了继续提升在体育手游领域的竞争力，咸鱼游戏还新成立了两个研发工作室，专门研究足球和篮球两大品类游戏。

创业公司要想获得资本的青睐，早已不是只讲一个故事、做一个商业计

划书那么简单。在游戏产业市场，资本不仅要关注市场规模是否足够大，还看重市场走向以及对于未来增量的预期。只有像咸鱼游戏这样避开头部市场竞争，挖掘尚未爆发但极具市场潜力的细分领域才有可能说服投资人。咸鱼游戏之所以能够获得资本青睐，主要有以下三大原因。

（1）创业团队有大公司背景和专业经验

BAT（百度、阿里巴巴、腾讯三家公司英文首字母缩写）等大公司的履历会给创业团队加分，因为有大公司经历的人会拥有标准化工作的经验。对创业公司来说，在最初时期可能只有三五个人或十几个人，这时候标准化工作经验不会显露出优势。但是当创业公司从非正规化转向正规化时，BAT等大公司标准化工作经验就能发挥作用。基于这种经验，创业团队最初做的远景规划一定不会差。

咸鱼游戏的5位合伙人有4位来自腾讯游戏，这一点能在一定程度上获得投资人的认可。这源于一种惯性思维，因为深耕于一个领域的人如果跨界到另一个领域，创业成本会更高；但如果继续在原领域深耕，投资人就更愿意为你埋单。

另外，如果创业者所做的事情与工作经历有关，则可以把原来一些同事变为创业伙伴。卫东冬就是这样做的，他的创业伙伴曾经积累的资源、经验或者人脉都有用武之地，而投资人也非常重视这种价值。

（2）整合体育+游戏产品链

卫东冬表示：公司将借助金科娱乐、澜亭资本以及华谊兄弟的优势资源，强化企业在游戏、动漫、体育、影视领域的全方位资源矩阵。同时，基于资本、IP、研发、发行、流量层面的能力提升，加速构建"体育移动游戏一体化"战略闭环，以更为丰富的品类和题材的产品线，巩固公司在国内体育移动游戏市场的领先地位，并逐步向海外市场拓展。

（3）多元化的业务战略

关于咸鱼游戏的发展侧重点，卫东冬说过，游戏肯定是公司最重要的主业，但未来希望不仅仅是一家游戏公司，无论从资本角度还是产品角度，希望公司的业务战略更加多元化。

对优质项目来说，不管资本环境如何，永远都不愁没有资本支持。

下篇

企业融资管理

第 13 章 融前预测和准备：未雨绸缪，做好预测和准备工作

13.1 企业融资预测

13.1.1 企业融资决策流程

企业融资决策是指企业为实现其经营目标，在预测资金需要量的基础上，通过对各种融资方式、融资条件、融资成本和融资风险的比较，合理选择融资方式以及确定各种融资量即融资结构的过程。企业进行融资决策的主要流程如图 13-1 所示。

（1）确定资金用途

确定资金用途是合理筹集资金的先决条件。前期，企业需要通过市场调查和监测，确定企业的发展方向以及新产品的研发方案，然后确定资金投向并编制投资方案，提出融资决策。一般情况下，企业的资金投向通常有两种，一种是企业日常经营活动，主要是针对短期资产的投资；另一种是企业长期项目投资，包括新建项目投资、扩建项目投资和更新改造项目投资，这种项目时间跨度较长，资金需求较大。

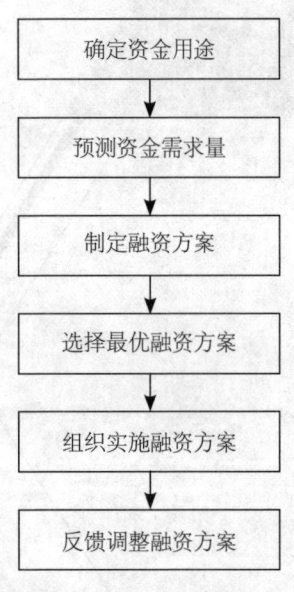

图 13-1 企业融资决策流程

（2）预测资金需求量

采用多种方法对资金需求量进行预测，比如个人经验法、专家会议法、德尔菲法（Delphi Method）和销售百分比法等。个人经验法需要专业人员掌

握企业的相关情况，并依据个人经验得出结果；销售百分比法则是通过计算得出企业的资金需求量，较为精确。

（3）制定融资方案

企业可以根据不同项目需求制定多个融资方案，然后从中选择最适合企业的融资方式。

（4）选择最优融资方案

企业在众多融资方案中选择出一个最合适的融资方案，在这个方案下，企业所融得的资金是最适合企业的，既不会由于融资太少导致资金短缺，也不会因为融资过多导致资金闲置。

（5）组织实施融资方案

融资方案确定之后，就要按照程序进行融资。需要注意的是，企业可能同时实施多种融资方案，需要按照程序有条不紊地进行。

（6）反馈调整融资方案

在融资方案的实施过程中，可能会发生融资活动受阻或者融资量达不到预定目标的情况，这时应及时调整融资方案，避免对企业造成不必要的损失。

13.1.2 企业资本结构理论

（1）资本结构

资本结构是指企业各种资本的构成及其比例关系，是企业融资管理的核心问题，在考虑资本结构时，企业应综合考虑有关影响因素，运用适当的方法确定最优资本结构，并在以后追加融资时继续保持该结构。

企业资本结构是企业采用多种融资方式而形成的，融资方式的不同组合类型决定着企业资本结构及其变化趋势。企业融资方式分为债务性融资和权益性融资两类，确定了债务资本的比例，权益资本的比例也相应确定，即确定了企业的资本结构。

（2）资本结构理论

融资结构理论的发展是由资本结构理论的发展而逐渐丰富起来，换言之，资本结构理论是融资结构理论发展的基石。融资结构理论走向成熟的开端应为 MM 理论[①]，MM 理论带来的影响是广泛而深远的。

① MM 第一定理

MM 第一定理是指在完美的资本市场中，企业的总价值等于企业资产产生的总现金流量的市场价值，企业价值的高低不取决于企业发行的债券和股票的比例，负债资金成本和权益资金成本是影响企业的市场价值的重要因素，它们的变化取决于外界资本市场中的风险，然而，企业的经营风险取决于企业的息税前利润（EBIT）。因此，企业的市场价值与资本结构无关，并不受资本结构的影响。当企业负债时，E 表示股权的市场价值；D 表示债务的市场价值；U 表示无杠杆企业股权的市场价值；A 表示企业资产的市场价值。则 MM 第一定理为：

$$E+D=U=A$$

② MM 第二定理

MM 第二定理在 MM 第一定理成立的条件下才成立，主要内容是企业股权资本的成本随着负债增加而增加，负债加大所带来的利益完全被上涨的权益成本所抵消。因此，有负债企业的权益成本将高于无负债企业的权益成本，风险相同的企业，其价值与是否负债及负债程度无关。

③ MM 第三定理

MM 第三定理在 MM 第一定理和第二定理的基础上成立，MM 第三定理指出，在任何情况下，企业投资决策的选择点只能以权益流量资本化率为基础，完全不受为投资提供融资的证券类型的影响。

以上三个定理的情况不同，但都遵循价值守恒定律，即不管资产结构怎么变化，资产的价值都保持不变。由于交易成本、代理成本和信息不对称等现实问题的存在，资本市场不像严格假设里这样完美，因此，经济学家提出了一系列市场不完美条件下的资本结构的理论。

[①] MM 理论是莫迪利亚尼（Modigliani）和默顿·米勒（Meton Miller）所建立的企业资本结构与市场价值不相干模型的简称。指的是企业的资本结构影响企业的总价值，负债经营将为企业带来节约税收的效应。该理论为研究资本结构问题提供了一个有用的起点和分析框架。

④MM 关于税收调整杠杆的理论

"破产惩罚"和"企业利润课税"是 MM 理论两个不完善的条件,因此 MM 理论形成了两大方向。一个方向是研究资本结构与破产成本的关系,另一个方向侧重讨论资本结构与课税制度的关系。莫迪利亚尼和默顿·米勒运用套利模型,将公司所得税对企业资本结构的影响放入该模型,模型结果指出,负债会因利息税盾效应而增加企业的价值,即企业负债率越高越好。默顿·米勒指出,负债企业获得的利息减免这一好处会被个人利息收入的所得税冲销。当公司边际税率、个人利息收入所得税不同时,对企业和个人共同税收收益的影响不同,导致产生不同的企业资本结构。

⑤权衡理论

权衡理论快速发展于 20 世纪 70 年代,是对 MM 理论的进一步修正。其核心理论为企业负债的税收收益与破产成本现值之间的平衡关系。该理论认为,当企业负债率较低时,负债的税盾利益使企业价值上升;当企业负债率达到一定高度时,负债的税盾利益开始被财务困境成本所抵销;当边际税盾利益恰好与边际财务困境成本相等时,企业价值最大,此时的负债率(或负债率区间)即为企业最佳资本结构。当企业决定最优负债结构时,不仅要权衡税收收益和财务困境,还要考虑代理成本,这与优序融资理论的观点是相互竞争的。

⑥优序融资理论

优序融资理论放宽 MM 理论完全信息的假定,以不对称信息理论为基础,并考虑交易成本的存在,认为权益融资会传递企业经营的负面信息,而且外部融资要多支付各种成本,因而企业融资一般会遵循内源融资、债务融资、权益融资这样的先后顺序。

(3)影响资本结构的因素分析

在实际工作中,准确定量以确定最佳资本结构十分困难,企业的财务人员进行定量分析的同时必须进行定性分析,认真考虑影响资本结构的各种因素,并根据这些因素来确定企业合理的资本结构。一般而言,影响企业资本结构的基本因素有以下几个方面。

①企业发展能力

企业发展能力表现为未来产销业务量的增长率,决定财务杠杆可多大程度地扩大每股利润，如果产销业务量以较高的水平增长，使用具有固定财务费用的债务资本融资，就会扩大权益资本的报酬。除了产销业务量的成长能力外，企业产销业务量的稳定程度对资本结构也有重要影响。如果产销业务量稳定，企业可较多地负担固定的财务费用；如果产销业务量和盈余有周期性，企业负担固定的财务费用将承担较大的财务风险。

②企业所有者和企业管理层的态度

企业所有者和企业管理层在资本结构这个重大问题上的矛盾源于各自财务目标的差异。从企业所有者的角度看，如果企业股权分散，则应更多地采用权益资本融资以分散风险；如果企业被少数股东控制，股东通常重视企业股权问题，为防止股权稀释，一般尽量避免采用普通股融资。从企业管理层的角度看，高负债比例的资本结构意味着高财务风险，一旦经营失败或者出现财务危机，管理层将面临被市场接管或者被董事会解聘的风险，所以，风险偏好程度较低的管理者偏好于选择负债比例较低的资本结构。

③企业财务状况和信用等级

企业能否以债务资本融资以及企业能融通多少资本，不仅取决于企业所有者和企业管理层的态度，还取决于企业财务状况、信用等级和债权人的态度。债权人自然更愿意为财务状况良好、信用等级高的企业提供资金；相反，如果企业财务状况不佳、信用等级不高，债权人就会面临较大的投资风险。

④企业资产结构

企业资产结构是指企业融通资本后进行资源配置和使用后的资金占用结构，包括长、短期资产构成和比例。企业资产结构对企业资本结构的影响主要包括：拥有大量固定资产的企业主要通过长期负债和发行股票融通资金；拥有较多流动资产的企业更多地依赖流动负债融通资金。

⑤企业行业特征和进化周期

不同行业的资本结构存在显著差异。如产品供给稳定的成熟产业经营风险低，因此可提高债务资本比重，发挥财务杠杆效应；高新技术企业产品、技术、市场尚不成熟，经营风险高，可降低债务资本比重，控制财务杠杆风险。

同一企业在不同的生命周期，资本结构安排也不尽不同。初创期的企业经营风险较高，应控制负债比例；在成长期和成熟期，企业产销业务量稳定和持续增长，经营风险低，可适度增加债务资本比重，发挥财务杠杆效应；在收缩或衰退期，企业的产品市场占有率下降，经营风险逐步加大，应逐步降低债务资本比重，保证经营现金流量能够偿付到期债务，以保证企业持续经营的能力，减少破产风险。

⑥企业面临的财税政策和货币政策

宏观环境的变化对企业资本结构也有影响，当政府规定的所得税税率较高时，债务资本的税收屏蔽作用大，企业应充分利用这种作用以提升企业价值；货币金融政策影响资本供给，从而影响利率水平的变动，当国家执行了紧缩的货币政策时，市场利率较高，企业债务资本成本增大。

13.1.3 企业资金需要量预测

（1）企业资金需要量预测的步骤

企业需要根据未来将要组织的生产经营活动对资金需要量进行预测，这是企业制订融资计划的基础。企业资金需要量预测步骤如图13-2所示。

销售预测 → 估计需要的资产 → 估计收入、费用和留存收益 → 估计所需要的追加资金需要量，确定外部融资数额

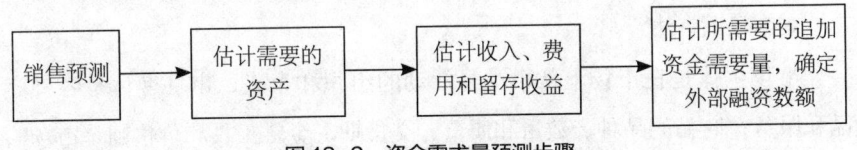

图13-2 资金需求量预测步骤

①销售预测

销售预测是企业财务预测的起点。完成销售预测后才能开始做财务预测。

②估计需要的资产

资产通常是销售量的函数，根据历史数据可以分析出该函数关系。根据预计销售量和资产销售函数，可以预测所需资产的总量。某些流动负债也是销售的函数，相应地，也可以预测负债的自发增长率，这种增长可以减少企业外部融资的数额。

③估计收入、费用和留存收益

企业可以根据收入、费用和销售额之间的函数关系估计收入和费用，并确定净利润，净利润和股利支付率共同决定了留存收益能提供的资金。

④估计需要追加的资金需要量，确定外部融资金额

外部融资金额的计算依据是估计的资产、外债和内部的留存收益，它等

于预计资产总量减去已有的资金来源、外债和内部留存收益。

（2）企业资金需要量预测的方法

①定性预测法

专业人员根据调查研究掌握的情况，凭借自身的知识和经验，对资金需要量做出判断。这种方法不能提供资金的定量数据，而是定性估计资金需求量。其准确性完全取决于预测者的主观性，但是定性分析并非完全没有量化数据，它在某些方面要以定量分析作为辅助，在缺乏完整、准确的历史资料时采用该方法。

● 德尔菲法

前面提到的销售预测主要是通过财务管理专家的知识和经验，对企业发生的经营活动从财务方面做出判断。一般分为两个步骤：首先由专家根据经验对企业未来的情况做出分析判断，提出自己对于资金需要量的初步意见；然后通过信函调查、座谈会等方式对初步意见加以修订，最终得出预测结果。

● 市场调查法

市场主体是在市场上从事交易活动的组织和个人；市场客体是各种商品和服务；商品的品种、数量和质量、交货期、金融工具和价格则是市场的配置资源。在我国，既有消费品和生产资料等商品市场，又有资本市场、劳动力市场、技术市场、信息市场以及房地产市场等要素市场。市场调查的主要内容是对各种与财务活动有关的市场主体、市场客体和市场要素进行的调查。

市场调查的原理是统计抽样，包括简单随机抽样、分层抽样、分群抽样、规律性抽样和非随机抽样等，采用的方法主要有询问法、观测法和实验法等，从各个角度来达到定性预测的准确性和及时性。

● 相互影响预测方法

专家调查法和市场调查法所获得的资料只能说明某一事件的现状发生的概率和发展的趋势，而不能说明有关事件之间的相互关系。相互影响预测方法就是通过分析各个事件由于相互作用和联系引起概率发生变化的情况，研究各个事件在未来发生可能性的一种预测方法。

②定量预测法

定量预测法是指以资金需要量及其有关因素的关系为依据，在掌握大量历史资料的基础上选用一定的数学方法加以计算，并将计算结果作为预测的一种方法。定量预测法有很多，如趋势分析法、相关分析法、线性规划法，等等。下面主要介绍两种预测方法。

● 销售百分比法

销售百分比法是一种在分析报告年度资产负债表有关项目与销售额关系的基础上，根据市场调查和销售预测取得的资料，确定资产、负债和所有者权益的有关项目占销售额的百分比，然后依据计划期销售额及假定不变的百分比关系预测计划期资金需要量的一种方法。

【例13-1】某企业2022年12月31日简要的资产负债表如表13-1所示。

表13-1 某企业简要资产负债表

2022年12月31日　　　　　　　　　　　　　单位：万元

资产		负债与所有者权益	
		应付费用	500
现金	500	应付账款	1 000
应收账款	1 500	短期借款	2 500
存货	3 000	公司债券	1 000
固定资产净值	3 000	实收资本	2 000
		留存收益	1 000
资产合计	8 000	负债与所有者权益合计	8 000

已知：该企业2022年的销售收入为10 000万元，现在还有剩余生产能力，即增加收入不需要进行固定资产方面的投资。假定销售净利率为10%，如果将2023年的销售收入提高到12 000万元，那么需要从外界融通多少资金？

其计算方法如下。

首先，将资产负债表中预计会随销售变动而变动的项目分离出来。在这个例子中，资产方除固定资产外都将随销售量的增加而增加，因为较多的销售量需要占用较多的存货，发生较多的应收账款，导致对现金需求增加。在负债与所有者权益一方，应付账款和应付费用也会随销售的增加而增加，但实收资本、公司债券、短期借款等不会自动增加。企业的利润如果不全部分配出去，留存收益也会有适当增加。预计会随销售增加而自动增加的项目列示在表 13-2 中。

表 13-2 某企业销售百分率表

资产	占销售收入 %	负债与所有者权益	占销售收入 %
		应付费用	5
现金	5	应付账款	10
应收账款	15	短期借款	N
存货	30	公司债券	N
固定资产	N	实收资本	N
		留存收益	N
资产合计	50	负债与所有者权益合计	15

N 为不变值，是指该项目不随销售的变化而变化。表中的百分率都用表 13-1 中有关项目的数字除以销售收入求得，如现金：500÷10 000=5%。其次，确定需要增加的资金。从表 13-2 中可以看出，销售收入每增加 100 元，必须增加 50 元的资金需求，但同时增加 15 元的资金来源。从 50% 的资金需求中减去 15% 自动产生的资金来源，还剩下 35% 的资金需求。因此，每增加 100 元的销售收入，企业必须取得 35 元的资金来源。

在本例中，销售收入从 10 000 万元增加到 12 000 万元，增加了 2 000 万元，按照 35% 的比率可预测将增加 700 万元的资金需求。最后，确定对外界资金需求的数量。上述 700 万元的资金需求有些可通过企业内部来筹集，如果 2023 年的净利润为 1 200 万元（12 000×10%），如果企业的利润分配给投资者的比率为 60%，则将有 40% 的利润即 480 万元被留存下来，700 万元减去 480 万元的留存收益，则还有 220 万元的资金必须从外界融通。

上述预测过程可以采用下列公式表示：

$$外界资金的需要量 = A/S_0 \times \triangle S - B/S_0 \times \triangle S - P \times E \times S_1$$

式中：A 为随销售变化的资产（变动资产）；B 为随销售变化的负债（变动负债）；S_0 为基期销售额；S_1 为预测期销售额；$\triangle S$ 为销售的变动额；P

为销售净利率；E 为收益留存比率；A/S_0 为变动资产占基期销售额的百分比；B/S_0 为变动负债占基期销售额的百分比。

根据企业的资料可求得其对外界资金的需求量为：

$$50\% \times 2\,000 - 15\% \times 2\,000 - 10\% \times 40\% \times 12\,000 = 220（万元）$$

销售百分比法是一种简单实用的方法。它的优点主要有使用成本低、便于了解主要变量之间的关系、可以作为复杂方法的补充或检验。但它也存在一定的局限性，由于需要假设资产、负债、收入、成本与销售额成正比例关系，而这一假设经常不符合事实，以致其应用范围受到限制。为了改进融资预测的质量，有时需要使用更精确的方法。

● 资金习性法

资金习性是指资金占用量与产品产销量之间的依存关系。按照这种关系，可将占用资金区分为不变资金、变动资金和半变动资金。不变资金是指在一定的产销规模内不随产量（或销量）变动的资金，主要包括为维持经营活动展开而占用的最低数额的现金、原材料的保险储备、必要的成品储备，以及厂房、机器设备等固定资产占用的资金。变动资金是指随产销量变动而同比例变动的资金，一般包括在最低储备以外的现金、存货、应收账款等所占用的资金。半变动资金是指虽受产销量变动的影响，但不成同比例变动的资金，如一些辅助材料上占用的资金等，半变动资金可采用一定的方法划分为不变资金和变动资金两部分。

13.2　撰写商业计划书：让投资者快速知悉融资内容

13.2.1　项目介绍

商业计划书是企业或项目单位为了达到招商融资和其他发展目标，根据一定的格式和内容要求而编辑整理的一个向受众全面展示企业和项目状况、未来发展潜力的书面材料。

商业计划书的主要意图是便于让投资商对企业或项目做出评判，从而让企业融得资金。商业计划书的格式相对固定，它应当包含企业的成长历程、产品或业务、市场营销、管理团队、股权结构、组织人事、财务、运营以及融资方案。除了要具备以上各要素，易于理解也十分重要，这样才能让投资者关注到企业的融资需求。一份完整的商业计划书应当包含下列要素。

（1）产品或业务

商业计划书的第一项内容便是描述企业的产品或业务，在这个项目中，需要介绍产品或业务团队、产品或业务的定位和痛点。描述产品一般有固定的流程：产品的存在针对××人群→描述潜在用户人群→产品属于××类别→核心卖点→与竞争对手产品的主要区别。

企业当然应该对自己的产品了如指掌，比如产品或业务与竞品或竞争对手有什么不同？选择这种产品或业务的理由是什么？潜在用户的最大范围？目标用户的痛点是什么？目标用户会因为痛点产生什么样的情绪？其他竞争对手是如何解决这个问题的？如果创业者能够清晰、完整地回答上述问题，就可以认为创业者对自身产品的定位是明确的。

需要注意的是，投资者会非常关注产品名字、产品特征以及品牌信息。好的产品定位可以帮助吸引投资者的眼球，知名营销专家阿里尔·杰克森（Arielle Jackson）认为："如果商业计划书对产品定位陈述精准，对方将对你公司的一切有一个很清晰的印象。"以下是描述产品定位的3个步骤。

①先看目标市场

目标市场就是对市场进行细分后选择的市场，即要明白产品是给谁用的。

②解决用户痛点

解决用户痛点指的是产品能够满足用户的需求。如果能够解决用户生活中遭遇的麻烦，化解用户的痛点，产品就是有用的。

③分析差异化价值点

差异化价值点就是和竞争者不一样的地方，即产品的特性。产品定位与产品、企业、用户和竞争者息息相关，即产品的特性、企业的资源、用户的需求与偏好、竞争对手的市场位置。创业者需要综合考虑上述四种因素，准确描述自己的产品或业务。

（2）商业模式

投资人之所以会对项目进行投资，主要是看中了项目的投资报酬率，这就涉及产品的盈利模式，在这个部分需要说明项目的核心业务流程、近期和远期的盈利模式等。"利润＝收入－成本"是商业模式的实质，创业者需要说明项目的投资收益，即使当前不能盈利，但从长期来看一定要有所盈利。

（3）竞品分析

创业者需要了解自己需要面临的竞争对手，竞品分析的作用是帮助创业者看清自己的优势与劣势，集中全部资源，瞄准对手，从而打败对手。

第一步，选择竞争区域。对行业进行细分，选择符合自己定位的细分市场。第二步，选择竞争对手。在实现目标的过程中，会有很多竞争对手阻碍企业向前发展，那些与本企业有相同目标的企业就是本企业的竞争对手。

找到竞争对手之后，就可以展开竞品分析工作了。如图13-3所示，竞品分析主要从下面5个方面进行。

①财务指标

竞争对手的关键财务数据可以表现竞争对手经营状况的好坏。

②竞品分析

企业之间的竞争归根结底是产品和服务层面的竞争，产品竞争是企业最在乎的一种竞争，竞品分析主要从产品定位、市场定位、成本和价格、广告投入等方面进行。

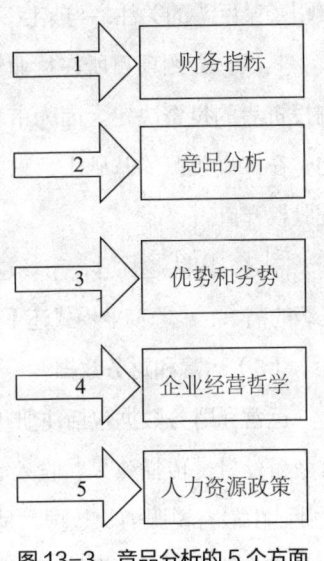

图13-3 竞品分析的5个方面

1 财务指标
2 竞品分析
3 优势和劣势
4 企业经营哲学
5 人力资源政策

③优势和劣势

在对竞品分析的过程中，应当尽量保持客观，不能过分强调竞争对手的优势，也不能主观扩大竞争对手的劣势。

④企业经营哲学

经营哲学关系到企业战略和经营行为，如企业管理层的风格、企业的财务原则等；同理，竞争对手的经营哲学也会影响企业组织结构和管理风格。

因此，竞品分析也需要关注对经营哲学的分析。

⑤人力资源政策

企业的战略与人力资源政策息息相关，较低的薪酬水平不能吸引优秀人才，竞争对手的优秀人才对企业也是一种挑战，对竞争对手人力资源政策进行分析可以帮助创业者改善自身的人力资源政策。

（4）团队及行业情况

首先，介绍创业团队的优势。在创始人方面，名校名企以及知名项目的经历会为创业者贴上一个"优秀"标签，但即使没有这样的标签，创业者也可以介绍相关的专业经验。在介绍团队成员部分，要体现"专人专用"的思维，一个合理的团队职能布局应当有绝对领导者、天才技术人员、行业资深人士、销售人才、理财专家这5种人。人脉资源也是团队的优势，比如团队吸引了某巨头的关注，与某巨头建立了合作关系等。

其次，介绍项目所在行业情况。项目所在市场的前景会在很大程度上影响投资者的投资决定。因为市场在未来五年到十年内的变化基本是可以预测的，在准确预测的基础上，只要选择靠谱的创业团队，然后投入资金就能保证股权升值。

总之，团队越优秀，市场越大，项目就越吸引人。一个明星创业团队加上亿级的需求，就算商业模式还不明确也是非常吸引人的，因为有用户就有转化。

（5）运营和财务数据

运营和财务数据包括注册用户数量、活跃用户数量、网站人均浏览次数、官微粉丝量、传播效果、收入、利润、平均客单价等。运营和财务数据是商业计划中最有说服力的数据，是产品以外最直观的体现。

创业者应该提前了解用户需求，这样才能将产品在市场中初步验证的情况告诉投资人，使之成为项目优质的有力证明之一。

创业者可能会因为初期的用户量或访问量小，所以不愿意引用数据。但可以用关键数据加深投资人的印象。在披露运营和财务数据时，创业者可以结合自身的保密性要求进行适当披露。

（6）融资规划

充分说明上述各部分并得到投资者的初步认可之后，就可以正式向投资人说明融资规划，具体包括融资金额和融资用途。

关于融资金额，需要具体到数值；关于融资用途，需要细化到项目。这部分内容需要创业者根据业务拓展计划制订具体的资金分配方案，需要充分体现创业者的战略规划能力，同时也需要体现创业者使用融资金额的能力。

一般来说，创业团队拿到融资后有三大用途。

①开展项目，扩张公司业务。大多数创业者进行融资的目的都是扩张公司业务，提升市场占有份额。在这部分，应当写清楚具体的财务规划，比如采购原料费用、广告投入费用、租用场地费用等。

②升级核心团队。大多数创业者容易忽视这一点，如果公司处在发展的重要转折期，但创业团队保持不变，发展速度则很容易受到限制，所以应当培育、升级自己的核心团队。

③探索商业模式。商业模式没有最优，只有更优。所以创业者需要始终不忘优化和升级商业模式，与此同时，还需要检查商业模式优化和升级后的效果。

将融资用途交代清楚之后，还需要向投资人说明资金的使用节奏，让投资人心中有数。如果按照上面的方法和步骤去做，一份合格的商业计划书就完成了，向投资人阐述时也有了依据，融资的第一步就成功了，投资人就不会有拒绝的理由了。

13.2.2 投资人权利和利益分配

投资的本质是获取投资收益，投资人决定投资项目就是为了获取投资收益，所以，在商业计划书中，我们需要将投资人的权利和收益表现出来。

（1）股份出让

创业者融到的金额以及出让的股份直接关乎投资人投多少钱、换多少股，确定需要的融资金额后，可以根据企业估值确定投资人可以换多少股。

一般来说，按照一年半的运营成本进行融资是一个比较合适的融资金额，上下可以浮动10%。因为一年的话融资金额较少，企业经营会十分紧张；如果按照两年的运营成本融资，那就等于用现在的企业估值去募集两年后需要的资金，对企业来说是不合算的。

那么如何计算一年半的运营成本呢？有三个重点：一是找到准确范围；

二是灵活使用财务模型，不一定按照预算表执行；三是保证营收和毛利增长大于成本增长，否则说明公司的经营出了问题。

有了融资金额，投资人换来的股份比例也就计算出来了，三者之间的关系如下：

$$股份比例 = 投入资金 / 企业估值$$

（2）收益分配制度

收益分配是指将企业实现的净利润按照一定的分配形式和顺序在企业和投资者之间进行分配。收益分配制度直接关系到投资人的利益，所以投资者会重点关注。在制作商业计划书的时候，创业者需要讲明收益分配包含的内容，详见表13-3。

表13-3 收益分配包含的内容

内容	说明
每年可供分配的收益来源项目和金额	本年实现的净利润——是可供分配收益中的重要来源，和损益表中披露的年度净利润应保持一致
	年初未分配利润——是指截至上年末累计的未分配利润
	其他转入——主要是指盈余公积转入。当企业本年度没有利润，年初未分配利润又不足时，为了让股东对企业保持信心，企业会在遵守法规的前提下，将盈余公积转入，使其参加利润分配
每年收益分配的方向和具体方案	弥补以前年度亏损
	提取法定盈余公积金
	提取法定公益金
	支付优先股股利
	提取任意盈余公积金
	支付普通股股利
	转做资本的普通股股利
每年年末企业的未分配利润	本年未分配利润与上期未分配利润的合计数

（3）退出机制

投资的本质是"投资—退出—再投资"的循环过程。作为投资的一环，退出指的是投资人所投资的企业发展到一定阶段后将股权化为资本形式而使股权持有者获得利润或降低损失的过程。资本的退出不仅关系到投资人的收益，更体现了资本循环流动的活力特点，因此退出方式的选择及操作举足轻重。

投资人退出资本的方式主要有四种：企业上市、股权转让、回购、清算。创业者应当在商业计划书中说明退出机制，让投资者知道什么情况下可以退出。

①企业上市

最理想的退出方式当属于企业上市，因为其可以实现投资回报最大化。上市企业的股票可以通过证券交易所自由交易，这种方式为股东减少了大量的工作量。但是企业上市的要求较多，对企业资质的要求较为严格，上市的成本也较高。

②股权转让

股权转让是指投资人将自己持有的股权和股东权益有偿转让给他人，从而实现股权变现的退出方式。

③回购

回购是指投资人可以通过股东回购或者管理层收购的方式退出，通常情况下，股东回购的退出方式并不理想，只是保证了当企业发展不理想时，投资人投资的资金可以安全退出。

④清算

创业者和投资者都不希望企业发生清算，因为在这种方式下双方都不会获取收益。但是如果企业真的经营失败或者其他不可逆因素导致上市和股权转让的方式失效时，投资人就只能通过破产清算的方式退出。

13.3 做好融资准备工作

13.3.1 心理准备

心理准备是创业者面对投资人之前的第一道准备工作，一个好的创业者应当具备较强的心理素质。

（1）准备应对投资人的提问

投资人经常问到的问题有：你做了什么，这个产品与别人做的有什么不同，产品功能是什么，该产品能为用户创造什么样的价值，该产品的目标用户是谁，用户为什么要用你的产品……如果创业者没有心理准备，可能会造成冷场。只有准备充分才能赢得投资人的好感。

创业者自认为对自己所做的事情非常清楚，但在回答投资人问题时，往往说不清楚，所以创业者应当对自己所要融资的项目给予高度重视，可以聘请一些专业顾问来模拟提问过程，增强场景感。

创业者需要了解投资人最关注的信息。以下是投资人最关注的三个方面的信息。

①团队信息

投资人首先关注的就是创业团队的信息。面对潜在的投资人，创业者不仅要介绍自己的项目和产品，还需要介绍稳定的团队，因为一个项目或产品的设想会随着项目的开发实施而经历或多或少的变更，而且在项目后期的运作过程中，目标市场、产品和商业模式都会稍作改变，而团队是不变的。

②项目细节信息

在交流中，投资人会希望了解项目当前的融资额度、完成进度以及资金使用情况等。

投资人不仅是数量有限的潜在合伙人，也是急于锁定投资项目的风投人员，希望在最开始就看到项目各方面的细节信息。创业者应在短时间内将细节讲述清楚，这有利于创业者获得投资人的认同，最大限度地争取到投资人。

③市场信息

投资人接触任何一个创业项目时，都会想知道创业者为什么认定自己的产品存在足够的市场，所以创业者需要对市场有深入了解，收集全面准确的市场信息。

如果只是按照市场调研公司提供的表格进行说明是远远不够的。首先，创业者应当说明市场上现存的竞争对手有哪些，与其相比自己的优势是什么；其次，创业者需要说明产品或服务的卖点是什么，哪些方面让用户感觉非要用该产品不可；最后，价格定位和商业模式创新以及产品或服务能够被目标市场接受等也都是需要向投资人解释的问题。

通过这些代表性的问题，投资人能够了解创业者的思维方式以及创业者对产品的了解程度：创业者是积极改善市场还是闭门造车，是努力挖掘产品的各个方面，广泛传播产品创意，还是对产品感到不确定等都会显现出来。而投资人或许会据此判断创业者的项目是否值得投资。

需要注意的是，创业者与潜在投资人第一次会面的目的是尽快获得第二次面谈的机会，所以，创业者需要将上述三个方面的重点信息有效地传递给投资人，让投资人对项目产生兴趣。

（2）准备应对投资人的怀疑

事实上，创业者会经常面对投资人的怀疑，创业者应当正确对待这样的情况。

首先，耐心应对怀疑。耐心是创业者非常难得的能力和品质，从某种程度上说，投资人表示怀疑，意味着他对项目感兴趣。与投资人沟通最怕的就是投资人没有疑问，好的项目本身就是经得起推敲的，所以投资人持有怀疑并不是什么大事，创业者应当进行耐心的解释。

其次，不能夸大投资回报。随着洽谈的深入，创业者会与投资人聊到企业的核心问题，即财务预测。然而大部分创业者并不精通财务数据和财务预测。创业者应当实事求是，不能夸大投资回报数据，否则会增加投资人怀疑的可能性。另外，一旦投资人在尽职调查中发现创业者当时所说的回报只是海市蜃楼，那么投资计划就会泡汤。

（3）准备放弃部分业务

放弃部分业务，聚焦一个点，要求创业者从人、产品线、渠道三个方面展开。

①人

放弃部分业务涉及减人，减人并非简单地指裁员，而是指建立一种高效的组织架构。假设企业某项营销费用的申请需要的流程越来越烦琐，那么企业就应该进行一场减人革命了。在互联网时代，低效是致命的。

②产品线

一些企业之所以不能发展下去，是因为产品不能切中用户的痛点，之所以会这样，是因为产品线太多，缺乏核心产品，这样，在竞争激烈的市场环境里，没有核心产品就不会有好的发展前景。

在放弃冗余产品线这一方面，很多创业者不够自信，不敢在竞争激烈的市场中做减法。但事实上，产品多反而可能每项都做不好，收入反而不高。

③渠道

高效的渠道可以为创业者免去很多烦琐的手续。随着互联网技术的发展，企业和用户的交互场景被拓宽，不止有线下渠道，还新增了很多线上渠道。企业需要将更多精力投身于主要渠道，及时放弃占用资源、时间和人力成本的渠道。

（4）要有向投资人做出妥协的准备

在融资谈判中，免不了会对投资者有所妥协，但是创业者应当在心中设置一个妥协底线，避免因小失大，为一些不重要的利益毁掉整个项目的融资进程。

当投资人提出希望创业者在某一方面做出让步的要求时，明智的创业者相应地会在另一方面提出要求。一般来说，创业者如果选择妥协，答应了投资人的某项要求，投资人也会在其他方面做出相应的让步。分别看以下三个方面如何在适当的时候做出让步。

①对股份的控制

在谈判过程中，创业者需要关注的是股权结构是否健康，只要公司的控制权能够保留在自己手中，在股份比例上可以适当妥协。

②创业公司的估值

对于创业公司的估值，创业者应当有精确的报价标准，要明确公司的价值，把握谈判的过程。为了给投资者留出讲价的空间，创业者应当报出一个高于自己预期的价位。定价的标准主要有以下几种：年利润的20倍；以销售额为基础，按照行业的平均利润率进行估值；按照"支点价格原理"报价，即以创业者的目标估值为支点，投资人给出的估值比创业者的目标估值低多少，创业者提出的最初报价就比自己的目标估值高多少。

③投资协议

创业者和投资者都可以对投资协议发表自己的意见，双方能达成一致即可。

总之，创业融资交易如果达成，其结果一定是双方都认可的。虽然双方互相有妥协，但都能够接受，但是需要掌握妥协的度，即适当妥协。

13.3.2 法律准备

尽职调查是融资之前必不可少的一个环节，投资者会将尽职调查清单发给创业者，创业者需要在融资之前将这些资料准备好。

（1）审查公司主体

审查公司主体包括以下三个方面的工作。

①公司设立的核心要素和程序

审查公司主体的第一项工作就是审查公司设立的核心要素和程序，包括公司的成立时间、注册资本、是否合法设立、是否存在股权变更、公司章程以及修正次数等等。做这项工作主要是为了确保公司的设立程序合法。

②经营范围

审查公司主体的第二项工作是审查公司的经营范围。公司的经营范围与公司未来的发展息息相关，是投资人非常重视的一项内容。如果公司已经生产出产品，但是市场影响不够大，那么投资人会更加注重经营范围的考察。

③公司证照

审查公司主体的第三项工作是审查公司证照。公司证照是投资人比较重视的问题，这涉及公司是否非法经营。

针对上述三个方面的审查，创业者应当在融资之前就做好准备，及时弥补不足之处。

（2）考察企业的资产权利

企业的资产权利是投资人在法律方面的尽职调查中非常重视的一项内容。投资人希望自己投资的企业资产权利完整、没有瑕疵，包括商标权、域名、APP 名称等。

如果创业者在融资以前做好法律层面的准备，就能避免商标方面的问题。

在确定产品或服务品牌的商标之前，创业者应当找一个专业的商标代理机构进行咨询，这样做的好处是可以快速了解商标是否符合注册要求，也能尽早发现、明确影响商标注册的情形，更能确定是否存在相同或类似商标。

另外，条件允许的话，企业在注册商标或域名时可以做一些保护措施。

第一，除了自己使用的商标或域名，创业者还可以多注册一些商标和域名，这些商标或域名可能与自己使用的商标或域名相似，容易产生混淆，而将其一并注册的好处是避免第三方注册相似的商标和域名，对公司产生不良影响。

第二，不仅要将自己使用的商标或域名注册在企业产品或服务对应的类别上，还要注册在与本企业的产品或服务相似的类别上。这样做的好处是避免第三方将商标使用在相似的类别上。

总而言之，创业者应当在创业之初就注意保护企业的资产权利，即便不融资，资产权利的不完整性也会对企业发展造成不利影响。

（3）落实治理结构

治理结构由股东大会、董事会和监事会组成，其中董事会是投资人最为关注的，因为董事会享受企业的经营权，董事会席位的设置关系到企业的控制权关系。《公司法》规定，有限责任公司的董事会成员为3~13人，股份有限公司的董事会成员为5~19人。通常情况下，董事会席位设置成单数，避免决策时陷入投票僵局。

《公司法》第三十七条规定了股东会有决定企业经营方针和投资计划的职权，也可以对企业分立、解散或者变更公司形式做出决策。

监事会由股东会选举的监事以及由公司职工民主选举的监事组成，与董事会并列设置，是对董事会和总经理行政管理系统行使监督权的内部组织。

（4）整理劳动合同

劳动合同是指公司与员工确定劳动关系，明确双方权利和义务的协议。公司应当与员工签订劳动合同，并需要注意以下几点。

①选择劳动合同的类型

劳动合同分为固定期限劳动合同、无固定期限劳动合同和单项劳动合同。固定期限劳动合同是指公司与员工约定合同终止时间的劳动合同，是一种最常用的劳动合同；无固定期限劳动合同是指公司与员工约定无确定终止时间的劳动合同；单项劳动合同是以完成一定工作任务为期限的劳动合同，是指公司与员工约定以某项工作的完成为合同期限的劳动合同。

②注意劳动合同的有效性

《劳动合同法》第二十六条规定，下列劳动合同无效或者部分无效：

● 以欺诈、胁迫的手段或者乘人之危，使对方在违背真实意思的情况下订立或者变更劳动合同的；

● 用人单位免除自己的法定责任、排除劳动者权利的；

● 违反法律、行政法规强制性规定的。

劳动合同依照《劳动合同法》第二十六条规定被确认无效，给对方造成损害的，有过错的一方应当承担赔偿责任。

③设立违约条款。违约条款应当包括服务期以及保密事项等约定。

根据人力资源和社会保障部发布的《违反〈劳动法〉有关劳动合同规定的赔偿办法》第四条规定："劳动者违反规定或劳动合同的约定解除劳动合同，对用人单位造成损失的，劳动者应赔偿用人单位下列损失：（一）用人单位招收录用其所支付的费用；（二）用人单位为其支付的培训费用，双方另有约定的按约定办理；（三）对生产、经营和工作造成的直接经济损失；（四）劳动合同约定的其他赔偿费用。"

《劳动法》第一百零二条规定："劳动者违反本法规定的条件解除劳动合同或者违反劳动合同中约定的保密事项，对用人单位造成经济损失的，应当依法承担赔偿责任。"人力资源和社会保障部发布的《违反〈劳动法〉有关劳动合同规定的赔偿办法》第五条进一步明确规定："劳动者违反劳动合同中约定的保密事项，对用人单位造成经济损失的，按《反不正当竞争法》第二十条的规定支付用人单位赔偿费用。"

④设立免责条款

创业公司的实力比较小，很难将员工入职之前的履历掌握清楚。如果遇到一些刻意隐瞒事实的应征者，公司很有可能无法察觉，导致未来因竞业禁止等原因承担连带赔偿责任。所以，提前在劳动合同中添加免责条款可以保护公司利益不受侵害。

⑤及时变更条款内容

如果员工的岗位、薪资等发生变化，或者公司发生合并或分立等情况，公司应当及时变更劳动合同中的相关条款内容，这样做可以避免今后可能产生的劳动纠纷。

在劳动合同的签订和整理方面，创业者也不能大意。无论是天使轮还是后续轮次，投资人都会关注员工的履历和劳动合同的签订情况，所以公司需要在融资前将员工履历和劳动合同整理清楚。

13.3.3 股权准备

在创始团队比较完整的情况下，投资人会重点关注团队的股权结构。健康的股权架构不仅可以反映创业企业的现在，还关系到企业的未来。所以，创业团队在融资前需要有健康的股权结构，尽可能将股权结构设计成有利于企业发展且投资人乐于看到的形式。

（1）合伙人之间的股权分配

股权架构是企业治理结构的基础，其具体运行形式表现为企业治理结构。不同的股权架构决定了不同的企业治理结构，也间接地影响企业的行为和绩效。

合伙人之间的股权分配对于创业者来说至关重要，合理的股权架构可以增强创业团队的凝聚力，对于提高企业竞争力有着重要作用，对提升合伙人的个人利益也有帮助。

（2）企业内部的股权成熟

股权成熟是指创始人的股权分4年成熟，每年成熟25%，如果创始人中途离开或者被解职，未成熟股权将会以1元或者最低价格转让给投资人和其余创始人。股权成熟可以防止创始人突然从企业离开而带走大部分股权的情况发生。

设立股权成熟权对创业企业有两个好处：其一是公平，其二是有利于企业吸引优秀人才。投资人的投资里不仅包含对创业企业的投资，还包含对创始人的投资，因此投资人倾向于设立股权成熟权。另外，股权成熟权并不影响创始人的分红权、表决权和其他相关权益，所以创业者应当在融资之前就做好设立股权成熟权的准备。

（3）企业内部的股权锁定

股权锁定条款是常用的投资协议条款之一。股权锁定条款是指创始人未经全部或部分特定投资人许可，不能在企业上市前转让自己的股权。对投资人来说，股权锁定可以有效防止创始人抛售股权出走。与股权成熟条款类似，股权锁定条款也是为了稳定住创始人。

（4）企业内部的期权激励计划

期权是指满足一定的条件时，企业员工将来以事先约定好的价格购买公司股权的权利。拿到了期权不等于拿到了股权，要先达到约定条件，比如达到工作期限或业绩指标，且员工看好企业前景，然后花钱行权，员工才真正取得股权。

员工期权是企业对员工的一种激励，员工期权具有买入价格低和有机会分享企业成长收益的特点，员工手里的期权代表着未来收益，需要员工长期为企业服务来实现股权的升值，因此期权协议为员工提供了一个分享企业成长收益的机会。

13.3.4 财务准备

内部审计工作是企业进行内部管理、实现有效控制的一种特殊形式。内部审计工作的落实有利于保证企业经营活动的顺利进行，实现企业经营管理目标。从企业融资方面来说，内部审计工作的开展有利于企业在财务方面做好准备，达到投资人的要求。

（1）检查银行对账单和银行流水账单

银行对账单是银行和企业核对账务的联系单，具有证实企业业务往来记录的作用。在融资过程中，银行对账单可以作为企业资金流动的依据，帮助投资人认定企业某一时段的资金规模。

银行流水账单俗称银行卡存取款交易对账单，也称银行账户交易对账单，指的是客户在一段时间内与银行发生的存取款业务交易清单。

检查程序如下。

①识别对账单的真假

银行对账单与银行流水账单之间既有联系，也相互排斥，识别方法如下。

● 看银行对账单、银行流水账单是否有与之相配的合同或者进出库票据以及其他辅助证明材料。

● 看银行对账单贷方发生额与银行流水账单（包括员工、公司领导私人银行卡）数字上是否有来回走账的可能，需核实。

● 贷方发生额大，并不代表企业经营状况好，经营收入与贷方发生额、流水无关。很多企业为了避税，选择将有关款项打入私人银行卡，因此数据的准确性需要调查与核实。

②看是否有节假日期间对公业务结算情况

银行在节假日一般不对外办理对公业务，如果节假日发生对公业务结算情况，那银行对账单就是假的。特殊情况除外，比如，交通银行面向单位客户推出"单位结算卡"产品，该产品提供 7×24 小时服务，实现包括现金存取等业务在内的全天候交易，客户节假日现金存取不受限。

③核实贷方发生额

一般情况下，贷方发生额应当大于企业当期的销售收入。如果贷方发生额小于企业当期的销售收入，说明销售收入有造假嫌疑。但并不绝对，因为贷款也有收现金的可能。

④抽查大额资金往来

通过企业的银行对账单可以发现很多问题，可以先在银行对账单中找出发生大额资金的项，然后与合同、发票、收据、出库单等进行核实印证，以此判断企业的结算交易记录是否真实。如果大额资金往来与合同、发票、收据及出库单对应一致，则交易的真实性较高。

⑤审查资金流出流入与企业业务的一致性

审查资金流出流入需要关注银行对账单的金额。为了避免企业利用几个账户来回倒腾资金的情况，需要注意借贷方是否正常。另外，审计人员尤其要注意企业的个人银行卡，需要鉴别个人银行卡的户主以及流水金额是否与企业业务相符，很多不规范的企业为了逃税，大部分收入都是走个人账户，审计人员审查时需要了解清楚企业的实际情况。

（2）分析资产负债表

资产负债表反映了企业在特定时间下的全部资产、负债和所有者权益情况。"资产＝负债＋所有者权益"是其基本结构。无论企业经营状态是亏损还是盈利，这一等式永远都成立。资产反映的是企业拥有的资源，负债和所有者权益反映的是企业内部不同权利人对企业资源的要求。债权人享有企业全部资源的要求权，企业以全部资产对不同债权人承担偿付责任。负债偿清之后，余下的才是所有者权益，即企业的净资产。

资产负债表体现了企业资产的分布情况，分析资产负债表的有关数据可以帮助企业评价资金营运、财务结构的合理性以及企业的经营绩效等情况。

（3）复核现金流量表

现金流量表是反映一定时期内（如月度、季度或年度）企业经营活动、投资活动和筹资活动对其现金及现金等价物所产生的影响的财务报表。在市场经济条件下，现金流的多少直接影响着企业的生存和发展。即便企业的盈利能力好，但如果现金流断裂，也会对企业的生产经营造成重大影响，严重时还会造成企业倒闭。现金流的重要性引起了企业内外各方人士的关注，现金流量表在企业经营和管理中的地位也日益重要。

（4）审查损益表

损益表是反映企业收入、成本、费用、税收情况的财务报表，表现了企业利润的构成和实现过程。通过审查损益表，企业的利益相关者可以了解企业的经营业绩，同时，损益表也为企业分配利润和评价企业管理水平提供了重要依据。

审计人员需要关注损益表的以下几项内容。

①损益表内的各个项目数据填列是否完整，有没有明显的漏填、错填现象。对于数据之间的勾稽关系（相互间可检查验证的关系），可以逐项核查。

②检查损益表与其他附表之间的勾稽关系。一般情况下，损益表所列产品销售收入、产品销售成本、产品销售费用和缴纳的各项税金及附加的本年发生数应当与附表数据一致；损益表所列净利润应当与利润分配表的数据一致。

③核对损益表中各项目数据的明细账与总账是否相符。如果在分析核对

中发现某些数据异常，则需要对异常处做进一步核查。

④结合原始凭证检查成本费用、销售收入、利润分配等各项数据是否准确。

⑤结合纳税调整，检查企业所得税的计算是否正确；结合明细账和原始凭证，详查各扣除项目。注意有无多列扣除项目或扣除金额超过标准等问题。

（5）总结审计报告

审计报告是审计人员对公司财务进行审计和调查后撰写的审计文书，作用是反映企业的经营现状、揭露问题、提出建议。审计报告没有固定的书写格式，各企业的审计人员可以根据实际情况自由决定写作方式。尽管写作方式不同，但是思路与方法是相同的。

第一，有条理。审计报告的内容撰写顺序一般按照重要性排列。

第二，表述简明。审计报告应当尽可能多用图形或表格。

第三，分析详尽。审计报表必须用事实说话，切忌主观臆测。因此，分析揭示问题时需要注意以下三点。

①收集的数据要具体。数据越具体，结论就越准确，说服力越强。

②分析思路要开阔。分析思路不能局限在企业内，可以把数据放到全市、全省甚至全国范围来看，可以与网上信息对比来看。通过更广、更深的分析，情况会更加清晰，尤其是价格数据。

③了解原因要深入。审计的最终目的是针对发现的问题采取必要的解决措施，而找到问题发生的原因则是审计人员需要做的。因此，审计人员需要在分析数据后对问题的发生做出比较合理的解释。

第14章　融中控制：加强内部控制和风险控制，降低融资成本和风险

14.1　加强企业融资内部控制，有效控制融资全过程

根据企业融资业务流程图（图14-1），我们可以将企业融资活动的内部控制分为岗位分工控制、授权批准控制、融资决策控制、融资执行控制、融资偿付控制以及融资记录控制这六个主要控制点。

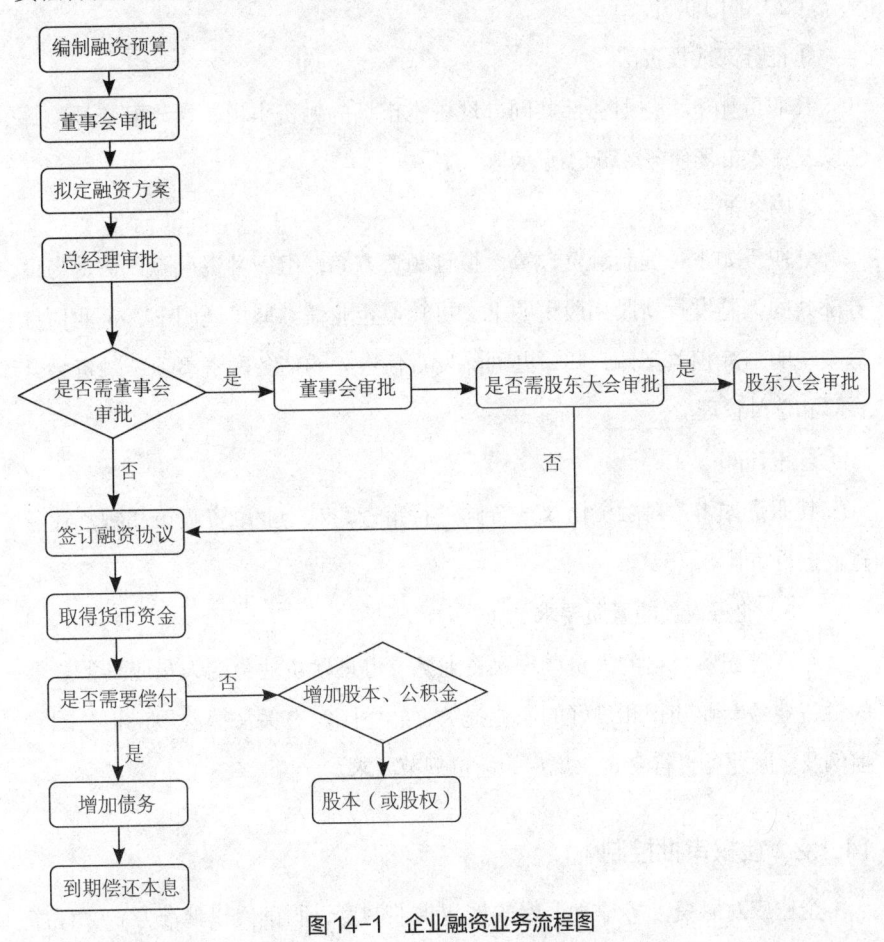

图14-1　企业融资业务流程图

14.1.1 岗位分工控制

（1）岗位分工控制

不相容岗位分离企业应建立融资业务的岗位责任制，明确有关部门和岗位的职责、权限，确保办理融资业务的不相容岗位相互分离、制约和监督。同一部门或个人不得办理融资业务的全过程。融资业务的不相容岗位分离至少包括以下四个方面。

①融资方案的拟订与决策分离。

②融资合同或协议的订立与审批分离。

③与融资有关的各种款项偿付的审批与执行分离。

④融资业务的执行与相关会计记录分离。

（2）部门职责

①证券部或投资部

其职责如下：与财务部共同办理资本市场的融资事项，参与融资风险评估以及资本市场债务融资偿还管理。

②财务部

其职责如下：编制融资预算，拟订融资方案，组织融资风险评估，与证券部共同编制发行新股招股说明书、可转换企业债券募集说明书、企业债券募集说明书等相关文件，归口办理除发行债券外的债务融资事项，融资会计核算和偿付管理。

③审计部

其职责如下：对融资协议或合同进行审查，对企业融资政策和融资业务过程进行审计。

（3）业务人员的素质要求

企业应配备合格的人员办理融资业务。办理融资业务的人员应具备必要的融资业务专业知识和良好的职业道德，熟悉国家有关法律法规、相关国际惯例及金融业务，符合企业规定的岗位规范要求。

14.1.2 授权审批控制

企业应对融资业务建立严格的授权批准制度，明确授权批准方式、程序和相关控制措施，规定审批人的权限、责任及经办人的职责范围和工作要求。企业还应建立融资决策、审批过程的书面记录制度，以及有关合同或协议、收款凭证、支付凭证等资料的存档、保管和调用制度，加强对与融资业务有关的各种文件和凭据的管理，明确相关人员的职责权限。

（1）授权方式

①企业对董事会的授权由公司章程规定和股东大会决议。

②企业对董事长、总经理的授权，由公司董事会决议。

③总经理对其他人员的授权，年初以授权文件的方式明确。对融资审批，一般只对财务总监给予授权。

④企业对经办部门的授权，在部门职能描述中规定。

（2）审批权限

融资活动的审批权限和要求如表14-1所示。

表14-1　融资活动的审批权限和要求

项目	审批人	审批权限和要求
权益资本融资	股东大会	对发行新股（包括配股、增发）等做出决议。 批准前，董事会必须决议通过
	董事会	对融资方案进行审批
债务资本融资	股东大会	对发行企业债券做出决议。 决议前，董事会必须通过
	董事会	制订发行债券方案并批准。 授权董事长、总经理对除债券发行外的债务融资进行审批
	董事长、总经理、财务总监	按授权审批融资方案。 按授权签订融资合同

（3）审批方式

①股东大会以股东大会决议的形式审批，董事长根据决议签批。

②董事会以董事会决议的形式审批，准董事长根据决议签批。

③董事长在董事会闭会期间，根据董事会授权直接签批。

④总经理根据总经理会议规则，由总经理办公会议审批或根据授权直接签批。

⑤财务总监根据授权签批。

（4）批准和越权批准处理

审批人根据融资业务批准制度的规定，在授权范围内进行审批，不得超越审批权限。经办人在职责范围内，按照审批意见办理融资业务。对于审批人超越授权范围审批的融资业务，经办人有权拒绝办理，并及时向审批人的上一级授权部门报告。

14.1.3 融资决策控制

企业应建立融资业务决策环节的控制制度，对融资方案的拟订设计、融资决策程序等做出明确规定，确保融资方式符合成本效益原则，融资决策科学、合理。

（1）融资预算

企业每年度根据发展战略、投资计划、生产经营需要，以现金流为中心编制融资预算，融资预算与资金需求的时间、结构、规模相匹配，融资预算应符合企业的发展战略要求、融资计划和资金需要，融资预算一经批准，必须严格执行。企业融资预算的编制和调整，按相关法律法规及企业的《预算管理实施办法》执行。

（2）融资方案拟订与决策

企业拟订的融资方案应符合国家有关法律法规、政策和企业融资预算的要求，明确融资规模、融资用途、融资结构、融资方式和融资对象，并对融资时机选择、预计融资成本、潜在融资风险、具体应对措施及偿债计划等做出安排和说明。

①企业拟订融资方案，应考虑企业经营范围、投资项目的未来效益、目

标资本结构、可接受的资金成本水平和偿付能力。在海外融资的,还应考虑融资所在国的政治、法律、汇率、利率、环保、信息安全等方面的风险及财务风险等因素。

②对重大融资方案应进行风险评估,形成评估报告,报董事会或股东大会审批。评估报告应全面反映评估人员的意见,并由所有评估人员签章。未经风险评估的方案不能进行融资。企业应准备多个融资方案,需要综合融资成本和风险评估等因素对方案进行比较分析,最终选定。

③对于重大融资方案,企业应实行集体决策审批或者联签制度。决策过程应有完整的书面记录,并由决策人员核对签字。融资方案需经国家有关管理部门或上级主管单位批准的,应及时报请批准。

④决策责任追究。根据企业章程及企业其他相关规定,企业应建立融资决策责任追究制度。企业对重大融资项目应进行后评估,明确相关部门及人员的责任,定期或不定期地进行检查。

(3)融资对象选择

①企业按照公开、公平、公正的原则慎重选择融资对象。

②在融资中如果涉及中介机构,企业要指定相关部门或人员对其资信状况和资质条件进行充分调查和了解。

14.1.4 融资决策的执行与控制

企业应建立融资决策执行环节的控制制度,对融资合同或协议的订立与变更、融资合同或协议的审批、融资合同或协议的履行、待发行有价证券的保管、融资费用的支付、融资资金的使用等做出明确规定。

(1)融资合同或协议的订立与变更

①企业应根据经批准的融资方案,按照规定程序,与中介机构订立融资合同或协议。融资合同由企业授权财务部会同有关部门办理。

②企业应组织审计部等相关部门或人员对融资合同或协议的合法性、合理性、完整性进行审核,审核情况和意见应有完整的书面记录。

③融资合同或协议的订立符合《合同法》及其他相关法律法规的规定,并经企业有关授权人员审批。重大融资合同或协议的订立,应征询法律顾问

或专家的意见。

④企业融资由证券经营机构承销或包销企业债券或股票的，应选择具备规定资质和资信良好的证券经营机构，并与该机构签订正式的承销或包销合同或协议。变更融资合同或协议的，应按照原审批程序进行。

（2）融资合同或协议的审批

融资合同或协议经审核程序通过后，由企业有关授权人员批准。

（3）融资合同或协议的履行

企业应按照融资合同或协议的约定及时、足额取得相关资产。

①取得货币性资产，应按实有数额及时入账。

②取得非货币性资产，应根据合理确定的价值及时进行会计记录，并办理有关财产转移、工商变更手续。对需要进行评估的资产，应聘请有资质的中介机构及时进行评估。

（4）待发行有价证券的保管

企业对已核准但尚未对外发行的有价证券，由企业财务部会同保安部门妥善保管或委托专门机构代为保管，建立相应的保管制度，明确保管责任，定期和不定期进行盘存或检查。

（5）融资费用的支付

企业应加强对融资费用的计算、核对工作，确保融资费用符合融资合同或协议的规定，并结合偿债能力、资金结构等，保持足够的现金流量，确保及时、足额偿还到期本金、利息或已宣告发放的现金股利等。

（6）融资资金的使用

①应按照融资方案所规定的用途使用对外筹集的资金。市场环境变化等特殊情况导致确需改变资金用途的，应履行审批手续，并对审批过程进行完整的书面记录。严禁擅自改变资金用途。

②应建立持续符合融资合同条款的内部控制制度，其中应包括预算不符合条款要求的预警和调整制度。国家法律、行政法规或者监管协议规定应披露的融资业务，企业应及时予以公告和披露。

14.1.5 融资偿付控制

企业应建立融资业务偿付环节的控制制度，对偿还本金以及支付利息、租金、股利（利润）等步骤，及其偿付形式等做出计划和预算制度安排，并正确计算、核对，确保各款项偿付符合融资合同或协议的规定。以非货币资产偿付本金、利息、租金或支付股利（利润），应由相关机构或人员合理确定其价值，并报授权批准部门批准，必要时可委托具有相应资质的机构进行评估。

（1）债务资金支付

①企业财务部应指定专人对债务资金进行管理，定期列单向企业总经理、财务总监、财务部经理提示债务资金到期情况。

②企业严格按合同或协议规定支付本息。

③企业应支付的债务资金，经授权批准后支付。

④到期债务如需续借，经授权人员批准后，财务部在到期前一个月向债权人申请办理，到期前完成续借手续。

（2）利息租金偿付

企业应指定财务部门严格按照融资合同或协议规定的本金、利率、期限及币种计算利息或租金，经有关人员审核确认后，与债权人进行核对。本金与应付利息必须和债权人定期对账。如有不符，应查明原因，按权限及时处理。

①企业支付融资利息、股息、租金等，应履行审批手续，经授权人员批准后方可支付。通过向银行等金融机构举借债务进行融资，利息的支付方式也可按照双方在合同、协议中约定的方式办理。

②企业委托代理机构对外支付债券利息时，应清点、核对代理机构的利息支付清单并及时取得有关凭据。

（3）股利支付

①企业应按照股利（利润）分配方案发放股利（利润），股利（利润）分配方案应按照企业章程或有关规定，按权限审批。

②企业委托代理机构支付股利（利润），应清点、核对代理机构的股利（利润）支付清单，并及时取得有关凭据。

（4）拟偿付款项与合同或协议不符情形的处理

企业财务部门在办理融资业务款项偿付过程中，发现已审批拟偿付的各种款项的支付方式、金额或币种等与有关合同或协议不符的，应拒绝支付并及时向有关部门报告。有关部门应当查明原因，做出处理。

（5）融资风险管理

①企业应定期召开财务工作会议，并由财务部对企业的融资风险进行评价。

②企业融资风险的评价要素：以企业固定资产投资和流动资金的需要，决定融资的规模和组合；融资时应充分考虑企业的偿还能力，全面衡量收益情况和偿还能力，做到量力而行；对筹集来的资金、资产、技术具有吸收和消化能力；融资的期限要适当；负债率和还债率要控制在一定范围内；融资要考虑税款减免及社会条件的制约。

③企业财务部采用加权平均资本成本最小的融资组合评价企业资金成本，以确定合理的资本结构。

④企业采用财务杠杆系数法结合其他方法评价融资风险，财务杠杆系数越大，企业融资风险也越大。

⑤企业财务部应依据企业经营状况、现金流量等因素合理安排借款的偿还期，以及归还借款的资金来源。

14.1.6 融资记录控制

（1）档案管理

企业对融资过程记录、有关的合同或协议、收款凭证、验收证明、入库凭证、支付凭证定期整理存档，档案的保管、调阅按国家及企业档案管理办法执行。

（2）过程记录

企业须建立融资决策、审批过程的书面记录制度。

（3）会计记录

①企业按会计准则或会计制度对融资业务进行会计核算和记录。

②企业应建立股东名册，记录股东姓名或名称、住所及股东所持股份、

股票编号及股东取得股票的日期。

③企业应建立债券存根簿，记录持有人、债券编号、债券总额、票面金额、利率、还本付息期限和方式、债券发行时间等。

④企业应建立借款台账，登记债权人、本金、利率、还本付息期限和方式等。

⑤企业财务部应定期对会计记录和有关凭证与记录进行核对和检查。

⑥企业以抵押、质押方式融资，应对抵（质）押物资进行登记。业务终结后，应对抵押或质押资产进行清理、结算、收缴，及时注销有关担保内容。

14.2 注重企业融资风险管理，规避融资风险

14.2.1 企业融资风险的概念

企业融资风险是指企业因融入资金而产生的丧失偿债能力的可能性和企业利润（股东收益）的可变性。融资活动是企业财务管理活动的起点，企业的融资活动直接影响投资活动和收益分配活动。企业在融资、投资和生产经营活动中的各个环节无不承担一定程度的风险，而融资风险也正是企业财务风险的重要组成部分。在市场瞬息万变的经济条件下，任何不利于企业经营的因素都会影响其投资回报率，也就是会使企业筹集的资金使用效益降低，从而难以按时足额偿还企业此前所融入资金的本金或支付各项资本成本，偿债能力降低，企业利润减少，产生融资风险。

14.2.2 企业融资风险的成因

企业融资风险的形成既有举债本身因素的作用，也有举债之外因素的作用。前一类因素称为融资风险的内因，后一类因素称为融资风险的外因，二者的成因分析见表14-2。

表14-2 企业融资风险的成因分析表

企业融资风险的内因	企业资本结构不当	指企业资本总额中自有资本和借入资本比例不恰当,对收益产生负面影响而形成的财务风险
	负债规模过大	负债规模是指企业负债总额的大小或负债在资金总额中所占的比例的高低。企业负债规模大,利息费用支出增加,由此,收益降低,导致企业丧失偿付能力或破产的可能性也增大
	融资方式选择不当	不同的举债融资方式取得资金的难易程度不同,资本成本水平不一,对企业的约束程度也不同,从而对企业收益的影响不同。如果选择不恰当,就会增加企业的额外费用,减少企业的应得利益,影响企业的资金周转而形成财务风险
	融资顺序安排不当	这种风险主要针对股份有限公司。在融资顺序上,要求债务融资必须置于流通股融资之后,并注意保持间隔期。如果发行时间、融资顺序不当,则必然会加大融资风险,对企业造成不利影响
	负债的利率	在同样负债规模的条件下,负债的利率越高,企业所负担的利息费用支出就越多,企业发生的偿付风险就越大,企业的破产风险也就越大。同时,负债的利率对股东收益的变动幅度也有较大影响。在息税前利润一定的情况下,负债的利率越高,财务杠杆作用越大,股东收益受影响的程度也越大
	负债期限结构不当	指短期负债和长期负债的安排,另一方面是指取得资金和偿还负债的时间安排。如果负债期限结构安排不合理,如应筹集长期资金却采用了短期借款,或者应筹集短期资金却采用了长期借款,则会增大企业的融资风险
	信用交易策略不当	如果对往来企业资信评估不够全面而采取了信用期限较长的收款政策,就会使大批应收账款长期挂账。若没有切实、有效的催收措施,企业就会缺乏足够的流动资金来进行再投资或偿还到期债务,从而增大企业的财务风险
	币种结构不当	由于各国的经济、政治等情况影响其货币的保值,因此企业的币种结构也会影响企业债务风险的程度。如果币种结构选择不当,则要承担汇率波动的风险,从而影响企业偿还债务的能力

（续表）

企业融资风险的外因	金融市场的波动	金融市场的波动，如利率、汇率的变动，会导致企业的融资风险；金融政策的调整也是影响企业融资风险的重要因素，如：当企业主要采取短期贷款方式融资时，遇到金融紧缩、银根抽紧、短期借款利率大幅度上升，就会引起利息费用剧增、利润下降，更有甚者，一些企业由于无法支付高涨的利息费用而破产清算
	经营风险的大小	经营风险是企业生产经营活动本身所固有的风险，其直接表现为企业息税前利润的不确定性。经营风险不同于融资风险，但又影响融资风险。当企业完全采用股权融资时，经营风险即为企业的总风险，企业风险完全由股东均摊。而当企业采用股权融资和债务融资相结合的融资方式时，由于财务杠杆对股东收益的扩张性作用，股东收益的波动性会更大，所承担的风险将大于经营风险，其差额即为融资风险
	预期现金流入量和资产的流动性关系	现金流入量反映的是现实的偿债能力，资产的流动性反映的是潜在的偿债能力。如果企业投资决策失误或信用政策过宽，不能足额、及时地实现预期的现金流入量以支付到期的借款本息，就会面临财务危机。此时，若企业资产的整体流动性过低，其资产不能在较短时间内变现，结果不能按时偿还债务，则有可能面临破产清算

14.2.3 企业融资风险的分类

企业融资风险主要有两种分类方式，按企业融资方式的不同和按风险来源不同来进行划分，如图 14-2 所示。

```
                                        ┌── 银行贷款融资风险
                                        ├── 项目融资风险
                          ┌─ 融资方式不同 ─┼── 租赁融资风险
                          │             ├── 债券融资风险
                          │             └── 股票融资风险
                          │
    企业融资风险的分类 ──┤
                          │             ┌── 信用风险
                          │             ├── 流动性风险
                          │             ├── 利率风险
                          │             ├── 外汇风险
                          └─ 风险来源不同 ─┼── 市场风险
                                        ├── 购买力风险
                                        ├── 政策风险
                                        ├── 内部管理风险
                                        └── 国家风险
```

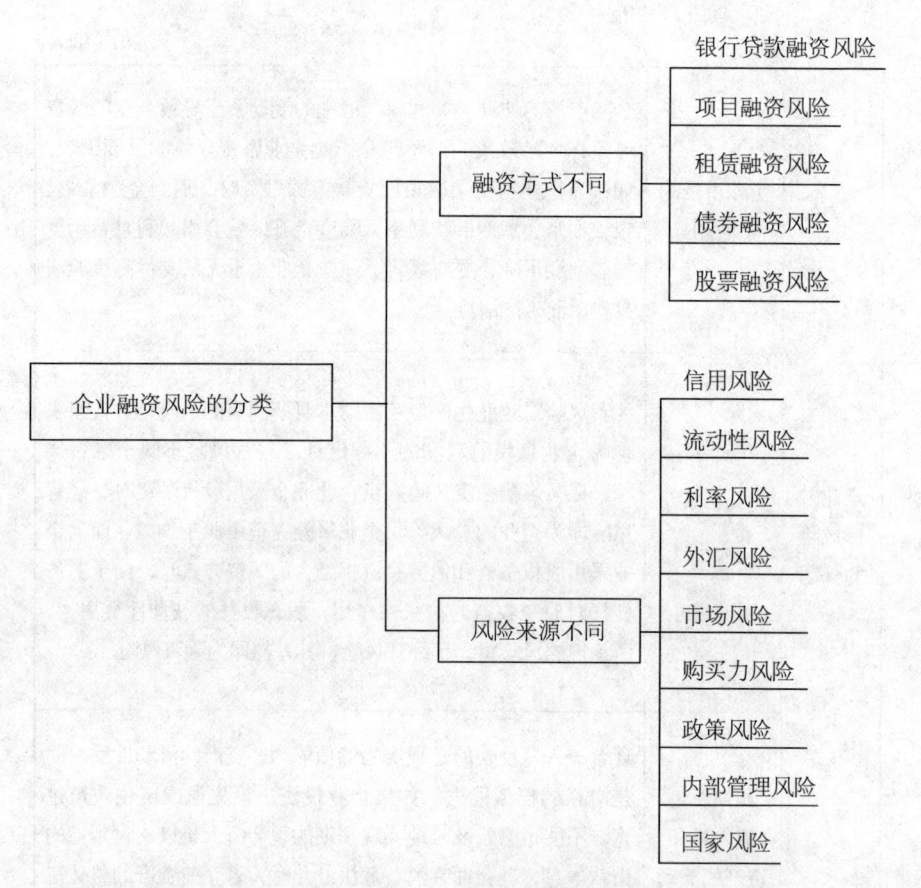

图 14-2　企业融资风险的分类

（1）按企业融资方式分类

按企业融资方式的不同，融资风险主要可分为银行贷款融资风险、项目融资风险、租赁融资风险、债券融资风险和股票融资风险。

银行贷款融资风险是指企业利用银行借款的方式筹集资金时，由于利率、汇率及有关筹资条件发生变化而使企业盈利遭受损失的可能性。主要包括利率变动风险、汇率变动风险、资金来源不当风险和信用风险等。

项目融资风险是指企业利用项目融资的方式融资时，由于单独成立项目法人，而且项目融资参与者众多，给企业带来一定损失的可能性。所涉及的风险要在发起人、项目法人、债权人、供应商、采购商、用户、政府相关部门及其他利益相关者之间进行分配和严格管理，因此，如何在利益相关者之间进行风险分配和相应的管理是项目融资能否成功的重要因素。

租赁融资风险是指企业利用租赁的方式融资时，由于租期过长、租金过高、租期内市场利率变化等给企业带来一定损失的可能性。它主要包括技术落后风险、利率变化风险、租金过高风险等。

债券融资风险是指企业在利用债券的方式融资时，对债券发行时机、发行价格、票面利率、还款方式等因素考虑欠佳，使企业经营成果遭受损失的可能性。它主要包括发行风险、通货膨胀风险、可转换债券的转换风险等。

股票融资风险是指股份制企业在利用股票融资的过程中，股票发行数量不当、融资成本过高、时机选择欠佳等给企业造成经营成果损失，并且因经营成果无法满足投资者的投资报酬期望，引起企业股票价格下跌，使再融资难度加大的可能性。

（2）按风险来源分类

按照风险的来源不同，企业融资风险可以分为信用风险、流动性风险、利率风险、外汇风险、市场风险、购买力风险、政策风险、内部管理风险以及国家风险。

信用风险是指以信用关系规定的交易过程中，交易的一方不能履行给付承诺而给另一方造成损失的可能性。造成信用风险的因素包括主观因素和客观因素，主观因素由债务人的道德品质决定，客观因素由债务人所处的环境决定。

流动性风险指企业无法及时获得或者无法以合理成本获得充足资金，难以偿付到期债务或履行其他支付义务、满足资产增长或其他业务发展需要的风险。企业在融资过程中，负债结构配置不当是形成企业流动性风险的一个主要原因。

利率风险是指市场利率的不利变化造成企业贷款利息上升或投资收益降低而导致企业利润减少的风险。在现代社会中，任何企业都会面临利率风险。企业以货币资金方式融资的规模越大，利率市场化程度越高，企业面临的利率风险就越大。

外汇风险是指企业的成本、利润、现金流或市场价值因外汇汇率波动而引起的潜在的上涨或下落的可能性。凡是影响外汇供求关系变化的因素都是外汇风险产生的原因。这些因素包括经济发展状况、国际收支变化、物价水平变化、利率变化、中央银行对汇率的干预等。

市场风险是指企业投资的对象由于市场价格变动而给企业带来损失的风险。市场价格突变可能导致企业市场份额急剧下降，利润减少甚至亏损，形成市场风险。

购买力风险又称通货膨胀风险，是由于通货膨胀、货币贬值给企业带来实际收益水平下降的风险。企业在融资活动中之所以会产生购买力风险，主要是因为通货膨胀的出现，货币贬值，导致企业的投资收益表面上虽未减少，但实际收益大幅度下降，由此形成实质上的投资损失，从而影响企业的偿债能力。

政策风险指的是企业在经营发展中因为国家出台的一些政策、法律法规而导致企业做出战略调整，从而给企业带来不利影响的可能性。

内部管理风险是指因为企业管理层决策失误或内部管理秩序混乱等内部因素给企业发展带来不利影响的可能性，主要包括因企业组织结构不健全、决策机制不合理、内部管理存在漏洞与失误导致的决策风险与操作风险。

国家风险是指企业在从事国际投融资活动中因为经济因素、政治因素、社会因素使企业投资收益发生不确定性的可能性。

14.2.4 企业融资风险的防范和控制

（1）企业融资风险的防范

鉴于企业融资风险的多样性、复杂性，因此对于企业融资风险的防范可以从多方面入手，以下以防范现金性融资风险和收支性融资风险为例。

防范现金性融资风险需从根源着手，企业需按资金运用期限的长短来安排和筹集相应期限的负债资金，从而有助于保持适量的现金流量，以适度地规避风险和提高企业利润。具体而言，要求企业采用适当的融资策略，尽量用所有者权益和长期负债来满足企业永久性流动资产及固定资产的需要，用短期负债来满足临时性流动资产的需要，同时避免冒险型政策下的高风险压力和稳健型政策下的资金闲置和浪费。

防范收支性融资风险主要从优化资本结构和适时进行债务重组两个方面

来应对，因为资本结构安排不当是形成收支性风险的主要原因之一，而债务重组的适时进行有利于降低企业的负债融资风险，是避免债权人因企业破产而遭受损失的较好对策。

（2）企业融资风险的控制

企业融资风险的控制是通过组织和制度的有效安排，对融资活动可能产生的无法到期偿还债务或无法实现预期报酬的风险进行控制，防患于未然的风险控制机制，包括融资风险的事前、事中和事后控制。

①控制融资风险的根本途径

控制融资风险的根本途径在于提高资金的使用效益。因为企业提高资金的使用效益意味着企业盈利能力和偿债能力的增强。这样，无论企业选择何种融资结构，都可及时地支付借入资金的本息和投资者的投资报酬。在此前提下，企业考虑融资资本结构的优化问题，可以更有效地控制融资风险，提高经济效益。

②融资风险的事前控制

融资风险的事前控制包括企业在融资前期的准备工作，如关于融资规模的预测、融资渠道和对象的选择、融资成本的准确计算、最优资本结构的选择和考量等，其中，最优资本结构决策是融资风险的事前控制措施中最重要的一点，最优资本结构是指企业在一定时期内，使加权平均资本成本最低、企业价值最大时的资本结构。因此，只有坚持最优资本结构决策，才可以使企业价值最大化，最大限度地控制融资风险。

③融资风险的事中控制

无论企业按照什么标准和原则进行决策，最终总会选择一定利润水平下的融资方案，这就决定了企业总是存在一定的风险，因此企业需要进行融资风险的事中控制。如果融资达不到既定目标，企业就应及时调整融资结构，以使融资成本尽可能小，股本收益率尽可能大，但这措施往往受到许多客观条件的限制。在我国，目前企业借款尚有许多先决条件，发行债券也必须经过有关部门审批。对于发行股票，如果是内部发行的股票，一旦收回，在法律上可能并无问题，但若是公开发行上市的股票，如果收回还需要经过证监会的批准。如果撇开这些限制条件不谈，企业若可收回股票，改为借入资金，就可以提高股本收益率。

④融资风险的事后控制

融资后的风险控制可根据不同的融资渠道进行有针对性的控制。

负债性融资风险的事后控制措施包括适度的负债规模、控制融资期限结构、维护资产的流动性，合理调度货币资金以及建立偿债基金。股权融资风险的事后控制措施主要指的是确定股票发行之后防范恶意收购[①]风险，具体措施包括"剥离"[②]、在公司章程中加入特殊条款增加公司收购难度、"绿色邮件"[③]、排他式自我收购等。私募股权融资风险的事后控制措施主要包括违约补救和股份调整。其中，违约补救是指私募股权投资人有权对管理层施加压力，如果经营状况进一步恶化，甚至会接管整个董事会，调整公司和管理层。由于在私募股权投资一开始，投资者一般处于少数股东的地位，而融资企业的管理层处于控股地位，当融资企业管理层不能按照业务计划的各项目标来经营企业时，私募股权的投资者就有权实施上述违约补救措施，以实现投资风险的控制。所谓股份调整，是指在私募股权投资过程中，调整投资者优先股转换比例或投资者、企业管理层在企业股份中的比例等所有与股份变动相关的风险控制方法。

---

① 恶意收购，指收购公司在未经目标公司董事会允许，不管对方是否同意的情况下所进行的收购活动。

② 剥离，是指企业收缩经营战线，剥离附属业务，集中主营业务，从而提高股价，增加收购成本。

③ 绿色邮件，是指企业管理层安排定向回购活动，以溢价的方式从收购方企业回购本企业股份，企业为此支付的溢价被视为阻止恶意收购付出的代价，被称为"绿色邮件"。

第 15 章　融后管理：精细化投资管理引领企业长赢

企业融资的目的是有资金用以投资，从而为企业带来更大收益。所以，笔者认为，企业成功融资后如何使用资金、如何提高资金的使用效率等问题均属于投资管理的内容，也就是说，企业融后管理的主要工作就是做好融资后的投资管理[①]。正确的投资决策可以为企业发展提供杠杆效应，大大加速企业的发展，而投资失误则会将企业存在的种种弊端放大，甚至危及企业的生存。因此，融资后进行的投资管理对企业的发展至关重要。

15.1　投资预算管理

投资预算管理主要是对企业的项目投资支出费用进行全面的管控，确保企业后期运营成效，逐渐提升企业的经济效益。

15.1.1　采用动态监控，统筹规划投资预算管理

从预算编制、执行、管控、分析、反馈等多个角度出发，借助企业的"年度预算编制""季度预算分解""月度预算通报"的动态化管控体系进行动态化的监控管理，建立投资预算全链条的管控系统，全面掌握项目预算的发布、下达、合同签订等方面的实际状况，结合投资预算管理的需求及时统计汇总项目预算状况。通过了解项目预算占用、执行等方面的状况，统筹规划好项目预算工作，及时督促各部门的进度，杜绝"预算占而不用"的现象，加大预算执行力度，确保投资预算管理的效率。明确投资预算管理的重点，定期通报和汇总投资预算的占用状况，将预算申请纳入预算结算和决算中，确保投资结算、决算的效率，从而提升投资预算管理的执行效力。

[①] 此处"投资管理"中的"投资"指的是企业运用其所管理的资产对外进行的股权投资及其他类型的投资行为。

15.1.2 重视预算考评，提升全面预算管理效率

建立通报、沟通、考核这三大模块的预算管理考评机制，深入落实全面预算管理的目标，对投资预算的全过程进行管控。按照相关规定严格执行预算、合理控制投资费用，减少各项成本支出，确保全面预算管理的效率。

15.1.3 进行全过程管理，规范固定资产管理流程

企业要重视预算的全过程管理，转变资产管理理念，关注固定资产现场管理，要对固定资产采购工作进行可行性分析，并形成相应的报告，制定相应的采购预算指标，按照规定进行采购。要深入到业务生产部门，了解各种机器设备的操作流程，规范员工的操作流程，定期对设备进行检修维护，确保设备正常使用。要由企业的设备管理部门、行政部门、财务部门联合起来，定期对企业的各种固定资产进行共同盘点，做好相应的资产核实，真正实现账账相符、账实相符。

15.2 投资过程管理

15.2.1 加强投资管理人员的培训，提升投资管理人员的综合素质和能力

要坚持以人为本的核心原则，加强对投资管理人员综合素质以及能力的提升。一方面，要积极组织投资管理方面的技能培训，提升相关人员的实际操作能力和沟通协作能力，注重向投资管理人员输送最新的财务知识，帮助投资管理人员了解最新的经济政策和金融投资产品等，而投资管理人员也需要不断学习来充实自己，坚持把自己打造成多元化复合型人才，以提升自身的综合素质。另一方面，积极构建企业文化，提升企业员工对经营项目的认同感，并结合企业和各项目的实际运作情况，建立科学有效的业绩评价考核制度，以便能够对投资管理人员进行公平公正的管理和考核。并积极构建业绩考核与工资薪酬的关联体系，激励员工之间形成良性竞争，最大限度地稳固重要岗位的人才，提升员工对企业的认同感。

15.2.2 综合分析市场环境，强化投资风险分析评价

企业投资管理需要管理者综合分析企业的市场环境，结合实际情况来评估投资项目的风险等级，以便对投资项目进行科学决策，促进企业的稳健发展。

企业在投资前期需要通过各种渠道、途径了解并获取相关的投资领域信息，分析相关数据信息来进行项目投资对策。还需要对同行业企业的相关数据进行对比分析，这对于投资运营过程中的现金流、支出和收益等都会起到一定的参考作用。而在实际的投资管理工作中，就需要对各项开展的业务实际产生的数据信息加以收集和分析，以便为后续投资决策提供强有力的数据支撑。尤其是对成本的划分，将其分为变动成本、固定成本等，以合理减少投入的成本，提升企业的实际投资利润。

因此，投资风险分析评价既要加强对企业外部市场环境的关注，也要善于分析利用各项财务指标，以帮助投资管理人员分析投资风险，最大限度地降低企业投资、运行风险。此外，企业在实际投资过程中，要学会科学运用制度化手段，最大化地实现投资渠道的多样化。与此同时，企业要全面了解市场和自身发展现状，以此为基础，制定科学的投资决策来规避投资风险。还需要明确的是，企业投资活动的开展必须建立在法律保护范围内。

15.2.3 完善投资管理制度

企业完善投资管理制度，主要是为了约束、规范各项投资管理活动，使投资管理活动更加科学、高效地开展。企业完善投资管理制度，首先要从管理理念和管理模式方面着手，积极学习并汲取先进的现代化管理理念，不断寻求、探索与企业发展规模和发展方向相协调的投资管理方式、方法，并以切身发展现状为出发点，结合当前投资政策和相关法律规范去优化企业自身的投资管理制度，一旦发现管理制度中存在不合理的地方，就及时做出调整。同时，企业的财务部门需要定期将投资项目的实际运营收入情况与投资目标相比对，以方便投资管理人员了解投资项目实际产值，做出合理的后期决策。另外，投资管理制度还会涉及财务部门的监督管理制度，主要目的是确保企业投资资金流动的合理性，规避财务风险的发生。

15.3 投资者关系管理

2022年中国证券监督管理委员会发布的《上市公司投资者关系管理工作指引》第三条明确了投资者关系管理的定义："投资者关系管理是指上市公司通过便利股东权利行使、信息披露、互动交流和诉求处理等工作，加强与投资者及潜在投资者之间的沟通，增进投资者对上市公司的了解和认同，以提升上市公司治理水平和企业整体价值，实现尊重投资者、回报投资者、保护投资者目的的相关活动。"根据指引要求，上市公司控股股东、实际控制人以及董事、监事和高级管理人员应当高度重视、积极参与和支持投资者关系管理工作。做好投资者关系管理，有助于增进投资者对上市公司的了解和认同，提升企业整体价值。

15.3.1 多渠道、多平台、多方式开展投资者关系管理工作

通过企业官网、新媒体平台、电话、传真、电子邮箱、投资者教育基地等渠道，利用中国投资者网和证券交易所、证券登记结算机构等的网络基础设施平台，采取股东大会、投资者说明会、路演、分析师会议、接待来访、座谈交流等方式，与投资者进行沟通交流。沟通交流的方式应当方便投资者参与，上市公司应当及时发现并消除影响沟通交流的障碍性条件。鼓励上市公司在遵守信息披露规则的前提下，建立与投资者的重大事件沟通机制，在制定涉及股东权益的重大方案时，通过多种方式与投资者进行充分沟通和协商。

15.3.2 积极履行信息披露义务，保障投资人权益

上市公司及其他信息披露义务人应当严格按照法律法规、自律规则和公司章程的规定，及时、公平地履行信息披露义务，披露的信息应当真实、准确、完整、简明清晰、通俗易懂，不得有虚假记载、误导性陈述或者重大遗漏。除依法履行信息披露义务外，上市公司还应当按照中国证监会、证券交易所的规定，积极召开投资者说明会，向投资者介绍情况，并回答问题、听取建议。投资者说明会包括业绩说明会、现金分红说明会、重大事项说明会等情形。一般情况下董事长或者总经理应当出席投资者说明会，不能出席的应当公开说明原因。

参考文献

[1] 邢新，王化成，刘俊彦．财务管理学（第七版）[M]．北京：中国人民大学出版社，2015．

[2] 宋在科，储成兵，孙艳霞．财务管理学 [M]．北京：企业管理出版社，2018．

[3] 肖翔．企业融资学 [M]．北京：清华大学出版社，2019．

[4] 吴庆念．债券融资 [M]．杭州：浙江工商大学出版社，2015．

[5] 葛培健．企业直接债务融资操作实务 [M]．上海：复旦大学出版社，2014．

[6] 江轩宇，贾婧，刘琪．债务结构优化与企业创新——基于企业债券融资视角的研究 [J]．金融研究，2021(04):131−149．

[7] 李昆陵．民营企业融资全程操盘及案例解析 [M]．北京：中国商业出版社，2020．

[8] 沈艺锋．资本结构理论史 [M]．北京：经济科学出版社，1999．

[9] 吴维海．企业融资170种模式及操作案例 [M]．北京：中国金融出版社，2019．

[10] 贺志东．企业融资管理操作实务大全 [M]．北京：企业管理出版社，2018．

[11] 王建英，支晓强，许艳芳．国际财务管理学（第四版）[M]．北京：中国人民大学出版社，2015．

[12] 何宇．私募股权投融资教程 [M]．北京：北京大学出版社，2015．

[13] 隋平，董梅．私募股权投资基金操作细节与核心范本 [M]．北京：中国经济出版社，2013．

[14] 刘开瑞，叶展．商业信用、企业生命周期与融资约束 [J]．会计之友，

2020(19):35-42.

[15] 周正祥，张秀芳，张平. 新常态下PPP模式应用存在的问题及对策[J]. 中国软科学，2015(09):82-95.

[16] 张学颖. 浅析融资租赁公司的内部控制与风险管理[J]. 财经界，2022(02):47-49.

[17] 方少华. 新三板融资——从入门到精通[M]. 北京：清华大学出版社，2016.

[18] 邢恩泉，窦尔翔. 新三板投融资实务[M]. 北京：中国法治出版社，2015.

[19] 许小恒. 挂牌新三板——市场运作与投融资技巧[M]. 北京：电子工业出版社，2017.

[20] 方先明，吴越洋. 中小企业在新三板市场融资效率研究[J]. 经济管理，2015，37(10):42-51.

[21] 李丽霞，徐海俊，孟菲. 我国中小企业融资体系的研究[M]. 北京：科学出版社，2005.

[22] 丁雪殊. 中小企业新三板市场融资现状[J]. 商，2016(13).

[23] 张月. 中小企业在新三板的融资效果分析[J]. 时代金融，2015(20).

[24] 李耀鹏. 新三板融资新模式[J]. 现代经济信息，2016(1).

[25] 包诺敏. 中小企业融资困难的原因及对策分析——中小企业自身因素分析[J]. 知识经济，2013(13).

[26] 曹健悦. 天使投资对初创企业业绩影响[D]. 东北财经大学，2022.

[27] 冉庆军. 从天使投资到IPO[M]. 北京：中国商业出版社，2021.

[28] 廖连中. 企业融资：从天使投资到IPO[M]. 北京：清华大学出版社，2017.

[29] 龚传洋. 中小企业融资问题研究[M]. 北京：中国金融出版社，2021.

[30] 杨宜. 中小企业投融资管理（第二版）[M]. 北京：北京大学出版社，2022.

[31] 王虹，许玖平. 项目融资管理[M]. 北京：经济管理出版社，2008.

[32] 汤炎非，谢达理. 企业融资理论和实务[M]. 北京：高等教育出版社，2013.